"十三五"职业教育规划教材

职业教育汽车类专业互联网+多媒体融合创新示范教材

汽车电工电子技术

QICHE DIANGONG DIANZI JISHU

刘言强　姚东伟　主　编
徐　薄　赵瑞雪　副主编

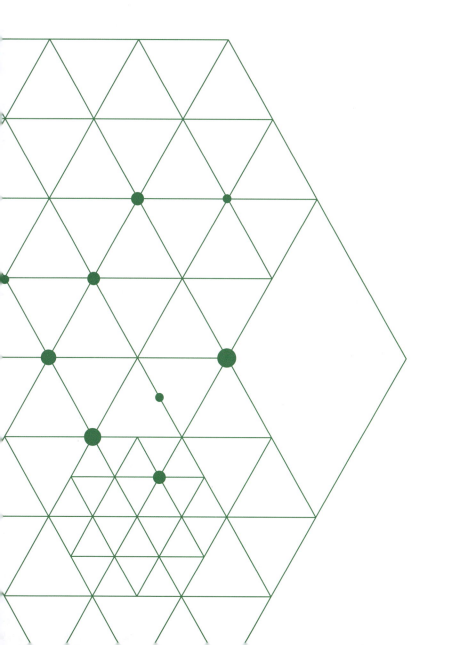

化学工业出版社

·北京·

内容简介

《汽车电工电子技术》以高等职业学校专业教学标准为依据，讲解了安全用电、汽车电工仪表、汽车常用元器件、汽车电路基础、汽车电磁原理、汽车电子电路等内容。书中内容与汽车应用紧密结合，并且在理论知识部分有相应的实验，可供进行实验操作参考。全彩色印刷，实物图片清晰美观。

本书配套了丰富的课程资源。运用"互联网+"形式，通过二维码嵌入动画、高清微视频、微课；配套多媒体PPT，与纸质教材无缝对接。

本书可作为高职高专院校、中等职业学校汽车类专业的教材，也可作为汽车维修技术人员培训用书，并可供相关技术人员的参考使用。

图书在版编目（CIP）数据

汽车电工电子技术/刘言强，姚东伟主编. — 北京：化学工业出版社，2020.10（2025.1重印）

"十三五"职业教育规划教材 职业教育汽车类专业互联网+多媒体融合创新示范教材

ISBN 978-7-122-37390-8

Ⅰ.①汽⋯ Ⅱ.①刘⋯②姚⋯ Ⅲ.①汽车-电工技术-职业教育-教材②汽车-电子技术-职业教育-教材 Ⅳ.①U463.6

中国版本图书馆CIP数据核字（2020）第122380号

责任编辑：韩庆利　　　　　　　　　　装帧设计：刘丽华
责任校对：宋　玮

出版发行：化学工业出版社（北京市东城区青年湖南街13号　邮政编码100011）
印　　装：河北京平诚乾印刷有限公司
880mm×1230mm　1/16　印张13½　字数350千字　2025年1月北京第1版第3次印刷

购书咨询：010-64518888　　　　　　　售后服务：010-64518899
网　　址：http://www.cip.com.cn
凡购买本书，如有缺损质量问题，本社销售中心负责调换。

定　价：55.00元　　　　　　　　　　　　　　　　　　版权所有　违者必究

前 言

为了适应我国高等职业教育教材建设和信息化教学改革的需要，在深入分析汽车维修行业实际需求的基础上，根据高等职业教育培养高技能型、应用型人才的要求和最新的高等职业学校专业教学标准，编写了"职业教育汽车类专业互联网+多媒体融合创新示范教材"。

教材在编写过程中，坚持立德树人，弘扬爱国主义精神、工匠精神，注重素质培养，紧紧围绕课程标准，书中内容以完成工作任务为目标，注重理实一体教学；通过理论知识的介绍和相关视频、动画，了解汽车相关知识和操作技能；通过现场实操，熟悉并掌握汽车必备技能的使用。本系列教材具有以下特点：

1. 编写理念先进。以就业为导向，以学生为主体，注重职业核心能力的培养，注重做中学、做中教，教学做合一，理实一体。

2. 教学内容科学。按照岗位需求、课程目标选择教学内容，体现"四新"、必须和够用。将国内外新知识、新技术引入教材，以体现内容上的先进性和前瞻性。

3. 教材结构合理。按照职业领域工作过程的逻辑确定教学单元；以项目、主题、任务、活动、案例等为载体组织教学单元，体现模块化、系列化。

4. 编写队伍强大。编写人员构成合理，行业企业深度参与；编写团队汇聚职教汽车专业名校名师、全国大赛金牌教练、行业知名职教专家。

5. 课程资源丰富。以课程开发为理念，运用互联网+形式，通过二维码嵌入高清微视频、微课；开发多媒体PPT、电子教案，与纸质教材无缝对接。

《汽车电工电子技术》共分6个单元，包括安全用电、汽车电工仪表、汽车常用元器件、汽车电路基础、汽车电磁原理、汽车电子电路。书中理论知识部分有相应的实验，可供进行实验操作参考。可作为高职高专院校、中等职业学校汽车类专业的教材，也可作为汽车维修技术人员培训用书，并可供相关技术人员的参考使用。

《汽车电工电子技术》由昆山登云科技职业技术学院刘言强、南通职业大学姚东伟主编，副主编为合肥职业技术学院徐薄和赵瑞雪，参加编写的还有南通航运职业技术学院李胜永、江苏航运职业技术学院陶金忠、新乡职业技术学院郜振海、河南工学院侯锁军、河南交通职业技术学院崔源、云南国防工业职业技术学院陈梅艳、开沃新能源汽车集团股份有限公司陈忠民。本书在编写过程中，参考和借鉴了相关资料和书籍，并得到许多汽车企业的帮助，在此一并向有关作者和工程技术人员致以诚挚的谢意！

由于编者水平和经验有限，书中难免有不妥之处，敬请广大读者批评指正。

编者

目录

单元一 安全用电

模块一 安全用电常识
课题一　触电与急救……………………………001
课题二　电气火灾及预防………………………007

模块二 电气防护
课题一　电气设备防护…………………………012
课题二　电气事故防护…………………………018

单元二 汽车电工仪表

模块一 常用仪表认知
课题一　数字式万用表…………………………021
课题二　汽车专用万用表………………………023
课题三　汽车专用示波器………………………027
课题四　汽车解码器……………………………032

模块二 实验
实验一　检测转速传感器信号波形……………038
实验二　读取空气流量计故障码………………042

单元三 汽车常用元器件

模块一 元器件认识
课题一　电阻元件………………………………046
课题二　二极管元件……………………………053
课题三　三极管元件……………………………060
课题四　电感元件………………………………065
课题五　电容元件………………………………069

模块二　实验

- 实验一　点火控制器检测电阻 ……………………………… 075
- 实验二　点火控制器检测电容 ……………………………… 078
- 实验三　点火控制器检测电感 ……………………………… 080
- 实验四　车用整流器检测二极管 …………………………… 082
- 实验五　仪表与报警系统检测三极管 ……………………… 085

单元四　汽车电路基础

模块一　直流电路

- 课题一　电路图及基本物理量 ……………………………… 088
- 课题二　电路形式及基本定律 ……………………………… 098

模块二　交流电路

- 课题一　交流电概念 ………………………………………… 104
- 课题二　交流电路形式 ……………………………………… 108
- 课题三　三相交流电 ………………………………………… 111

模块三　实验

- 实验一　汽车电源系统的检测 ……………………………… 115
- 实验二　喇叭控制电路的连接 ……………………………… 118
- 实验三　空调鼓风机的风速测试 …………………………… 121
- 实验四　汽车示宽灯的检测 ………………………………… 123

单元五　汽车电磁原理

模块一　电磁原理

- 课题一　磁现象 ……………………………………………… 127
- 课题二　电磁感应 …………………………………………… 131

模块二　电磁应用

- 课题一　电磁铁 ……………………………………………… 134
- 课题二　继电器 ……………………………………………… 135
- 课题三　变压器 ……………………………………………… 138
- 课题四　汽车电磁干扰及抑制 ……………………………… 143

模块三　实验

实验一　汽车电磁喷油器的检测····················· 146
实验二　汽车燃油继电器的检测····················· 148
实验三　点火线圈的检测························· 151

单元六　汽车电子电路

模块一　模拟电路

课题一　整流稳压电路··························· 154
课题二　放大电路····························· 165
课题三　开关电路····························· 170
课题四　集成运算放大电路························ 173

模块二　数字电路

课题一　逻辑电路····························· 184
课题二　集成电路····························· 194

模块三　实验

实验一　汽车发电机充电电路的检测··················· 198
实验二　汽车照明顶灯调光器电路安装调试··············· 202
实验三　水箱水位过低报警电路安装调试················ 205

参考文献································· 208

单元一　安全用电

模块一　安全用电常识

模块介绍

在日常用电及电气操作中，人体触电的事故时有发生。缺乏安全用电常识以及违反安全操作规程，是造成人体触电的主要原因。传统汽车电气设备、汽车检测与维修设备用电虽属低压电，但是如果不懂得安全用电的重要性，不遵守安全用电的规程，同样会导致人身的伤亡和设备的损坏。本模块共有两个课题：触电与急救和电火灾及预防。主要讲述触电的原因、危害和形式；触电时的急救措施；电火灾产生的原因及预防措施。

模块目标

1. 了解触电的危害、影响因素和种类；
2. 了解触电急救的措施；
3. 了解电火灾产生的原因及预防措施；
4. 了解安全用电常识及汽车实训室用电注意事项。

课题一　触电与急救

学习目标

1. 了解触电的危害、影响因素和种类；
2. 了解触电急救的措施；
3. 掌握安全用电注意事项。

问题引导

人体触电后，抢救不及时以及急救处置不当，会造成人员伤亡，因此，掌握安全用电常识非常重要。在汽车的使用与维护中经常与电及用电设备打交道，例如发动机的启动、车灯照明、汽车空调、汽车音响、举升机、电焊机、车轮动平衡仪、充电机等。也会遇到因为违反用电规定而出现设备损坏和人身伤害的事故，让我们一起来了解一下用电常识吧。

001

一、触电

（一）触电现象及危害

人体接触或接近带电体，所引起的人体局部受伤或死亡的现象称为触电。根据人体受到伤害的程度，触电可分为电伤和电击两种。

1. 电伤

电伤是指在电流热效应、化学效应、机械效应以及电流本身作用下造成的人体损伤。常见的有灼伤、烙伤和皮肤金属化等现象。

灼伤是由电流热效应引起的电弧灼伤、皮肤红肿、皮肤烧焦或皮下组织受伤；烙伤也是由电流热效应引起的，指皮肤烫伤或指因人体与带电体紧密接触而留下的肿块、硬块，使皮肤变色等；皮肤金属化是指因电流热效应和化学效应而熔化的金属微粒渗入到皮肤表层，使受伤部位带有金属颜色而留下肿块。

2. 电击

电击是指电流通过人体时所造成的内伤，它可使人的肌肉抽搐、内部组织损伤，造成发热、发麻、神经麻痹等，严重时将引起昏迷、窒息，甚至心脏停止跳动、血液循环中止而死亡。电击是最危险的触电事故，触电死亡中大多数是电击造成的。

（二）电流造成人体伤害程度的因素

人体对电流的反应非常敏感，电流对人体的伤害程度与以下几个因素有关。

1. 电流的大小

触电时，流过人体的电流是造成损伤的直接原因。实验证明，通过人体的电流越大，对人体的损伤越严重。

2. 电压的高低

人体接触的电压越高，流过人体的电流就越大，对人体的伤害越严重。对触电事例的分析统计表明，70%以上的死亡是在对地电压为250V的低压下触电的，而对地为380V以上的高压，本来其危险性更大，但由于人们接触机会少，且对它的警惕性较高，所以触电死亡的事例约在30%以下。

3. 电源频率的高低

实验证明，频率为50～60Hz的工频交流电对人类造成的危害最大。当通过人体工频交流电的电流超过30mA，人就会发生不同程度的触电事故。

4. 触电时间的长短

一般常用触电电流与触电持续时间的乘积（叫电击能量）来衡量电流对人体的伤害程度。触电电流越大，触电时间越长，则电击能量越大，对人体的伤害越严重。实验表明，电击能量超过150mA·s时，触电者就有生命危险。

5. 电流通过的路径

电流通过人的头部，可使人昏迷；通过人的脊椎，可能导致肢体瘫痪；通过人的心脏，可造成心脏停止跳动、血液循环中止；通过人的呼吸系统，会造成窒息。其中尤以电流通过人的心脏时，最容易导致死亡。实验还证明，电流从人的左手流到前胸的路径，对人体的伤害最大。

6. 人体状况

人的性别、健康状况、精神状态等与触电伤害程度有着密切关系。女性比男性触电伤害的程度约严重30%，小孩与成人相比，触电伤害的程度也要严重得多。体弱多病者比健康人更容易受电流伤害。另外，人的精神状况、接触电气时有无思想准备、对电流反应的灵敏程度、醉酒、过度疲劳等情况，都可能影响触电事故的发生次数，对受电流伤害的程度产生影响。

7. 人体电阻的大小

人体的电阻越大，受电流伤害越轻。通常人体的电阻可按100～200kΩ考虑。这个数值主要由皮肤的电阻值决定。如果皮肤表面的角质层损伤、皮肤潮湿、流汗、带着导电粉尘等，将会大幅度降低人体电阻，增加触电伤害程度。

（三）安全电压的级别

从对人接触电气设备的安全性出发，我国的电气标准规定，12V、24V和36V三个电压等级为安全电压级别，分别适用于不同的场所。

在湿度大、空间狭窄、行动不便、周围有大面积接地导体的场所（如金属容器内、矿井内、隧道内、汽车内等）使用的手提照明灯，应采用12V安全电压。

凡手提照明器具、在危险环境使用的局部照明灯、携带式电动工具等，若无特殊的安全防护装置或安全措施，均应采用24V或36V安全电压。

（四）触电形式

人体触电的原因主要有两方面：

一方面是设备、线路的问题。如接线错误，特别是插头、插座接线错误会直接造成触电事故；由于电气设备的绝缘层损坏而漏电，又没有采取切实有效的安全措施，也会造成触电事故。

另一方面是人为的因素。大量触电事故的统计资料表明，有90%以上的事故是由于人为因素造成的。最主要的原因是安全教育不够、安全制度不严、安全措施不完善、操作者素质不高等。

导致人体触电产生伤害有几种类型。

1. 单相触电

单相触电是指人体的一部分接触到相线或绝缘性能不好的电气设备外壳时，电流从相线经人体流入大地的触电现象，如图1-1-1（a）所示。

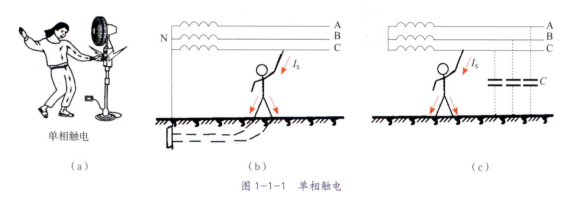

图1-1-1 单相触电

单相触电又可分为中性点接地和中性点不接地两种情况。

① 中性点接地电网的单相触电。在中性点接地的电网中，发生单相触电的情况如图1-1-1（b）所示。这时，人体所触及的电压是相电压，在我国的照明线路中，相电压为220V。电流由相线、人体、大地和中性点接地装置而形成通路。这种触电类型人体承受的电压为220V。

② 中性点不接地电网的单相触电。在中性点不接地的电网中，发生单相触电的情况如图1-1-1（c）所示。当站立在地面的人手触及某相导线时，由于相线与大地间存在着分布电容，所以有对地的电容电流从另外两相流入大地，并全部经人体流入到人手触及的相线。一般来说，导线越长或者空气的湿度越大，则对地的电容电流就越大，触电的危险性也越大。这种触电类型人体承受的电压最大可接近380V。

2. 两相触电

两相触电是指人体的不同部位分别接触到同一电源的两根不同相位的相线，电流从一根相线经人体流到另一根相线的触电现象，如图1-1-2所示。操作人员在安装检修电路或电气设备时，若忘记切断电源，很容易发生这类触电事故。两相触电比单相触电更危险，因为此时直接加在人体上的电压就是380V。

 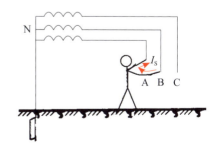

图1-1-2 两相触电

笔记

3. 跨步电压触电

当电气设备的绝缘损坏或线路的一相断线落在地上时，落地点的电位就是导线的电位。当电压超过6000V的带电导线断落在地面上，在接地点的周围会产生强电场，电流就会从落地点流入地中。离落地点越远的地方，其电位越低。如果有人走近高压导线落地点附近，由于人的两脚所处的位置不同，则在两脚之间出现电位差，这个电位差叫作跨步电压。离电流入地点越近，则跨步电压越大；离电流入地点越远，则跨步电压越小。根据实际测量，在离导线落地点20m以外的地方，在地面的电位近似等于零。当人们感受到跨步电压的威胁时，应赶快把双脚并在一起，采用蹦跳的方式远离导线落地点，也可以用一条腿跳着离开危险区。否则，因触电时间长，也会导致触电者触电伤亡，如图1-1-3所示。

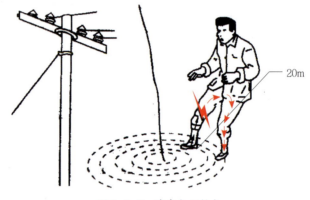

图1-1-3 跨步电压触电

二、触电的急救措施

在日常生产和生活中，要绝对避免触电是不可能的，一旦出现触电，要积极采取措施进行现场抢救。

（一）使触电者尽快脱离电源

发现有人触电时，最首要的措施是使触电者尽快脱离电源，一般有三种应急方法：

① 要迅速切断电源。如果不具备断电的条件，应使用绝缘材料（如干燥的木板、绳索等）将带电体从触电者身上转移走，千万不可触及带电人的皮肤。

② 如果一时不能将触电者拉离电源，可用绝缘绳索将触电者拉离地面，然后在人体与地面间塞入干燥木板，暂时切断人体中的电流，然后再想法切断电源。

③ 用带绝缘柄的工具（刀、斧、锄等），从电源的来电方向将电线切断，救护人不可接触电线的裸露部分和触电者。

（二）脱离电源后的急救

将触电者转移至安全处，应视伤害程度尽快采取施救方法。

① 判断呼吸是否停止。把触电者转移至干燥、宽敞、通风的地方，解开其衣、裤，使其仰卧，观察其胸部或腹部有无因呼吸而产生的起伏动作。若不明显，可用手靠近触电者鼻孔，观察有无气流流动；用手放在触电者胸部，感觉有无呼吸动作，若无动作，说明呼吸已停止。在等待送救治的同时，应采取口对口人工呼吸进行现场抢救。

② 判断脉搏是否搏动。用手检查触电者的颈部动脉或腹股沟处的股动脉，看有无搏动。有则说明心脏还在工作，没有则说明心脏跳动已停止。也可用耳朵贴在触电者心脏附近，倾听有无心脏跳动的声音，如有，说明心脏还在工作。在等待救治同时，应采取胸外心脏压挤法进行现场抢救。

③ 判断瞳孔是否放大。瞳孔是受大脑控制的一个能自能调节大小的光圈。如果大脑机能正常，瞳孔可随外界光线的强弱自动调节大小。处于死亡边缘或已经死亡的人，大脑失去对瞳孔的调节功能，瞳孔会自行放大，对外界光线不再作出任何反应。

根据上述简单判断的结果，对受伤害者程度不同、症状表现不同的触电者，除了自行组织抢救外，还应尽快拨打120急救电话，及时送到医院进行救治。

三、安全用电注意事项

（一）生活中的安全用电

生活中的安全用电应从以下几方面着手：

① 选用合格的电气产品，不准超负荷用电。
② 选用与电线、负荷相适应的熔断器或自动断路器，不准随意加粗加大熔丝。严禁用铜线、铁丝等代替熔丝。
③ 螺口灯头的中心接点应通过开关接相线，螺纹口接零线，检修或调换灯头，切忌用手直接触及。
④ 不要站在潮湿的地面上移动带电物体或用潮湿抹布擦拭带电电气设备。
⑤ 不接触低压带电体，不靠近高压线。
⑥ 电气火灾必须使用干性化学灭火器和干燥的沙子。

（二）汽车实训室安全用电的规定

汽车实训室是学生实践实训的主要场所，各种用电设备、工具、仪表种类繁多且比较集中，再加上实训室空间小，人员较多，易引发各种触电。因此，进入实训室前一定要认真学习实训室中的安全实训规定，熟悉实训室中的各种用电设备的操作规程，严格按照实训要求进行每一项目的实训，做到安全进入，平安离开。

① 按指导教师要求，正确使用各种电工工具。在使用工具前，要仔细检查工具绝缘部分是否损坏，以免触电伤人。
② 在实习过程中，要严格执行安全操作技术规程，听从指导教师指挥，未经指导教师许可，不得擅自使用各种用电设备、仪表、工具等。
③ 在检查和排除电路故障前，要用测量工具检查电路是否带电，严禁用手触摸。
④ 排查故障，切断电源后，方可进行维修。
⑤ 特殊情况下带电操作或登高作业，旁边必须安排专人监护。
⑥ 正在使用的用电设备，要做好警示标志，在电源、开关、用电设备等处悬挂"禁动""带电""有人作业"等各种警示牌。
⑦ 实习中工具箱摆在安全区域，工具用后要及时放入工具箱，不要随手乱放。
⑧ 注意实习中导线线头、螺钉或其他配件放在专门区域，不要随意丢弃。
⑨ 实习操作过程中，保持双手干燥。
⑩ 下课前应做到：切断电源，整理工具、材料，打扫环境卫生。

一、填空题

1. 触电是指电流以_____为通路，使身体一部分或全身受到电的刺激与伤害，可分为_____和_____两种。
2. 电伤是指在电流热效应、化学效应、机械效应以及电流本身作用下造成的人体损伤。常见的有_____、_____和皮肤金属化等现象。
3. 电源频率为_____Hz 的交流电对人类造成的危害最大。实验还证明，电流从人的_____的路径，对人体的伤害最大。
4. 触电的形式有：_____、_____、_____三种。
5. 决定触电伤害程度的因素有：_____、_____、_____。
6. 一旦发现有人触电，周围人员首先应迅速_____尽快使其脱离电源。
7. _____和_____是现场急救的基本方法。
8. 触电急救的要点是：_____与_____。

二、选择题

1. 在以接地电流入地点为圆心，（　　）m为半径范围内行走的人，两脚之间承受的电压叫跨步电压。

　　A.1000　　　　　　　　　　　　B.100

　　C.50　　　　　　　　　　　　　D.20

2. 在下列电流路径中，最危险的是（　　）。

　　A.左手—前胸　　　　　　　　　B.左手—双脚

　　C.右手—双脚　　　　　　　　　D.左手—右手

3. 人体电阻一般情况下按（　　）考虑。

　　A.1～10Ω　　　　　　　　　　　B.10～100Ω

　　C.1kΩ～2kΩ　　　　　　　　　D.10kΩ～20kΩ

4. 下列导体色标，表示接地线的颜色是（　　）。

　　A.黄色　　　　　　　　　　　　B.绿色

　　C.淡蓝　　　　　　　　　　　　D.绿／黄双色

5. 低压照明灯在潮湿场所、金属容器内使用时应采用（　　）安全电压。

　　A.380V　　　　　　　　　　　　B.220V

　　C.等于或小于36V　　　　　　　D.大于36V

6. 最容易掌握、效果最好，而且不论触电者有无摔伤均可以施行的人工呼吸法是（　　）。

　　A.胸外心脏挤压法　　　　　　　B.俯卧压背法

　　C.口对口人工呼吸法　　　　　　D.牵手人工呼吸法

7. 如果发现有人触电，又不能立即找到开关，为了尽快救人，下列说法正确的是（　　）。

　　A.用铁棍将电线挑开　　　　　　B.用干燥木棍将电线挑开

　　C.用手将电线拉开　　　　　　　D.用手赶快把人拉开

8. 高压线断了，断头落在地上，人千万不能靠近是因为（　　）。

　　A.高压线温度很高、烫手　　　　B.高压线对人放电

　　C.会造成跨步电压触电　　　　　D.高压线会把人吸过去

9. 某同学站在干燥的木凳上，检修家庭电路，下列操作较危险的是（　　）。

　　A.一手握零线，一手扶在水泥墙上　　B.双手握火线

　　C.一手握火线，一手扶在水泥墙上　　D.双手握零线

10. 存在高度触电危险的环境以及特别潮湿的场所应采用的安全电压为（　　）。

　　A.36V　　　　　　　　　　　　　B.24V

　　C.12V　　　　　　　　　　　　　D.6V

三、判断题

1. 安全用电是衡量一个国家用电水平的重要标志之一。　　　　　　　　　　（　　）

2. 触电事故的发生具有季节性。　　　　　　　　　　　　　　　　　　　　（　　）

3. 由于城市用电频繁，所以触电事故城市多于农村。　　　　　　　　　　　（　　）

4. 电灼伤、电烙伤和皮肤金属化属于电伤。　　　　　　　　　　　　　　　（　　）

5. 跨步电压触电属于直接接触触电。 （   ）
6. 两相触电比单相触电更危险。 （   ）
7. 救护触电者脱离电源的过程，救护者应双手操作，使其快速脱离电源。 （   ）
8. 在任何环境下，36V 都是安全电压。 （   ）
9. 因为零线比火线安全，所以开关大都安装在零线上。 （   ）

四、简答题

1. 简述触电的形式有哪些？
2. 简述生活中安全用电注意事项。
3. 如发现有人触电且电源开关又不在附近，应如何处理？
4. 为避免跨步电压，我们应怎样预防？
5. 简述电流对人体造成伤害程度的因素。

课题二　电气火灾及预防

学习目标

1. 知道电气火灾形成的原因；
2. 知道电气火灾的预防措施；
3. 掌握电气火灾的扑救常识。

问题引导

目前，我国生产的部分汽车电气设备的成本已占到整车成本的 30%～35%，在一些豪华轿车上，电气设备的成本已占到整车成本的 50% 以上。但是，有关资料显示，在汽车运行过程中，电气系统故障占整车故障的 85% 左右，而在所有汽车火灾中，因电气系统故障引起的火灾占 60% 左右。与其他火灾事故不同，发生汽车火灾事故时，人们往往措手不及，不知道如何进行扑救，即便扑救及时，汽车也会被烧得面目全非，甚至在火灾后化为灰烬。因此，汽车电气系统火灾的预防有极其重要的意义。

一、电气火灾形成的原因

电气火灾一般是指由于电气线路、用电设备以及供配电设备出现故障而引发的火灾，也包括由雷电和静电引起的火灾。据统计，由于线路漏电、短路、过负载、接触电阻过大等造成的电气火灾事故比例居多。

1. 线路漏电

所谓漏电，就是线路的某一个地方因为某种原因（自然原因或人为原因，如风吹雨打、潮湿、高温、碰压、划破、摩擦、腐蚀等）使电线的绝缘或支架材料的绝缘能力下降，导致电线与电线之间（通过损坏的绝缘、支架等）、导线与大地之间有一部分电流通过，这种现象就是漏电。这时，漏泄电流在流入大地的途中，如遇电阻较大的部位时，会产生局部高温，致使附近的可燃物着火，从而引起火灾。此外，在漏电点产生的漏电火花，同样也会引起火灾。

2. 电路短路

电气线路中的裸导线或导线的绝缘体破损后，火线与火线或火线与地线在某一点碰在一起，引起电流突然大量增加的现象就叫短路。电流的突然增大,引起瞬间的发热量也很大,大大超过了线路正常工作时的发热量,并在短路点易产生强烈的火花和电弧,不仅能使绝缘层迅速燃烧,而且能使金属熔化,引起附近的易燃可燃物燃烧,造成火灾。

3. 导线过载

所谓导线过载是指当导线中通过的电流超过了导线的安全载流量时,导线的温度不断升高,这种现象就叫导线过载。当导线的温度升高到一定温度时,就会引起导线上的绝缘层发生燃烧,并能引燃附近的可燃物,从而造成火灾。

4. 电制热设备通电时间过长

长时间使用热能电器,或者用后忘记关掉电源,从而引起周围易燃物品燃烧造成火灾。

5. 电路接头处接触电阻过大

导线与导线、导线与开关、熔断器、仪表、电气设备等连接的地方都有接头,在接头的接触面上形成的电阻称为接触电阻。如果接头处理良好,接触电阻不大,则接头点的发热就很少,可以保持正常温度。如果接头中有杂质或连接不牢靠使接头接触不良,造成接触部位的局部电阻过大,当电流通过接头时,就会在此处产生大量的热,形成高温,这种现象就是接触电阻过大。在接触电阻过大的局部范围内产生极大的热量,使金属升温甚至熔化,引发可燃物燃烧,从而造成火灾。

6. 电路中产生电火花或电弧

在生产和生活中,电气设备在运行或电工在操作时,有时会产生电火花和电弧。如电动机的电刷与滑环接触处在正常运行中就会产生电火花;当使用开关断开电路时,若负载很重,就会在开关的刀闸处产生电弧;当拔掉电源插头或使用接触器断开电路时,会有电火花发生。如果电路发生短路故障,则产生的电弧更大。电火花、电弧的温度很高,特别是电弧的温度可高达6000℃。这么高的温度不仅能引起可燃物的燃烧,还能使金属熔化、飞溅,所以电火花和电弧是非常危险的火源。

二、汽车电火灾的成因分析

汽车电气火灾通常指汽车电气设备线路故障或安装、使用和维护不当,在电能转化为热能过程中,电热能引燃可燃物所发生的灾害。

一般汽车电气火灾可分为:短路引起的火灾;导线过负荷引起的火灾;接触不良引起的火灾;漏电引起的火灾;电气设备故障引起的火灾。

1. 电气线路设计不合理

① 部分电路中未设置熔丝。汽车内大多数用电设备均设计为独立回路。部分汽车的点火线圈、喷油器、发动机电脑、危险警告灯等电气回路内没有设置电流保护装置,电路发生短路故障后,电流成倍甚至数十倍地增加,导线很快发热、冒烟、绝缘层熔化,在短路电流足够大的情况下,温度升高到绝缘层及周围可燃物的着火点就会产生明火燃烧。

② 部分电路中熔丝没有靠前设置(设置位置不当)。部分汽车的熔丝设置在搭铁线上,没有按照电气设计原理设计在电路的电源线上,因此熔丝起不到短路保护作用。在发生短路故障时,短路电流不会通过熔丝,导致电路因短路电流而自燃起火。

③ 部分电路中熔丝与导线不匹配(设置规格不当)。部分汽车在电气设计上存在线路与熔丝不匹配的情况,在发生短路故障时,导线已烧坏甚至起火,而熔丝却未熔断。

2. 电气线路故障

汽车电气线路故障较为常见,比如:电气线路受振动摩擦,绝缘层磨破;电气线路受挤压,绝缘层损坏;汽车长期运行中电气线路老化,绝缘层开裂,脱落;不恰当检修改装等人为因素的损坏;车辆受撞击导致电气线路绝缘外皮损坏;还有其他一切意外因素等。当汽车电气线路发生故障时出现短路的可能性较大,此时电源线与搭铁线或者与直接连通搭铁线的汽车发动机、底盘等金属机体直接连通,电流不通过用电设备,从短路点直接流到了负极。可分为两种情况:一种是金属性短路,此时如果回路中的熔丝设置符合要求,那么在短路后电流突然增大的情况下,熔丝会在高温下熔断,使整个电路中断,这种情况下不会发生起火危险;另一种是电弧性短路,此时由于短路点未被焊死,短路电流不大,熔丝也不会熔断,但是电弧或者电火花却会持续存在,其局部温度可达2000~3000℃,容易引燃周围可燃物质,因此这种短路电弧往往成为火灾的点火源。

3. 发动机调节器故障

发动机调节器组成为：逆流断电器、限压器、限流器。调节器的完好有效对于确保汽车电气系统的稳定有着十分重要的作用。一旦调节器发生故障，引起电气火灾的可能性就比较大。

① 逆流断电器故障。机动车熄火后，电气系统中电流应为零。但是当逆流断电器发生故障时，触点（白金触点）长期闭合，失去切断逆向电流的作用，此时蓄电池内的电流会倒回发电机，进而引起发电机线圈发热产生高温起火。

② 限压器故障。当限压器发生故障时，用电设备不能在正常电压下工作，会造成电气线路和用电设备损坏，严重的情况下可能引起火灾。

③ 限流器故障。限流器发生故障时，不能按照正常值给电气系统各回路分配电流，会造成部分电气线路和发电机的过载起火。

4. 汽车改装不规范

部分车主在对车辆进行改造时，随意增加防盗器、音响、空调等用电设备，导致用电负荷超过回路设计容量，引起回路过负荷，产生高温引燃可燃物。

5. 汽车维护保养不当

① 检修、维护不及时。汽车在长时间使用过程中受到振动或者冷热变化，电气线路接点不实，发生松动、氧化、表面污损等现象，未及时被发现，接头处接触电阻增大，产生热能，致使接点高温引起可燃材料起火；电气线路老化，发生漏电现象未及时被发现，漏电处出现高温电弧或者电火花引燃可燃物。

② 维修质量不高。汽车维修人员自身业务素质不高，人为造成电气线路裸露和电气设备故障，导致相线短路、过负荷、漏电，产生高温高热，引起电气线路或电气设备着火。

6. 汽车内消防设施设置不合理

多数汽车都配置有二氧化碳或 ABC 型干粉灭火器，但是这两种灭火器因汽车经常处在高温、振动的环境下，其有效性难以保证，并且由于汽车火灾大多处于发动机舱内，不易被发现，致使这两种灭火产品的功效较低。此外，汽车长时间行驶后停放在车库或者停车场，处于无人值守状态，发生火灾后也不易察觉。

三、电气火灾的预防措施

（一）预防电气火灾的安全措施

① 合理选取供电电压，使电气设备的额定电压与供电电压相配，供电电压应与环境状态、环境保护、安全因素等相配。

② 合理选用导线截面，导线是传输电流的，不允许过热，所以导线的额定电流应比输送电流大些，以防线路过载。

③ 合理选用电气设备的类型，对于容易引起火灾或爆炸的场所，应选用防爆型、密封型等合适的电气设备。

④ 严格遵守安全操作规程和有关规定，万一出现火灾或汽车自燃，首先要切断电源，然后灭火并及时报警。

⑤ 对电气起火物体要使用沙土或专用不导电的灭火器进行灭火，绝对不能用水来灭火。适用于电气灭火的灭火器有干粉灭火器、1211 灭火器、1301 灭火器、CO_2 灭火器等。

（二）扑救电气火灾的注意事项

一旦电气设备发生火灾，首先应切断电源，然后再进行火灾扑救工作，其扑救方法与一般火灾扑救相同。只有在确实无法断开电源的情况下，才允许带电灭火。在对带电线路或设备灭火时，要注意：

① 不能用直流水枪灭火，但可用喷雾水枪灭火，因为喷雾水枪喷出的是不导电的雾状水流。

② 不能用泡沫灭火器灭火，应使用不导电的干性化学灭火器，如二氧化碳灭火器、四氯化碳灭火器、1211 灭火器和干粉灭火器等。

③ 对有油的设备，应使用干燥的砂子灭火。

④ 灭火器的筒体、喷嘴及人体都要与带电体保持一定距离，灭火人员应穿绝缘靴，戴绝缘手套，有条件的还要穿绝缘服等，以免扑救人员的身体触及带电体而触电。

一、填空题

1. 电气火灾一般是指由于_____、_____以及供配电设备出现故障而引发的火灾，也包括由_____和_____引起的火灾。

2. 绝缘通常可分为_____、_____和_____三种。电气绝缘一般都采用_____。

3. 绝缘事故是指由于绝缘的破坏造成的漏电或短路事故，而绝缘破坏的形式主要有绝缘_____、_____、_____。

4. 漏电就是线路的某一个地方因为某种原因使电线的_____或_____的绝缘能力下降，导致电线与_____之间、导线与_____之间有一部分电流通过。

5. 一般汽车电气火灾分为：_____引起的火灾；_____引起的火灾；_____引起的火灾；_____引起的火灾；_____引起的火灾。

6. 汽车内大多数用电设备均设计为_____；熔丝不应该设置在_____线上，应该按照电气设计原理设计在电路的_____线上。

7. 适用于电气灭火的灭火器有_____灭火器、_____灭火器、_____灭火器、CO_2灭火器等。

8. 一旦电气设备发生火灾，首先应_____，然后再进行火灾扑救工作，其扑救方法与一般火灾扑救_____。

二、选择题

1. 静电电压最高可达（　　），可现场放电，产生静电火花，引起火灾。
   A. 50V　　　　　　　　B. 220V　　　　　　　　C. 10000V以上

2. 雷电放电具有（　　）的特点。
   A. 电流大，电压高　　　B. 电流小，电压高　　　C. 电流大，电压低

3. 漏电保护器对下例哪种情况不起作用？（　　）
   A. 单手碰到带电体　　　　　　　　　　　　　B. 人体碰到带电设备
   C. 双手碰到两相电线（此时人体作为负载，已触电）　D. 人体碰到漏电机壳

4. 电气着火时下列不能用的灭火方法是哪种？（　　）
   A. 用四氯化碳或1211灭火器进行灭火
   B. 用沙土灭火
   C. 用水灭火

5. 漏电保护器的使用是防止（　　）。
   A. 触电事故　　　　　　B. 电压波动　　　　　　C. 电流过大

6. 请从下列选项中选择万一发生电气火灾后首先应该采取的第一条措施。（　　）
   A. 打电话报警　　　　　B. 切断电源　　　　　　C. 扑灭明火
   D. 保护现场，分析火因，以便采取措施，杜绝隐患。

7. 下列哪种灭火器最适于扑灭电气火灾？（　　）
   A. 二氧化碳灭火器　　　B. 干粉灭火器　　　C. 泡沫灭火器

8. 为防止静电火花引起事故，凡是用来加工、贮存、运输各种易燃气、液、粉体的设备金属管、非导电材料管都必须（　　）。
   A. 有足够大的电阻　　　B. 有足够小的电阻　　　C. 可靠接地

9. 扑救电气设备火灾时，不能用（　　）。
   A. 四氯化碳灭火器　　　B. 二氧化碳灭火器　　　C. 泡沫灭火器

10. 民用照明电路电压是（　　）。
    A. 直流电压220V　　　B. 交流电压280V　　　C. 交流电压220V

三、判断题

1. 电炉、烘箱等用电设备在使用中，使用人员不得离开。（　　）
2. 电气设备着火，首先必须采取的措施是灭火。（　　）
3. 应该定期检查线路和设备的工作情况，及时维护和保养。（　　）
4. 电气或线路着火，要先切断电源，再用干粉灭火器或气体灭火器灭火，不可直接泼水灭火，以防触电或电气爆炸伤人。（　　）
5. 电源插座附近不应堆放易燃物等杂物。（　　）
6. 电路熔丝（片）熔断，短期内可以用铜丝或铁丝代替。（　　）
7. 短路电流使短路处甚至使整个电路过热，会使导线的绝缘层燃烧起来，并引燃周围建筑物内的可燃物。（　　）
8. 对高压设备若用干粉灭火器带电灭火，可不穿戴绝缘手套和绝缘鞋。（　　）
9. 室内发生电气火灾，应立即报警然后进行扑救。（　　）
10. 为避免线路负荷过大，而引起火灾，功率1000W以上的设备不得共用一个接线板。（　　）

四、简答题

1. 电气火灾形成的原因有哪些？
2. 电气火灾的预防措施有哪些？
3. 电气火灾的扑救措施有哪些？
4. 什么叫漏电？漏电怎么会引起火灾？
5. 怎样防止短路火灾？

模块二 电气防护

模块介绍

　　电气防护是涉及人身及设备安全的重要举措，电气设备如果在安装应用、操作管理、使用维修中存在安全隐患，尤其是电气工作人员若缺乏必要的电气安全知识，不仅会造成电能浪费，而且会引起触电、火灾、爆炸等电气事故，造成人身安全和国家财产的严重危害和损失。因此，我们要掌握和研究各种电气事故的规律及其防范措施，防止触电危险或避免电气灾害事故的发生，保护劳动者的安全和健康。本模块共有两个课题：电气设备防护和电气事故防护。主要讲述汽车电气系统的功能和特点；汽车电气设备的维护保养；汽车电气事故防护措施。

模块目标

1. 了解汽车电气系统的功能和特点；
2. 知道电气设备的防护措施及电气事故的预防；
3. 掌握汽车电气设备的维护保养方法；
4. 知道汽车电气事故的防护措施。

课题一　电气设备防护

1. 理解汽车电气系统的功能和特点；
2. 知道电气设备保护的安全措施；
3. 掌握汽车电气设备的维护保养方法。

　　汽车组成非常复杂，组成部件有很多电气设备，例如电源设备、发电机、蓄电池，以及信号、点火、照明、电气与启动装置等。各个部件彼此协作，一起为汽车运行提供保障。任意部件发生故障将对汽车功能产生影响。所以，平时一定要认真做好汽车电气设备的维护和保养工作。

一、汽车电气系统简介

（一）汽车电气系统的功能

　　汽车电气系统按照功能可分为以下子系统：电源系统、启动系统、点火系统、仪表系统、信息显示系统、照明与信号系统、空调系统及辅助电气系统等。

1. 电源系统

　　电源系统主要由蓄电池、发电机和调节器组成。电源系统的功用是向整车用电设备提供电能。

2. 启动系统

现代汽车普遍采用电磁控制式启动系统，主要由启动机、启动继电器和点火启动开关组成。启动系统主要功用是启动发动机。

3. 点火系统

电子点火系统由点火开关、点火线圈、分电器、容电器、火花塞等组成。主要作用是把蓄电池或者发电机输出的12V或24V电源电压，经过点火线圈变为高压电10000V以上，然后送给火花塞，由火花塞两极间放电点燃混合气做功。

（二）汽车电气系统的特点

1. 低压

汽车电气系统的标称电压有12V和24V两种，汽油发动机普遍采用12V电系，柴油发动机大多数采用24V电系。

2. 直流

汽车发动机依靠直流电力启动机启动，启动机由蓄电池供电，而蓄电池必须使用直流电进行充电，因此汽车电系为直流电系。

3. 单线制

电源到用电设备只用一根导线连接，并用汽车发动机、底盘等金属机体作为另一根公用导线。

4. 负极搭铁

在单线制中，将电气设备的外壳与车体连接作为电路导电体的方法，称为"搭铁"。将蓄电池的负极连接到车体上称为"负极搭铁"。反之，将蓄电池的正极连接到车体上则称为"正极搭铁"。根据中华人民共和国行业标准QC/T 413—2002《汽车电气设备基本技术条件》规定，汽车电气系统统一规定为"负极搭铁"。因此，一般的汽车电路结构是：电源正极—开关—用电设备—电源负极。

正极与用电设备之间的连接导线叫电源线，用电设备与负极之间的连接导线叫搭铁线。

二、用电保护措施

1. 绝缘

为防止人体触电，可采用绝缘物把带电体封闭起来。常用的绝缘材料有：瓷、玻璃、云母、橡胶、木材、塑料等。

应当注意：很多绝缘材料在受潮后或强电场作用下，会丧失绝缘性能。

2. 屏护

即采用遮拦、护罩、护盖箱等把带电体同外界隔绝。尤其是高压设备，不论是否有绝缘，均应采取屏护。

3. 间距

就是保证必要的安全距离。间距除用于防止触及或过分接近带电体外，还能起到防止火灾、混线、方便操作的作用。在低压系统中，最小检修距离不应小于0.1m。

4. 接地

指电气装置与大地的直接连接。

5. 保护接地

为了防止电气装置外露的不带电导体意外带电造成危险，将该电气设备经保护接地线与深埋在地下的接地体紧密连接起来的做法叫保护接地。

电机、变压器、开关设备、照明电气等金属外壳都应予以保护接地。在低压系统中，保护接地电阻值应小于4Ω。

6. 保护接零

就是把电气装置在正常情况下不带电的金属部分与电网的零线连接起来。在三相四线制的电力系统中，通常把电气装置的金属外壳同时接地、接零，这就是所谓的重复接地保护措施。但应注意：零线回路中不允许装设熔断器和开关。如图1-2-1所示。

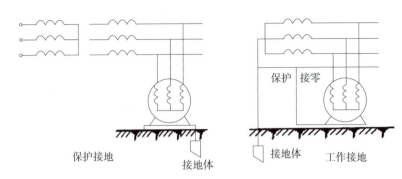

图 1-2-1 保护接地、保护接零

7. 装设漏电保护装置

为了保证在故障情况下的人身和设备安全,应尽量装设漏电流动作保护器。这样当发生线路漏电时,能自动切断电源,起到保护作用。

8. 采用安全电压与电流

根据欧姆定律,电流与电压成正比,当我们把加于人身上的电压限制在某一范围内,这样通过人体的电流就不会超过允许范围,这一电压就叫作安全电压,人体的安全电压在 36V 以下。人体对电流有一定的阻碍作用,这种阻碍作用表现为人体电阻,人体电阻约为 500~2000Ω,从安全的角度考虑应作 500Ω 计算。

实践证明,常见的 50~60Hz 工频电的危害性最大,高频电的危害性较小。人体通过工频电 1mA 时就会有麻木的感觉;10mA 为摆脱电流;通过 50mA 的工频电流时,中枢神经会遭受损害,使心脏停止跳动而死亡。

9. 加强绝缘

加强绝缘就是采用双重绝缘或另加总体绝缘,即保护绝缘体以防止绝缘损坏后的触电。

10. 安全用电标志

为了便于识别,防止误操作,确保运行和检修人员的安全,采用不同颜色标志来区分各种不同性质、不同用途的导线,或用来表示某处安全程度。一般采用的安全色有以下几种:

① 红色:用来标志注意危险,如当心触电,注意安全等。
② 绿色:用来标志安全无事,如在此工作,已接地等。
③ 蓝色:用来标志强制执行,如必须戴安全帽等。
④ 黑色:用来标志图像、文字和警告标志的几何图形。

三、电气事故防护

(一)电气防火与防爆

电气设备使用过程中常见的事故是火灾和爆炸,原因主要是:其一,电气设备使用不当,例如不适当的过载、通风冷却条件差,引起电气设备过热,导体之间接触不良,接触电阻过大,造成局部高温;电烙铁、电熨斗之类高温设备使用不当,烤燃了周围物质等;其二,电气设备发生故障,例如绝缘损坏,引起短路而造成高温,因断路而引起火花或电弧等。电气防火和防爆的主要措施如下:

合理选用电气设备。在合理选择电气设备的容量和电压的同时,要根据工作环境的不同,选用合适的结构形式,尤其是在易燃易爆场所,必须选用合理的防爆型电气设备。我国的防爆型电气设备分为 2 类:Ⅰ类是煤矿井下使用的电气设备;Ⅱ类是工厂使用的电气设备。使用时应根据危险场所的等级、性质和使用条件来选择。

(二)静电的防护

静电是指在宏观范围内暂时失去平衡的相对静止的正、负电荷。静电现象非常普遍,产生极其容易,又容易被人们忽视。静电一方面被广泛应用(静电复制、静电喷涂等),另一方面也会给人们带来危害。产生危险的原因是静电的不断积累,形成对地或两种带异性电荷之间的高电压,这些高电压有时可高达数万伏,不仅会影响生产、危及人身安全,而且静电放电时的火花往往会造成火灾和爆炸。防止静电危害的基本方法有三种:

1. 限制静电的产生

限制静电产生的主要办法是控制工艺过程。例如：降低液体、气体和粉尘的流速，在易燃、易爆场合不采用带轮传动等。

2. 防止静电的积累

防止静电积累的主要方法是给静电一条随时可以入地或与异性电荷中和的出路。例如：增加空气的湿度，将容易产生静电的设备、管道采用金属等导电良好的材料制成，并可靠接地，添加抗静电剂和使用静电中和器等。

3. 控制危险的环境

在易燃易爆的环境中，加强通风以尽量减少易燃易爆物的形成。

四、汽车电气设备的维护保养

汽车电气设备的维护保养主要有两个目标：一是确保电气系统电压、电流稳定；二是确保电气线路和设备完好有效。从这两个目标分析，应重点加强对以下设备的维护保养。

1. 蓄电池的定期维护

为使蓄电池（图 1-2-2）经常处于完好状态，保证充放电正常，对使用中的蓄电池需要定期（汽车行驶 6000～7500km 或 30～45 天）进行维护工作。

① 合理确定电解液液面。在加入电解液时，应当符合其蓄电池的技术要求（一般电解液液面的高度应高出极板防护网 10～15mm），以避免电解液从通气孔溢出，连通正负极而引发危险。

② 合理确定电解液密度。应当按规定适当调节电解液密度。液面降低，正常情况下只能补加蒸馏水（因电解液的正常消耗实际上是水的消耗），只有确因渗漏等造成的液面降低，才可补加一定浓度的电解液。当电解液密度高时，不要用河水、井水、自来水代替补充液使用。

③ 加液孔盖或螺塞上的通气孔要保证畅通。

④ 导线接头与极柱的连接要紧固，要及时清理接头和极柱上的氧化物。

图 1-2-2　汽车蓄电池

2. 发电机的维护

汽车每行驶 15000km，应检查驱动带情况；每行驶 30000km，应将交流发电机（图 1-2-3）从车上拆下来检修一次，主要检查电刷和轴承磨损情况。新电刷高度为 14mm，磨损至 7～8mm 时，应当更换新电刷；轴承如有明显松动，应予以更换。

① 合理调整充电电压。由于发电机充电电压过低时，蓄电池因充电不足容量下降；而当充电电压值过高时，将导致蓄电池电解液温度升高，水分蒸发过快，使用寿命缩短，并容易损坏用电设备。因此，发电机充电电压值应符合该车使用说明书上的标准值。

② 发电机驱动带松紧度要适中。驱动带太紧不仅会使之拉长变形造成损伤和断裂，缩短驱动带的使用寿命，而且也极易造成轴承损坏。驱动带过松则会打滑而难以传递动力，引起充电率降低。因此，发电机驱动带的松紧度应调整合适，使之符合技术要求。

图 1-2-3　交流发电机

3. 启动机的维护

① 每次接通启动机（图 1-2-4）的时间不要超过 5s，连续两次接通启动机应间隔 15s 以上时间，当连续 3 次接通仍不能启动发动机时，应查明原因并排除故障后再使用。

② 接通启动机时，如检测蓄电池端电压低于 9.6V，说明蓄电池存电不足或有硫化、短路等故障，应及时充电或更换电池。

③ 汽车每行驶 12000～15000km，应使用发电机检测仪或专用仪器检测启动电压和启动电流。

4. 火花塞的维护

通常情况下，一般火花塞（图 1-2-5）的使用寿命为 2 万～3 万公里，长效火花塞的使用寿命也不超过 6 万～10 万公里。火花塞在使用中，其电极及裙部绝缘体会有正常的积炭产生，如果这些积炭长期不予清除，会越积越多，最终导致电极漏电甚至不能跳火，所以，应定期清除积炭；火花塞型号繁多，但都有自己的经济寿命，如果超过经济寿命后仍然使用，将不利于发动机的动力性和经济性的发挥，所以，应定期更换火花塞。

图 1-2-4　启动机

图 1-2-5　火花塞

5. 熔丝的维护

为保护汽车，使电气部分不因其线路故障烧坏元件，车上熔丝（图1-2-6）盒内的每个熔丝都和其相应的电气线路相连。因此，在某一部分电气发生故障时，首先要检查它的熔丝是否烧断。如果断了，就要更换。若再次烧断，即表明系统内有短路或其他损坏，必须立刻送汽修厂查明故障原因后方可再装上熔丝，注意要装上与原来相同规格的熔丝，千万不要装大于原规格的熔丝，以免损坏电气设备。

6. 电气线路的维护

维修、更换、保养是预防汽车电气线路火灾的一个重要环节。要采用专业电气检测设备定期对线路老化程度、接头情况、负荷量进行检查，确保电气线路运行情况良好。

图 1-2-6　熔丝

一、填空题

1. 汽车电气系统按照功能可分为：_____、_____、_____、_____、信息显示系统、照明与信号系统、空调系统及辅助电气系统等。

2. 汽车电气系统的特点：_____、_____、_____、_____。

3. 汽车电源系统主要由_____、_____和_____组成。

4. 电子点火系统由_____、_____、_____、容电器、火花塞等组成。

5. 汽车电气系统的标称电压有_____和_____两种。

6. 常用的绝缘材料有：_____、_____、_____、_____、木材、塑料等。

7. 电机、变压器、开关设备、照明电气等金属外壳都应予以_____。在低压系统中，保护接地电阻值应小于_____Ω。

8. 汽车电气设备的维护保养主要有两个目标：一是确保电气系统_____稳定；二是确保_____完好有效。

二、选择题

1. 下列（　　）的连接方式称为保护接地。

　　A. 将电气设备金属外壳与中性线相连　　B. 将电气设备金属外壳与接地装置相连
　　C. 将电气设备金属外壳与其中一条相线相连　　D. 将电气设备的中性线与接地线相连

2. 安装剩余电流保护器后，被保护支路应有各自的专用（　　），以免引起保护器误动作。
  A. 接地线   B. 零线   C. 保护线   D. 电源

3. （　　）是指为了保证人身安全和设备安全，将电气设备在正常运行中不带电的金属部分可靠接地。
  A. 工作接地 B. 防雷接地 C. 保护接地 D. 设备接地

4. 测量绝缘电阻可用（　　）。
  A. 万用表   B. 兆欧表   C. 示波器   D. 电笔

5. 小型乘用车的电气设备额定电压为（　　）V。
  A. 12   B. 6   C. 24   D. 48

6. 进入夏季，维护作业时应将蓄电池电解液密度（　　）。
  A. 增大   B. 不变   C. 降低   D. 增大或降低

7. 电气设备的外壳应有什么防护措施？（　　）
  A. 无   B. 保护性接地 C. 防锈漆   D. 绝缘

8. 交流发电机用电压调节器是通过调整（　　）来保证发电机输出电压的。
  A. 发电机转速 B. 发电机励磁电流 C. 发电机输出电流 D. 蓄电池励磁电流

9. 万用表使用完后，应将切换旋钮放在（　　）。
  A. 电阻挡   B. 直流电压挡 C. 交流电压最高挡 D. 电流量挡

10. 汽车电源系统包括蓄电池、（　　）、电压调节装置等。
  A. 启动机   B. 发电机   C. 电动刮水器 D. 电动门窗

三、判断题

1. 当蓄电池液面降低时，在补充充电前应添加电解液至规定高度。（　　）
2. 晶体管式电压调节器，不管是内搭铁还是外搭铁，可互换使用。（　　）
3. 汽车上交流发电机与蓄电池是并联工作。（　　）
4. 发电机发出的三相交流电经桥式整流电路变成直流电。（　　）
5. 蓄电池电量不足会造成启动机运转无力。（　　）
6. 灯光继电器的主要功能是保护灯光开关和灯泡。（　　）
7. 电动工具的电源引线必须保证接地可靠。（　　）
8. 接电路元器件时，主要应关注元器件的耐压和能承受的功率。（　　）
9. 任何电气设备在未验明无电时，一律认为有电，不能盲目触及。（　　）

四、简答题

1. 简述汽车电气系统的特点。
2. 简述用电保护措施有哪些。
3. 简述用电设备事故防护。
4. 简述蓄电池的定期维护作业内容。
5. 简述平时如何做好启动机的维护。

课题二　电气事故防护

1. 知道设计汽车电气线路如何做好防护处理；
2. 知道汽车电气改装与维修如何规范操作；
3. 知道影响汽车电气事故的环境因素及应对措施。

随着汽车数量的增多，引发了一系列隐患问题，道路拥堵、尾气污染、交通事故等，不断地危害着人类的健康，尤其是汽车的电气事故问题，严重危害了人们的生命和财产安全。汽车发生电气事故前，人们往往预防意识不强，对于汽车本身的种种预警视而不见，最终酿成了悲剧。因此，了解汽车电气事故发生的原因，学习汽车电气事故的防护知识尤为重要。

一、汽车电气线路安防设计

为了有效降低汽车电气事故发生的概率，汽车生产厂家应该从设计入手，充分考虑电气线路的负载问题，做好线路的防护措施。

1. 合理设计汽车电流保护装置

在每一个独立电气回路中单独设计熔丝，熔丝要设置在电源线接近正极的位置，熔丝的容量要与电气回路匹配，保证一旦发生短路，熔丝能立即熔断。在汽车上设计安装漏电报警系统，并且在仪表盘上显示，便于及时发现线路故障。

2. 合理设计电路电缆

电缆外皮尽量采用耐热性、耐酸碱性、耐候性、耐磨性及阻燃性能好的特制塑料或其他材料，增加线路安全系数；将电缆套上一层护套并固定位置，以防止相互摩擦与碰撞；电缆线电容量选择要正确适中；电缆要具有较好的防水性；要使电缆线（尤其是PVC材质）远离高温排气管及温度较高的部件。

二、汽车改装与维修的电气事故预防

很多司机喜欢按照自己的方式和习惯对车辆进行改装，殊不知留下了许多安全隐患，应避免对发动机线路的胡乱嫁接和改装，减少因电路串联发生短路而引起火灾的危险；同时，货车司机在上路时还有超重、超高的现象出现，这一类现象不仅严重违反了交通规则，而且还容易导致车祸和火灾的发生；当然，如果在行驶过程中汽车突然发生了故障，而自己又不能独立处理，切不可自主修理，应及时拨打求助电话等待维修师傅的救援。

汽车原则上不加装电气设施装置，如果确实需要加装防盗器、换装高档音响、更换车灯、改进造型、添加空调等，要在专业的汽车维修店进行改装。作业时要认真分析车辆的线路布置和具体的结构，要将不同线路功率进行计算，从而使线路容量、电源容量、用电设备之间能够匹配，确保改装后的用电负荷在安全载流量之内，在一些容易出现破损的线路处加装绝缘管、套，防止短路的发生。

三、环境因素引起的电气事故预防

温度的影响，会导致汽车的电气设备产生相应的故障问题。例如：在夏季高温作用下，汽车机械部件散热慢、部分电气线路老化或绝缘护套烤焦，产生短路引发汽车自燃。

湿度的影响，会致使汽车中的相应电子器件的绝缘性能改变。一旦在湿度方面的管控不当，必将对有关电子器件的绝缘性能造成极大的损坏，从而导致汽车电气设备的相关功能无法得以发挥，影响到汽车行驶的效率，产生极大的不良危害与影响。

不同类型的电子设备形成的干扰问题。当汽车的电气设备在运行的过程当中，在不同类型的电气设

备之间可能出现相互干扰的情况，进而使得汽车的电气设备性能下降，影响到电气设备的正常功能发挥，形成极大的危害与影响。

车辆尽量做到半年或一年的定期检修，对车辆的开关、灯座、插头、线路等进行详细的检查，有助于及时发现隐患，做好电气事故的防范措施，减小汽车灾害发生的可能性。

四、电气事故自动报警和灭火系统

根据汽车自身特点和使用中容易造成电气火灾的问题，研制汽车电气事故自动报警和自动灭火系统，采用电子、机械控制使自动灭火系统中的高效灭火剂在火灾发生后最短时间内喷至着火部位，从而有效控制并消灭火灾，使损失降到最低限度，并确保车上人员安全。

目前，北京、上海、南京、武汉、成都、哈尔滨等地的公交车普遍使用了一种新型的自动灭火装置，即脉冲超细干粉车用自动灭火装置。在使用过程中，成功地抑制了数十起初级火灾，效果明显。它和传统灭火装置相比较具有以下特点：

① 灭火及时、迅速。这种灭火装置可以直接安装在发动机舱内，全天候自动监控，发动机舱内一旦起火，超导感应装置使它能够在1s内自动启动，以脉冲方式喷射干粉灭火剂，并且在保护区内形成局部全淹没状态，迅速扑灭火灾。

② 稳定性高。脉冲超细干粉车用自动灭火装置符合国际ISO车用灭火器的振动标准，产品的稳定性较高。

③ 适合汽车的运行环境。脉冲超细干粉车用自动灭火装置一般设计为粗碗状，开口较大，克服了车辆行驶中气流的影响，特别适用于封闭性差的发动机舱室，比国外用于发动机舱的热气溶胶灭火器更具优越性。

因此，可以考虑在易发生电气火灾的汽车发动机舱内设置脉冲超细干粉车用自动灭火装置，充分利用该系统"快速响应、早期抑制、高效灭火"的特点，提高汽车自身抵御火灾的能力，增加汽车的安全系数。

一、填空题

1. 熔丝要设置在_____的位置，熔丝的容量要与_____匹配，保证一旦发生短路，熔丝能立即熔断。

2. 电缆外皮尽量采用_____、耐酸碱性、_____、_____及阻燃性能好的特制塑料或其他材料，电缆线_____选择要正确适中，增加线路安全系数。

3. 汽车原则上不加装_____，如果确实需要加装，要在_____汽车维修店进行改装。

4. 车辆尽量做到半年或一年的_____，对车辆的开关、灯座、插头、_____等进行详细的检查，有助于及时发现隐患，做好电气事故的防范措施，减小汽车灾害发生的可能性。

5. 脉冲超细干粉车用自动灭火装置的特点是_____、_____、_____。

二、选择题

1. 用跨接线短路法，可用于检查（　　）。

　　A. 用电设备的绝缘性能　　　　B. 线路有无短路现象

　　C. 线路有无断路现象　　　　　D. B 或 C

2. 启动机工作时，每次启动时间限制为5s左右，是因为（　　）。

　　A. 蓄电池的端电压下降过快　　B. 防止启动机过热

　　C. 防止电流过大，使点火开关烧坏　　D. 防止电流过大，使启动电路的线束过热起火

3. 当转向开关打到左右两侧时，转向灯均不亮，检查故障时应首先做的事是（　　）。

　　A. 检查继电器

　　B. 检查熔丝

C. 检查转向开关

D. 按下紧急报警开关观看转向灯是否亮,以此来判断闪光继电器

4. 易熔线的主要作用是保护(　　)。

　　A. 发电机　　　　B. 用电设备　　　　C. 线束　　　　D. 启动机

5. 为保证导线有足够的机械强度,规定截面积不能小于(　　)。

　　A. 0.5 mm² 　　B. 0.8 mm² 　　C. 1.0 mm² 　　D. 0.25 mm²

6. 汽车电源电路一般采用标称截面积为(　　)mm² 的导线。

　　A. 1.5~4.0　　B. 6.0~25　　C. 16~95　　D. 26~50

7. 插片式熔断器的塑料外壳为黄色,代表其允许通过最大电流为(　　)A。

　　A. 10　　　　B. 15　　　　C. 20　　　　D. 30

8. 用数字式万用表测电压值时,黑表笔插入(　　)。

　　A. V 孔　　　B. A 孔　　　C. COM 孔　　　D. MA 孔

9. 某安全色标的含义是禁止、停止、防火,其颜色为(　　)。

　　A. 红色　　　B. 黄色　　　C. 绿色　　　D. 蓝色

10. 某安全色的含义是安全、允许、通过、工作,其颜色为(　　)。

　　A. 红色　　　B. 黄色　　　C. 绿色　　　D. 黑色

三、判断题

1. 指针式万用表一般用于检测普通电气及其线路,对于电子控制系统的元件及其线路的检测需使用高阻抗的万用表。(　　)

2. 用数字万用表检测在线电阻时,应关闭被测电路的电源,并使被测电路中的电容放完电,才能进行测量。(　　)

3. 开路是指电路中存在连续性遭到破坏的故障。(　　)

4. 短路是指电路中存在电流绕过部分负载的故障。(　　)

5. 导线插接器在拆卸时,允许直接拔出。(　　)

6. 启动机是将机械能转化为电能的装置。(　　)

7. 熔断器为一次性元器件。(　　)

8. 易熔线允许通过的电流比熔断器允许通过的电流小。(　　)

四、简答题

1. 在设计汽车电气线路时,应该考虑哪些影响因素?

2. 为什么说在汽车上加装或改造电气时一定要谨慎?

3. 举例说明哪些环境因素容易引起汽车电气事故。

4. 简述汽车电气火灾自动报警、灭火系统的主要特点。

5. 什么叫过载?过载的原因是什么?

单元二　汽车电工仪表

模块一　常用仪表认知

模块介绍

随着科学的发展，电子技术在汽车上应用越来越广泛，汽车的检测与诊断也越来越依赖于专用检测仪器。本模块共有四个课题，主要讲述数字式万用表、汽车专用万用表、汽车解码器和汽车专用示波器的使用方法。

模块目标

1. 能够正确使用数字万用表、汽车专用万用表测量电路、读取相关数据；
2. 能够正确使用汽车专用示波器，读取波形，分析电路；
3. 能够正确使用汽车解码器，读取故障码和数据流，分析电路。

课题一　数字式万用表

学习目标

1. 了解数字式万用表的性能和操作方法；
2. 掌握数字式万用表的使用方法。

问题引导

电控系统在汽车上的使用越来越多，部分电子元件的电阻、电压和电流值较小，如果使用传统万用表很难得到精确的数据，这样就会影响到电路的正确分析。因此，本课题主要介绍数字式万用表在汽车上的使用。

一、数字万用表简介

数字式万用表是一种新型的电工测量工具,具有很高的灵敏度和准确度,显示清晰直观,功能齐全,性能稳定。

数字万用表表面如图 2-1-1 所示,用来测量直流电压、直流电流、交流电压、交流电流、电阻 R 和电容 C 等参数,量程如图 2-1-2 所示。

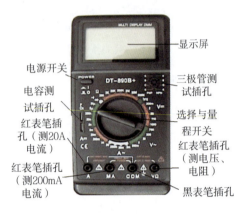

图 2-1-1　数字式万用表　　　　　图 2-1-2　万用表量程

二、数字式万用表使用方法

① 使用前,应认真阅读有关使用说明书,熟悉电源开关、量程开关、插孔、特殊插口的作用。

② 将电源开关置于 ON 位置。如图 2-1-3 所示。

图 2-1-3　万用表开关位置

③ 测量电压、电阻时将红表笔接 "VΩ" 孔,黑表笔插入 "COM" 孔。如图 2-1-4 所示。

图 2-1-4　表笔连接　　　　　图 2-1-5　测量汽车直流电流表笔插孔

④ 测量电流时将红表笔接 "MA" 孔,黑表笔插入 "COM" 孔。如图 2-1-5 所示。

使用后,拔出表笔,将选择开关旋至交流电压最大量程挡,并关闭电源。若长期不用,应将表内电池取出,以防电池电解液渗漏而腐蚀内部电路。

 **学后测评**

一、填空题

1. 数字式万用表是一种新型的_____测量工具,具有很高的_____和_____,显示清晰直观,功能齐全,性能稳定。

2. 数字万用表可以用来测量_____、_____、_____、_____、_____和电容 C 等参数。

3. 数字式万用表端子 COM 是用于_____。

4. HOLD 按钮的作用是_____。

二、选择题

1. 数字式万用表的表头是（　　）。

　　A. 数字直流式电压表　　　B. 磁电式直流电流表　　　C. 数字直流电流表

2. 数字式万用表中快速熔丝管的作用是（　　）。

　　A. 过流保护　　　　　B. 过压保护　　　　　C. 短路保护　　　D. 欠压保护

3. 数字式万用表转化开关置于"欧姆"量程时（　　）。

　　A. 红表笔带正电,黑表笔带负电　　　　　B. 红表笔带负电,黑表笔带正电

　　C. 红表笔、黑表笔都带正电　　　　　　　D. 红表笔、黑表笔都带负电

三、判断题

1. 严禁在被测电路带电的情况下使用数字式万用表测量电阻。　　　　　　（　　）

2. 测量电气设备绝缘电阻,应选用万用表的 R×1k 挡。　　　　　　　　　（　　）

3. 万用表如果长期不用,应将电池取出,以防电池腐蚀而影响其他元件。　（　　）

四、简答题

1. 用数字式万用表测量电阻和电流时候,应注意哪些事项?

2. 简述选用数字式万用表测量电流的步骤。

课题二　汽车专用万用表

 **学习目标**

1. 了解汽车专用万用表的性能和操作方法;
2. 熟练掌握汽车专用万用表的使用方法。

问题引导

随着汽车电子技术的不断发展,对使用汽车检测工具的要求也越来越高,数字式万用表的功能,已经不能满足这一要求,如汽车转速、温度、电容、闭合角、占空比和二极管等参数的检测。本课题主要介绍汽车专用万用表在这方面的功能。

笔记

一、汽车专用万用表概述

万用表分为模拟式（指针式）和数字式两种，可用来检测电阻、电流和电压。由于指针式万用表内阻小，使用时易造成过大电流，所以在电控发动机的检测中，很多元件的测量都规定要用高阻抗的数字式万用表，以防止烧坏电子器件。

汽车专用万用表是一种高阻抗（≥10MΩ）数字多用表，外形、结构和工作原理与数字式万用表相同，如图2-1-6所示。

图 2-1-6　汽车专用万用表

1. 汽车专用万用表的功能

汽车专用万用表，除了具有一般万用表的功能外，还具有一些汽车专用测试功能。一般能测量电压、电流、电阻、转速、频率、温度、电容、闭合角、占空比和二极管等项目，并具有自动断电、自动量程变换、图形显示、峰值保留和数据锁定等功能。

其功能如下：

① 测量交、直流电压，考虑到电压的允许变动范围及可能产生的过载，汽车专用万用表应能测量大于40V的电压值。

② 测量电阻应能测量大于1MΩ的电阻，且测量范围大。

③ 测量电流，应能测量大于10A的电流。

④ 电路的断路、短路检测、声响提示。

⑤ 记忆最大值与最小值，用于检测某电路的瞬间故障。

⑥ 模拟条显示，用于观测连续变化的数据。

⑦ 测量脉冲波型的频宽比（占空比）和闭合角，该功能用于检测喷油器、急速稳定控制阀、EGR电磁阀及点火系统等工作状况。

⑧ 测量发动机转速。

⑨ 输出脉冲信号，用于检测无分电器点火系统的故障。

⑩ 测量电控系统传感器输出的电信号频率。

⑪ 测量大电流，配置电流传感器（霍尔式）。

⑫ 测量压力及真空度，配置真空/压力转换器。

2. 汽车专用万用表的组成

（1）汽车专用万用表的类型　目前常用的汽车专用万用表有EDA系列、OTC系列、VC400型和KM300型等。图2-1-7所示的KM300型车用数字万用表是美国艾克强公司的产品，现以此介绍其使用方法。

（2）汽车专用万用表的组成　如图2-1-7所示，汽车专用万用表由液晶显示屏、功能按钮、测量项目选择开关、表笔插孔等组成。表笔插孔有公共座孔（用于测量电压、电阻、频率、闭合角、频宽比、转速等）、搭铁座孔、电流测量孔、温度测量孔等。

图 2-1-7　KM300型车用数字万用表

二、汽车专用万用表的使用

1. 测量直流电压

① 将汽车专用万用表"选择开关"旋转到直流电压（DCV）位置，此时万用表进入自动选择量程方式，能自动选择最佳测量量程。也可以按下"量程（RANGE）"按钮，选择手动选择量程方式，每按动"量程"按钮一次，即可选择更高的量程。

② 红色测针的导线插入面板电压/欧姆插孔中，黑色测针的导线插入面板COM插孔中。红、黑测针接到被测电路上，如图2-1-8所示。

③ 要注意万用表的"+""-"测针应与电路测点的"+""-"极性一致。
④ 读取被测直流电压值。

2. 测量直流电流

① 按下"直流 / 交流（DC/AC）"按钮，选择直流挡。
② 根据被测电流的大小，将"选择开关"旋转到 15A、mA 或 μA 位置，如果不能确定所需电流量程，应先从 15A 开始往下降。
③ 红色测针的导线插入所选定的 15A 或 mA/μA 插孔内，黑色测针的导线插入面板的 COM 插孔内。红、黑测针接到被测电路上，与电路串联，如图 2-1-9 所示。

图 2-1-8　测量直流电压

图 2-1-9　测量直流电流

④ 打开被测电路。
⑤ 读取被测直流电流值。

3. 测量电阻

① 将"选择开关"旋转到欧姆位置上，此时万用表进入自动选择量程方式，能自动选择最佳测量量程。也可以按下"量程（RANGE）"按钮，选择手动选择量程方式，按动"量程"按钮选择适当的量程。
② 红色测针的导线插入面板电压 / 欧姆插孔中，黑色测针的导线插入面板 COM 插孔中。红、黑测针接到被测电路上，如图 2-1-10 所示。

图 2-1-10　测量电阻

③ 读取被测电阻值。
注意：测量电阻时不可带电操作，否则易烧毁万用表。

4. 测量温度

① 将"选择开关"旋转到温度位置上。
② 将万用表配备的带测针的特殊插头，插接到面板黄色插孔内，测针与被测温度的部位接触，如图 2-1-11 所示。
③ 温度稳定后，读取测量值。

5. 测量转速

① 将"选择开关"旋转到转速（RPM 或 RPM×10）位置上。

②感应夹的红色导线插入面板电压/欧姆插孔内,黑色导线插入COM插孔内,感应夹夹在通往火花塞的高压线上,其上方的箭头应指向火花塞,如图2-1-12所示。

③按下"转速"选择按钮,根据被测发动机的冲程数,选择"4"或"2"。

④读取被测发动机转速。

车用数字万用表还有一些其他的用途,在此不作介绍,可参阅相关使用手册。

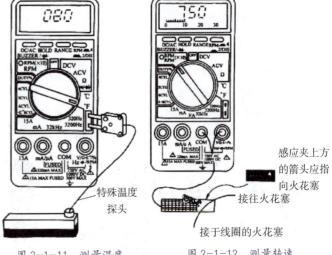

图 2-1-11 测量温度　　图 2-1-12 测量转速

学后测评

一、填空题

1. 汽车专用万用表主要由数字及模拟量显示屏、功能按钮、_____、_____、_____、_____、_____等构成。

2. 汽车专用万用表除检测电压、电阻和电流等参数外,还可检测转速、闭合角、频宽比(占空比)、频率、_____、_____、_____、_____、_____、_____等。

二、选择题

1. 汽车专用万用表内阻高的主要目的是(　　)。
   A. 为了提高测量精度　　B. 为了防止测试中瞬时产生高电压　　C. 为了增强测试功能

2. 利用汽车专用万用表测量喷油器占空比时,其红表笔应接(　　)。
   A. 喷油器的信号线　　B. 蓄电池的正极　　C. 蓄电池的负极

3. 利用汽车专用万用表测量发动机转速时,不需要选择(　　)。
   A. 发动机缸数　　B. 发动机冲程数　　C. 点火系的高压线

4. 汽车专用万用表上表笔插孔一般有(　　)。
   A. 2个　　B. 4个　　C. 6个

三、判断题

1. 汽车专用万用表与普通数字万用表的主要区别是测量精度高。(　　)
2. 汽车专用万用表REL按键的功用是用于选择读数。(　　)
3. 汽车专用万用表FUNCTION按键的功能是用于选择转速、占空比、脉冲宽度、和频率的测量。(　　)
4. 长期不使用汽车专用万用表时,要将内置电池取出。(　　)

四、简答题

1. 如何采用汽车专用万用表进行频率测试?
2. 如何采用汽车专用万用表进行喷油嘴测试?
3. 简述氧传感器的测试方法。

课题三　汽车专用示波器

1. 了解汽车专用示波器的基本功能；
2. 熟练掌握汽车专用示波器的使用方法。

示波器在汽车修理业之所以有用的一个原因，是因为示波器能够"看"到电子信号。示波器不仅使我们看到了系统的问题，还可以帮助我们查出许多电子和机械方面的故障。本课题主要讲述汽车专用示波器在电子检测中的使用。

一、示波器功用与特点

电路分析仪器有两种：一种是汽车万用表（见课题二），另一种是汽车示波器。

汽车示波器是用波形显示的方式，表现电路中电参数的动态变化过程，它能够对电路上的电参数进行连续式图形显示，是分析复杂电路上电信号波形变化的专业仪器。汽车示波器通常有两个或两个以上的测试通道，它可以同时对多路电信号进行同步显示。

示波器用电压随时间变化的图形来反映一个电信号，它显示电信号准确、形象。电子设备的信号有些变化速率非常快，变化周期达到千分之一秒。通常测试设备的扫描速度应该是被测信号的 5～10 倍，许多故障信号是间歇的，时有时无，这就需要仪器的测试速度高于故障信号的速度。汽车示波器不仅可以快速捕捉电路信号，还可以以较慢的速度来显示这些波形。汽车示波器能够帮助修理人员确认故障是否真的被排除了，而不是仅仅知道故障码是否清除。

汽车示波器在汽车电子故障诊断中的应用：
① 整个系统运行状态的分析——确定整个系统的运行情况；
② 某个电器或电路的故障分析——确定在整个系统运行正常的情况下，某个电器或某段电路的故障。

二、汽车专用示波器的使用方法

汽车专用示波器由液晶显示屏、功能按键、主机接口和随机附件等组成。

1. 连接仪器和要测试的元器件

将连线接到仪器和要测试的元器件上，如图 2-1-13 所示。

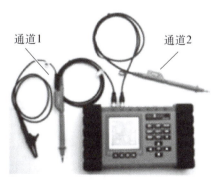

图 2-1-13　连接仪器和要测试的元器件

2. 启动仪器

在主菜单中选择"专业示波器"，按下 YES 键来启动此功能，将会在屏幕上显示出波形。下面以图 2-1-14 为例来说明屏幕中各图标的作用含义及其设定方法。

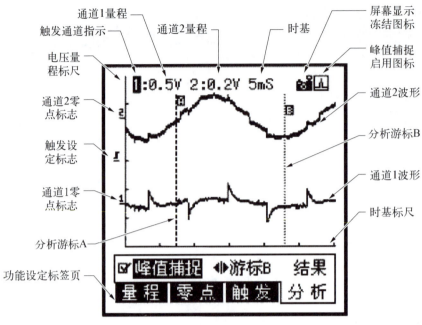

图 2-1-14 示波器的界面

3. 示波器的基本设置

（1）示波器用语

电压比例：每格垂直高度代表的电压值；

时基：每格水平长度代表的时间值；

触发电平：示波器显示时的起始电压值；

触发源：示波器的触发通道（CH1）、通道（CH2）；

触发沿：示波器显示时的波形上升或下降沿；

自动触发：示波器根据信号特点自动设置触发条件。

（2）调整电压比例　电压比例值决定了信号波形的高度，即幅度；V/格是指屏幕垂直方向上显示的每个格子所对应的实际电压。如图 2-1-15 所示（同样的信号在使用不同电压比例显示的情况），设定值低，示波器显示屏上显示的波形就越高。

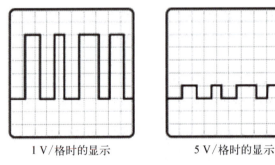

图 2-1-15 调整电压比例

（3）调整时基　时基的选择决定了重复性信号在屏幕上显示的频数，S/格是指屏幕水平方向上显示的每个格子所对应的实际时间值。同样的信号使用不同的时基显示的情况，如图 2-1-16 所示。

（4）调整触发　触发参数的调整是使信号在屏幕上能稳定显示的前提。触发电平用于调节波形的起始显示电压值，也即设定显示屏上显示的信号以大于或小于（根据设定

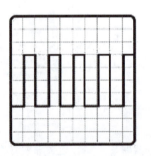 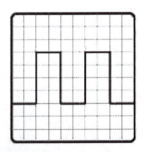

图 2-1-16 调整时基

的触发沿确定）设定的触发电压为起始显示点。如图2-1-17（a）由于设定的触发电平超出了信号的电平范围，示波器无法确定显示的起始位置，因此屏幕上显示的波形左右晃动，无法锁定。如图2-1-17（b）正确设定了触发电平，示波器可以准确地锁定波形。

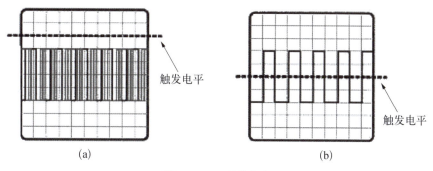

图2-1-17 调整触发

触发沿的设定是用于确定示波器显示的波形是以大于触发电平（正触发）还是小于触发电平（负触发）的电压变化点来作为显示起始点（波形切入点），当触发选择不正确时，得到的波形不同，例如有时测量得到的喷油嘴波形只能看到一部分，这种情况就是触发沿没有选对。触发源是用于设定以哪一通道的信号来作为触发信号。

（5）自动触发及峰值捕捉　在MT3500中设置了自动触发功能的可选项，当测量过程中无法确定适当的触发参数时，启用这一功能，系统将会自动分析信号的特性，自动设置触发电平、触发沿等参数。MT3500中还设置了峰值捕捉功能，在实际测量中往往会碰到一些间歇性的故障信号，时有时无或是很长时间才会出现一次。这时峰值捕捉功能就会派上用场，启用峰值捕捉后MT3500会根据用户设定的触发条件来等待故障信号的出现。一旦捕捉到符合设定条件的故障信号，MT3500就会发出蜂鸣声提示并自动冻结画面的显示。有了这一功能将无需为了等待一个故障脉冲的出现而长时间盯住示波器屏幕。

4. 示波器的操作

（1）屏幕的最下方一行为功能选项　按下与功能相对应的"Fn"按钮切换功能选项，如图2-1-18所示。

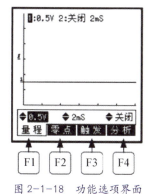

图2-1-18 功能选项界面

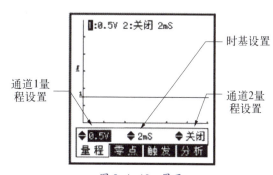

图2-1-19 界面

F1—量程；F2—零点；F3—触发；F4—分析

① 量程。

设置项目：通道1量程设置、时基设置、通道2量程设置，如图2-1-19所示。

a. 通道1量程设置：使用左、右方向键将光标移至通道1量程设置处，通过上、下方向键选择量程。量程项分别为：关闭（关闭1通道显示）、25mV/格、50mV/格、0.1V/格、0.2V/格、0.5V/格、1V/格、2V/格、5V/格、10V/格、20V/格、50V/格、100V/格。

b. 时基设置：使用左、右方向键将光标移至时基设置处，通过上、下方向键选择显示时基。时基项分别为：125μS/格、250μS/格、500μS/格、1mS/格、2mS/格、5mS/格、10mS/格、20mS/格、50mS/格、0.1S/格、0.2S/格、0.5S/格、1S/格、2S/格、5S/格、10S/格、20S/格、60S/格。

c. 通道2量程设置与通道1量程设置相同。

②零点。

设置项目：通道1零点设置、通道2零点设置。如图2-1-20所示：

a. 通道1零点设置。操作前请确认通道1量程选择处于非关闭状态。使用左、右方向键将光标移至通道1零点设置处，此时可看到屏幕上的"通道1零点标志"闪动，然后通过上、下方向键移动零点在屏幕上的显示位置。

b. 通道2零点设置与通道1零点设置相同。

③触发。

设置项目：触发沿设置、触发通道选择、触发电平设置。如图2-1-21所示。

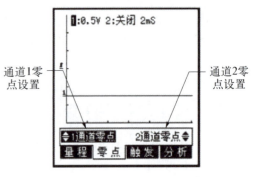

图2-1-20　零点设置界面

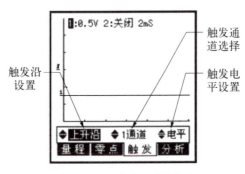

图2-1-21　触发沿设置界面

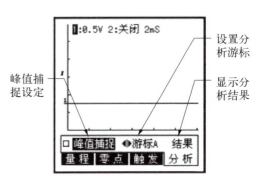

图2-1-22　峰值捕捉设定

a. 触发沿设置：使用左、右方向键将光标移至触发沿设置处，通过上、下方向键选择触发沿：上升沿或下降沿。

b. 触发通道选择：使用左、右方向键将光标移至触发通道选择处，通过上、下方向键选择触发通道：1通道或2通道。

c. 触发电平设置：操作前，请确认选择的触发通道的量程处于非关闭状态。使用左、右方向键将光标移至触发电平设置处，此时可看到屏幕上的"触发设定标志"闪动，然后通过上、下方向键移动"触发设定标志"在屏幕上的显示位置。"触发设定标志"相对于被选定的触发通道的零点标志在屏幕上的电压即为所设定的触发电平值。

④分析。

设置项目：峰值捕捉设定、分析游标设置、显示分析结果。

a. 峰值捕捉设定：使用左、右方向键将光标移至峰值捕捉设定处，按下[YES]按钮选择启用峰值捕捉功能，再次按下[YES]按钮将关闭峰值捕捉功能。启用峰值捕捉功能后，屏幕右上角将显示出"峰值捕捉启用图标"。如已设定了"自动触发"功能，启用峰值捕捉后系统会自动转为手动触发，如图2-1-22所示。

b. 分析游标设置：在使用此功能前必须先按下[HOLD]按钮使屏幕波形显示冻结，否则操作无效。使用左、右方向键将光标移至分析游标设置处，按下[YES]按钮此时可看到光标在"游标A"处闪动。此时使用左、右方向键可移动游标A在屏幕上的位置；使用上下方向键可选择移动的游标：A或B；游标B的移动与游标A相同。如图2-1-23所示。

选择移动游标B后，可通过左、右方向按钮，移动游标B的位置。退出分析光标设置，可使用[YES]按钮。

c. 显示分析结果：在使用此功能前，必须先按下[HOLD]按钮使屏幕波形显示冻结，否则操作无效。使用左、右方向键将光标移至"结果"处，按下[YES]按钮即可看到如图2-1-24所示的分析结果报告。

电压表分析报告中显示出屏幕上波形分别在游标A及游标B处的电压值。如果通道是关闭的，那么其电压值将为0，如图2-1-24中的2通道。时间项所显示的是游标A与游标B之间的时间差。按任意键关闭分析结果窗口。

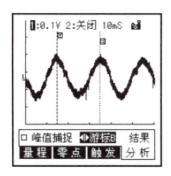
图 2-1-23 分析游标设置

图 2-1-24 显示分析结果

（2）菜单功能　按下[MENU]按钮,将显示出通用示波器的主菜单,再次按下[MENU]或按数下[NO]按钮(视进入菜单的层次而定)可退出菜单操作。在菜单的标题栏使用左、右按钮选择项目,选定后按[YES]或下方向键弹出下拉菜单项列表,在下拉列表中使用上、下方向键选择项目,按[YES]确认选择。如菜单项后跟有"▶"标志则表明该菜单项下还有子菜单项,可通过[YES]或右方向按钮弹出子菜单。从子菜单中返回上层菜单可按[NO]或左方向键,如图 2-1-25 所示。

① 选项。
a. 触发：自动触发（选择自动触发功能）；手动触发（取消自动触发,使用自定设置）。
b. 网格：线格（量程、时基栅格以线条显示）；点格（量程、时基栅格以点显示）；隐藏（隐藏波形显示区内的量程、时基栅格）。

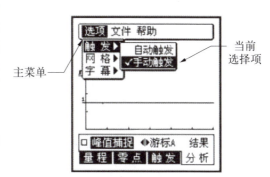
图 2-1-25 菜单功能

c. 字幕：显示（在波形显示区内显示量程、时基及触发通道信息）；隐藏（隐藏波形显示区内的量程、时基及触发通道信息）。

② 文件：保存波形（保存屏幕上显示的波形）。
③ 帮助：帮助（通用示波器操作说明）；关于（显示关于通用示波器软件的信息）。

（3）屏幕冻结功能　使用[HOLD]按钮可冻结显示的波形,波形被冻结后,屏幕右上角将显示出"屏幕显示冻结图标"。再次按下[HOLD]将取消显示冻结。在启用了峰值捕捉功能后,如果捕捉到符合设定条件的峰值脉冲,系统也会自动冻结显示画面,如需取消冻结同样是使用[HOLD]按钮。

（4）保存波形　需要保存屏幕上显示的波形,可通过在菜单中选择"保存波形…"或直接按下[SAVE]按钮。此时屏幕上将会显示如图 2-1-26 的画面。

系统会自动为即将存储的文件起一个文件名,如果需要自定文件名,可按下[YES]按钮更改文件名。确定文件的名称后可按下[保存]所对应的[F1]按钮保存文件,或是按下[取消]所对应的[F2]按钮取消文件的保存操作。

文件名称的编辑,在按下[YES]键进入文字编辑状态。此时在编辑栏内会出现一个闪动的光标。使用左、右方向键可移动光标选择字符,选定要更改的字符后,使用上、下方向键可更改字符（字符可更改为任意数字或字母）。[INSERT]按钮用于在当前选择的字符前插入一个字符；[DELETE]按钮用于删除光标处的字符；[YES]按钮确认已编辑的文字并退出编辑状态；[NO]按钮取消对文字的编辑并退出编辑状态。

图 2-1-26 保存波形界面

（5）测试　启动仪器,选择专业示波器,按 YES 键进入。根据要测试的内容,选择适当的量程和时基。连接测试导线到被测元件,红表笔接信号线,黑表笔接地。此时,屏幕上所显示的波形即为被测元件的波形,将其与标准波形相对照,来分析波形是否正常。

一、填空题

1. 示波器显示时的起始电压值是_____。
2. 电子信号的五种基本特征：_____、_____、_____、_____、_____。
3. 示波器的触发源是指_____、_____、_____。

二、选择题

1. 汽车专用示波器主要由（　　）组成。
   A. 5 部分　　　　　　　　B. 4 部分　　　　　　　　C. 3 部分
2. 金德 W18 汽车专用示波器为（　　）通道。
   A. 4　　　　　　　　　　B. 3　　　　　　　　　　C. 2
3. 使用测试探头拾取传感器波形时，严禁用手指（　　）。
   A. 接触探头任何部分　　B. 接触探头金属部分　　C. 接触探头与示波器连接线部分

三、判断题

1. 汽车专用示波器具有提供故障信息的功能。（　　）
2. 目前汽车电控系统中约有 80% 的模拟信号和 20% 的数字信号。（　　）
3. 汽车专用示波器的万用表功能和汽车专用万用表的功能一样强大。（　　）

四、简答题

1. 示波器的功用有哪些？
2. 汽车示波器的使用操作注意事项有哪些？
3. 为了显示一个波形，必须时要对示波器做哪些设定？

课题四　汽车解码器

1. 了解汽车解码器的基本功能；
2. 熟练掌握汽车解码器的使用方法。

随着汽车故障自诊断系统在汽车上的广泛使用，汽车解码器也不断发展起来，其强大的功能使得汽车维修检测更为便捷。本课题主要介绍汽车解码器的使用。

一、汽车解码器简介

1. 解码器的功能

① 可直接读取故障码，不需通过发动机故障报警灯的闪烁读取。

② 可直接清除故障码，使发动机故障报警灯熄灭。

③ 能与汽车 ECU 中的微机直接进行交流，显示电控发动机数据流，使电控系统工作状况一目了然，为诊断故障提供依据。

④ 能在静态或动态下，向电控系统各执行器发出检修作业需要的动作指令，以便检查执行器的工作状况。

⑤ 行车时可监测并记录数据流。

⑥ 有的具有示波器功能、万用表功能或打印功能。

⑦ 有的能显示系统控制电路图和维修指导，以供诊断时参考。

⑧ 可与 PC 机相连，进行资料的更新与升级。

⑨ 功能强大的专用解码器，还能对车上 ECU 进行某些数据的重新输入和更改。

2. 解码器的类型

解码器可分为专用型和通用型两大类。专用型解码器，是汽车制造厂家为检测诊断本厂生产的汽车而专门设计制造的解码器。世界上一些大的汽车厂家，如奔驰、宝马、大众、通用等厂家都有专用型解码器。通用型解码器，是检测设备厂家为适应检测诊断多种车型而设计制造的解码器。通用型解码器存储有几十种甚至几百种不同厂家、不同车型汽车电控系统的检测程序、检测数据和故障码等资料，并配备有各种车型的检测接头，可以检测诊断多种车型，适合于综合型维修企业使用。

3. 解码器的基本结构

以通用型国产 431ME 电眼睛解码器为例介绍解码器的基本结构。

431ME 电眼睛由主机、测试卡、测试主线、测试辅线和测试接头组成，并附符带一个传感器/测试仪。

① 主机由显示屏、操作键、上端两个 9PIN 接口、下端一个测试卡插孔组成。上端两个 9PIN 接口，左侧的接口与测试主线连接，右侧的接口与 PC 相连。

② 测试卡共有 12 块测试卡。其中，A01～A05 为亚洲车系测试卡，可测丰田、本田、日产、现代等车；B01～B04 为欧洲车系测试卡，可测大众、奥迪、奔驰、宝马等车系；C01 为美洲车系测试卡，可测通用、福特、克莱斯勒等车；D01OBD-Ⅱ为 OBD-Ⅱ数据流测试卡，并具有字典功能；F01 为传感器模拟/测试卡，用于模拟和测试传感器。

③ 测试主线用于连接汽车诊断座和解码器。

④ 测试辅线包括双钳电源线、点烟器线、万用-1 线、万用-2 线和飞线。

⑤ 测试接头共有 15 个测试接头，包括大众/奥迪 4PIN 接头、宝马 20PIN 接头、奔驰 38PIN 接头、丰田 17PIN 接头、本田 3PIN 接头、三菱/现代 12PIN 接头、通用/大宇 12PIN 接头、OBD-Ⅱ 16PIN 接头和传感器测试接头等。

⑥ 传感器模拟/测试仪有输出、输入、接地三个测试端口，上端的 9PIN 接口与测试主线连接。当进行传感器测试时，用传感器测试线的红线插入输入端，黑线插入接地端。当进行传感器模拟测试时，用传感器测试的红线插入输出端，黑线插入接地端。

二、汽车解码器的使用方法

不同类型的解码器，使用方法略有不同，这里以国产 431ME 电眼睛为例，通过对丰田车的测试，介绍解码器的使用方法。431ME 电眼睛主机的面板如图 2-1-27 所示，其上有方向键、确定键、退出键和 0～9 数字键。

1. 开机

① 选择相应测试卡（丰田车选择亚洲车系测试卡，假定为 A01），将其标签朝上插入主机下部的测试卡中。

② 将测试主线与主机相连，另一端的电源线与汽车点烟器或通过双钳线与蓄电池相接，使主机通电，如图 2-1-28 所示。

2. 调显示屏亮度

主机通电后即打开仪器，并响两声，此时立即用[↑]或[↓]键

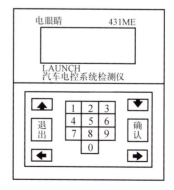

图 2-1-27 431ME 电眼睛主机面板图

调节显示屏亮度，而在进入菜单后不可再调。

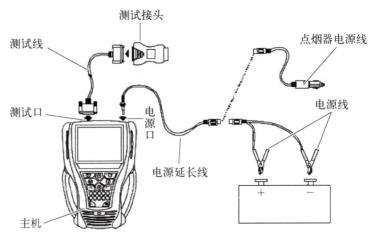

图 2-1-28　431ME 电眼睛的连线

3. 选择测试接头

① 主机通电后进入亚洲车系诊断系统，如图 2-1-29 所示。

CARD A01　　　　Ver6.2
亚洲车系诊断系统
LAUNCH　　　　431ME

图 2-1-29　显示亚洲车系诊断系统

431ME　　Select　　mode
丰田 /TOYOTA
三菱 /MITSUBISHI
马自达 /MAZDA

图 2-1-30　A01 卡测试车系

② 按［确认］键后，显示 A01 卡可测试的车系，如图 2-1-30 所示。

③ 选择"丰田 /TOYOTA"车系，按［确认］键，屏幕显示出该车系测试接头形式，如图 2-1-31 所示。

④ 用［↑］或［↓］键阅读图中内容，按提示选择合适的测试接头。将选择的测试接头一端与测试主线相连，另一端与车上的诊断插座相接。

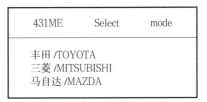

图 2-1-31　选择测试接头

选择好测试卡和测试接头后，就可以进行测试操作了。测试操作通常分为读系统数据流和测试故障码两大部分。

读取数据流，可以获取汽车有关传感器参数，了解汽车的运行状态。

测试故障码，可以读取汽车故障码，诊断汽车故障。以下介绍测试故障码的操作方法。

4. 测试故障码

① 在选择测试接头时，若选择"半圆形诊断座"，按［确认］键，显示测试功能，如图 2-1-32 所示。可以看出，有测试故障码、重阅已测故障码、查阅故障码、清除故障码、清除 SRS 故障码和打印测试结果 6 项测试功能。

431ME　　Select　　func
（1）测试故障码
（2）重阅已测故障码
（3）查阅故障码
（4）消除故障码
（5）消除 SRS 故障码
（6）打印测试结果

图 2-1-32　测试功能

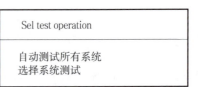

图 2-1-33　测试项目选择

② 选择"测试故障码"功能，按［确认］键，屏幕显示"自动测试所有系统"和"选择系统测试"两项供选择，如图 2-1-33 所示。

③ 选择"自动测试所有系统"，按［确认］键。此时，解码器自动对被检汽车的发动机（ENG）、自动变速器（AT）、制动防抱死系统（ABS）、安全气囊（SRS）和定速系统（CC）进行检测，并自动显示检测结果。用［↑］［↓］键和［确认］键可读取各系统的故障码及内容。

　a. 若选择"ENG 系统"，按［确认］键，则显示出故障码，如图 2-1-34 所示。

　b. 选择"12"，按［确认］键，则显示出故障码所代表的故障含义，如图 2-1-35 所示。图中最下一行有"01""03"字样，其中，"01"表示第 1 页内容，"03"表示共有 3 页，用［↑］［↓］键可阅读所有内容。

转速信号不良（发动机启动 2s 内无曲轴转速 NE 信号或曲轴位置 G 信号输送到 ECU）

发动机系统··········ENG		
12	13	21

图 2-1-34　发动机系统故障码显示

转速信号不良（发动机启动两秒内无曲轴转速 NE 信号或曲轴位置 G 信号输送到 ECU）	
Code 12	01　03

图 2-1-35　诊断码"12"的含义

④ 选择"选择系统测试"，按［确认］键，则显示可测试的 5 个系统，如图 2-1-36 所示。

　a. 选择"ENG 系统"，按［确认］键，进入测试状态，如图 2-1-37 所示。解码器即可对发动机进行测试，并显示测试结果。

　b. 若选择其他系统，方法相同。

```
SeL System

发动机系统··········ENG
自动变速箱系统······AT
防抱刹车系统········ABS
防撞气囊系统········SRS
定速系统············CC
```

图 2-1-36　测试的 5 个系统

```
Testing System …

正在测试系统：
发动机系统··········ENG

Code 00
```

图 2-1-37　解码器正在对发动机进行测试

5. 重阅已测故障码

使用"重阅已测故障码"功能，可重新查阅实测操作时读取的故障码内容及故障分析。

① 选择"重阅已测故障码"，按［确认］键，屏幕显示出"已测系统列表重阅"和"选择系统重阅"两种选择，如图 2-1-38 所示。

② 选择"已测系统列表重阅"，按［确认］键，屏幕自动显示已测系统的测试结果，如图 2-1-39 所示。

　a. 如果选择"ENG 系统"，按［确认］键，屏幕重新显示出发动机系统已测故障码。

　b. 选择其中某一故障码，按［确认］键，屏幕显示出故障码的含义。

```
Select operation

已测系统列表重阅
选择系统重阅
```

图 2-1-38　"重阅"的选择

SYSTEM	RESULT
ENG	Tb.code
AT	Tb.code
SRS	Tb.code
CC	Tb.code

图 2-1-39　已测系统测试结果

笔记

③选择"选择系统重阅",按[确认]键,屏幕显示出可选择的5个系统,如图2-1-36所示,用[↑][↓]键和[确认]键,可阅读各系统故障码及故障码内容。

6. 查阅故障码

使用"查阅故障码"功能,可查阅电控系统所有故障码或查读已读取的故障码。

①选择"查阅故障码",按[确认]键,屏幕显示出5个系统,如图2-1-36所示。

②在选择某系统后,屏幕显示出"依照故障码顺序查阅"和"输入故障码查阅"两项选择,如图2-1-40所示,用[↑][↓]键和[确认]键选择其中的一项。

③如果选择"依照故障码顺序查阅",按[确认]键,屏幕可能显示出故障码11的内容,如图2-1-41所示。按[→]键,可查看下一个顺序号的故障码内容。

Select operation
依照故障码顺序查阅
输入故障码查阅

图2-1-40 查阅故障码选项

主电脑电源中断	
Code 11	01 01

图2-1-41 故障码11的内容

④如果选择"输入故障码查阅",按[确认]键,屏幕显示出"请输入故障码",如图2-1-42所示。按主机上的0～9数字键,即可将故障码输入,按[→]键可更改数字,按[确认]键可查出该故障码对应的故障内容并指导修车。

Search Code …Seleet ding.com
请输入故障码:
0 0

图2-1-42 输入故障码显示框

7. 清除故障码

使用"清除故障码",可自动清除故障码或人工清除故障码。清除故障码前,应读取一遍所有故障码;清除故障码后,应再读取一遍所有故障码,检查是否仍有故障存在。

①选择"清除故障码",按[确认]键,屏幕显示清码方法,如图2-1-43所示,按照屏幕提示即可清除故障码。

②有些系统故障码的清除,有特别提示时,应按特别提示操作,如丰田汽车安全气囊(SRS)的故障码清除,就有特别提示,如图2-1-44所示。

③人工清除故障码的方法有时不止一种,需要根据被测车型的情况进行选择。

〔清码方法〕
除防撞气囊系统以外的其他系统拆下EFI熔丝或拆下蓄电池电源30s后即可清除故障码

图2-1-43 清除故障码提示

〔清除气囊故障码〕
1.接上[TOYOTA17]或[TOYOTA17F]测试接头,按[确认]键
2.数秒钟后,SRS警告灯会快速闪烁,表示SRS故障码已清除,此时应关点火,即完成清除

图2-1-44 丰田安全气囊故障码的清除

8. 打印测试结果

使用"打印测试结果",可通过连接微型打印机将测试结果打印出来。

①连接微型打印机,选择"打印测试结果",按[确认]键,屏幕显示出5个系统。

②用[↑][↓]键选择要打印的系统,按[确认]键,即可打印出测试结果。

笔记

一、填空题

1. 故障码可分为：_____、_____。
2. 解码器利用_____、_____匹配相连，进行互相交流数据。
3. 解码器可在_____、_____状态下读取数据流。
4. 解码器可以得到一些强大的诊断功能：_____、_____、_____。

二、选择题

1. 解码器开机后，显示屏上"H"字符的提示含义是（　　）。
   A. 高度调整功能　　　B. 帮助功能　　　C. 温度调整功能
2. 根据解码器读取的故障码，可以直接判定故障在（　　）。
   A. 传感器或执行器　　B. ECU　　　C. 传感器或执行器、ECU 或控制线路
3. 利用 OBD-II 诊断插座读取故障信息时，解码器的电源支持方式为（　　）。
   A. 通过点烟器插座提供　B. 通过电缆由蓄电池提供　C. 无需再添加电源连接线

三、判断题

1. 解码器上可以同时插两个测试卡，以便对不同车系的车辆进行检测。（　　）
2. 根据解码器提示的故障信息可以直接判定传感器的性能。（　　）
3. 解码器只有读取和清除电控发动机故障码的性能。（　　）
4. 利用解码器可以对车载电脑进行基本设定。（　　）
5. 专用型解码器的性能比通用型解码器的性能更强大。（　　）

四、简答题

1. 简述解码器的主要功能。
2. 简述故障码的分析步骤。

模块二 实验

模块介绍

本模块共有二个实验：检测转速传感器信号波形和读取空气流量器故障码。

模块目标

1. 能正确操作设备进行转速传感器信号波形的采集；
2. 熟练使用解码仪，正确读取出空气流量器故障码。

实验一 检测转速传感器信号波形

利用实训室车辆、工量具、设备及维修资料，搜集整理相关转速传感器和博世KT720操作等信息，小组协作完成任务。

1. 熟练操作KT720读取波形图；
2. 能够通过波形图分析故障点；
3. 培养学生合作探究、精益求精的工匠精神。

1. 教学组织

分组实训：全班_____人，分为_____组，每组小组长一名。

2. 职责分工

教师职责：课堂纪律与安全管理、实训器材管理、指导与巡查。
学生职责：班长协助教师对班级全面管理与监控；实训小组长负责指导组内学习和交流。

3. 环境要求

6S过程化管理：安全、整理、整顿、清扫、清洁、素养。

别克威朗车、博世KT720、车辆挡块、车内三件套、发动机舱翼子板护垫三件套。

任务步骤

1. 准备工作

教师指导学生课前准备好实验所用的车辆、工具、设备。

2. 讲解汽车示波器诊断技术

在汽车修理过程中，利用解码仪有些时候也很难判断具体的故障位置。这个时候要借助其他仪器了，而示波器在直接判断元件故障时特别有效，它可以直接拾取元件的工作信号，再现其工作状况，通过波形分析，可立即判断出该元件是否失效。

示波器是一种两维电压表，它将测得的电压和时间的关系以曲线的形式显示出来。而大多数测试设备，如电脑诊断仪、汽车专用万用表，都只显示电压峰值、统计值或平均值，且信息的更换速度都相当慢。电子是以光速运行，那么显示时间比实际发生时间至少滞后1ms，而示波器可以看到电流如何在电路中流动，并观察到电路中发生的变化。示波曲线是信号电压随时间的变化关系曲线，可以用来检测电压信号的振幅、状态变化、频率和脉冲宽度等。

3. 介绍博世KT720

① 主机标识，如图2-2-1所示。

标识	描述
⚡	电源指示灯，绿色为电源接通正常
⚠	故障指示灯，红色为KT720主机存在故障
📧	电脑通信指示灯
⏻	电源开关按钮
▭	预留功能

图2-2-1 KT720主机

② 设备端口1，如图2-2-2所示。

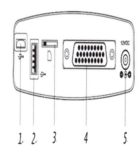

序号	描述
1	Micro USB，用于通信连接
2	USB2.0标准接口，用于连接无线网卡
3	Micro SD card插槽，用于插Micro SD
4	诊断接口，用于连接测试延长线
5	电源接口，用于连接电源适配器

图2-2-2 连接端口

③ 设备端口2，如图2-2-3所示。

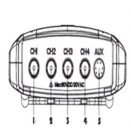

序号	描述
1	CH1，示波通道1
2	CH2，示波通道2
3	CH3，示波通道3
4	CH4，示波通道4、万用表通道
5	AUX，辅助通道

图2-2-3 示波端口

笔记

检测转速传感器信号波形

4. 讲解转速传感器原理

转速传感器按原理不同分为：电磁感应式、霍尔效应式和光电式传感器。

电磁感应式传感器（可变磁阻传感器）不需外部电源，它有两条屏蔽线连接在静磁线圈上，当触发轮通过线圈和静磁铁的磁场时就会有小电压信号产生，触发轮是由低磁阻的钢制造的。转速传感器（CPS）、ABS车轮传感器和汽车速度传感器都是可变磁阻的例子。输出的电压和频率随车速变化而改变。

霍尔效应传感器，有一个电流通过一个半导体，该半导体被置于离一个可变磁场很近的地方。磁场的变化可以通过曲轴的旋转或分电器轴的旋转而产生，霍尔效应传感器用在转速传感器和分电器中，其输出电压的幅度是不变的，其频率随转速变化而改变。

光电式传感器，用一个旋转轮盘将LED光源和光拾取器分开，盘上的小孔可以使拾取器收到光源发出的光，轮盘旋转后，每当遇到小孔，拾取器收到一次光就发出一个脉冲。电压变化的结果可以作为其他系统的参考信号，输出电压的幅度是不变的，而频率随转速变化而变化。

5. 转速传感器波形读取步骤

① 连接KT720和电源延长线，将VMI示波探针BNC端接入通道1（CH1端口），然后将VMI示波探针另一端的黑色香蕉头接黑色鳄鱼夹接蓄电池负极或搭铁，用VMI示波探针另一端的红色香蕉头接红色香蕉插套刺入转速传感器信号线，连接如图2-2-4所示。

② 车前准备：放置车轮挡块；放置车内三件套；放置发动机舱翼子板垫三件套，插上排气管，启动发动机。

③ 打开KT720电源开关，双击电脑上的KT720软件，使其运行；电脑上选择通讯方式：USB通讯或无线通讯，且KT720主机和电脑通讯成功。

④ 在KT720软件上依次选中汽车分析仪、传感器检测、曲轴位置传感器。

⑤ 根据测量条件，屏幕将显示波形。

⑥ 调整周期、幅值、耦合方式、波形反相显示和光标；若周期在高频段，还可以调整触发通道和触发方式；打印测量数据、载入快照数据和参考波形数据、对当前配置进行存储或获取以前的配置、自动调节幅值、冻结波形数据、对冻结的参数设置、抓取当前屏波形数据和波形比较。

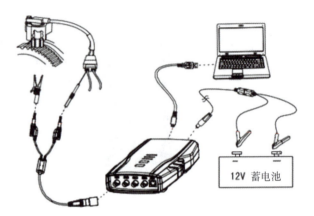

图2-2-4 转速传感器检测连接示意图

⑦ 点击"记录"按钮，记录一段连续的波形。

⑧ 最后关点火开关，收拾KT720箱。收拾车内三件套，发动机舱三件套。拔出尾气管，移走挡块。

6. 波形图分析

三种转速传感器波形特征，图2-2-5为光电式转速传感器读取波形，图2-2-6为霍尔效应式转速传感器读取波形，图2-2-7为磁感应式转速传感器读取波形。

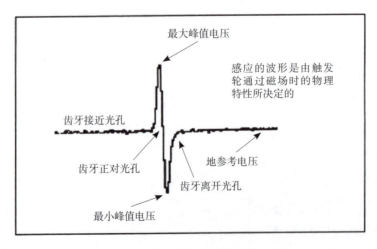

图2-2-5 光电式转速传感器读取波形

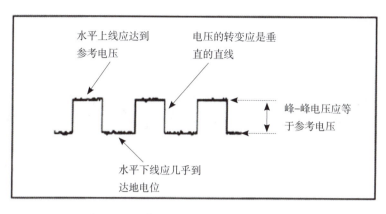

图 2-2-6 霍尔效应式转速传感器读取波形

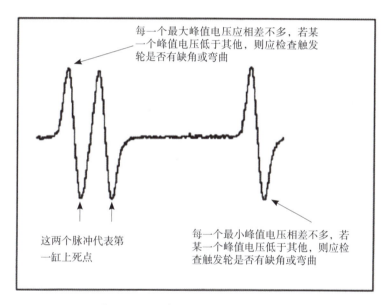

图 2-2-7 磁感应式转速传感器读取波形

7.学生分组操作
学生分组操作使用KT720，读取转速传感器波形图，教师巡视指导学生。
8.实验注意事项
① 选择KT720各线插接口时应选择正确，且上下需要对应好，切勿硬插坏KT720。
② 跟车辆连接好KT720，KT720应放在零件车上，禁止放在发动机上。
9.实验设备、工具、仪表、材料、场地等的整理

检查项目	结果与数据	检查项目	结果与数据	检查项目	结果与数据
工量具、器材完好情况		各接口连接是否正确		是否出现损坏	
KT720使用是否规范		波形图是否正确		6S管理是否到位	

1. 评价与反馈

自评、组评和师评

考核项目	评分标准	分数	学生自评 20%	小组互评 60%	教师评价 20%	小计
仪容仪表	工作服、鞋、胸卡穿戴整洁	5				
	发型、指甲等符合工作要求	5				
	不佩戴首饰、钥匙、手表等	5				
教学过程	有无安全隐患	20				
	是否任务分配到人	5				
	是否积极主动	10				
	是否规范操作	10				
	是否完成任务	20				
职业素养	手机摆放是否到位	5				
	实训设备完好情况	5				
	认真执行 6S 过程化管理	10				
	总分	100				
教师签名：					年 月 日	

2. 撰写实验实训报告

实验二　　读取空气流量计故障码

利用实训室车辆、工量具、设备及维修资料，搜集整理相关空气流量计和故障解码仪等信息，小组协作完成任务。

1. 熟练操作故障解码仪；
2. 能正确读取空气流量计故障码；
3. 培养学生合作探究，精益求精的工匠精神。

单元二　汽车电工仪表

 任务要求

1. 教学组织

分组实训：全班_____人，分为_____组，每组小组长一名。

2. 职责分工

教师职责：课堂纪律与安全管理、实训器材管理、指导与巡查。

学生职责：班长协助教师对班级全面管理与监控；实训小组长负责指导组内学习和交流。

3. 环境要求

6S过程化管理：安全、整理、整顿、清扫、清洁、素养。

 任务准备

别克威朗车、KT600解码仪、车辆挡块、车内三件套、发动机舱翼子板护垫三件套。

 任务步骤

1. 准备工作

教师指导学生课前准备好实验所用的车辆、工具、设备。

2. 讲解车辆自诊断系统

自诊断是发动机管理系统的主要功能之一，不但有效控制了在用车的排放污染，也是维修技术人员分析和维修车辆的重要辅助。发动机控制模块（ECU或ECM）不断检测各个传感器的信号，一旦发现有任何不正常的信号（传感器信号中断、信号值超出正常范围等），无论是由机械故障，还是传感器、执行器、线路、发动机控制模块故障引起的，系统都将设置故障码，并点亮仪表板上的故障指示灯（MIL），以提示驾驶员立即进行维修。自诊断系统功能：及时地检测出发动机管理系统出现的故障，尽可能用默认值代替不正常的传感器数据，以保证发动机能够保持运转。将故障信息以故障码的形式存储在发动机控制模块的存储器（RAM）中，同时还可存储故障出现时的相关数据参数。通知驾驶员发动机管理系统已出现故障，通常点亮仪表板上专设的"CHECK ENGINE（检查发动机）"灯。允许维修技术人员读取故障码和数据流，以快速诊断出故障位置。

3. 介绍KT600解码仪

KT600的前视图、后视图及上下接口图如图2-2-8～图2-2-10所示。

4. 演示KT600解码器使用

根据教师讲解、自我收集资料。

① 车前准备：放置车轮挡块；放置车内三件套；放置发动机舱翼子板垫三件套，插上排气管。

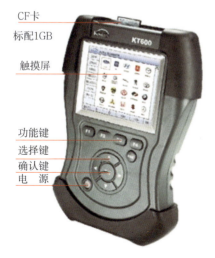
图2-2-8　KT600前视图

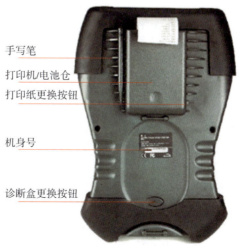
图2-2-9　KT600背视图

笔 记

上接口视图
项目说明：
1. 网口直插网线可实现在线升级
2. SP/2可外接键盘和鼠标，也可通过转接线转成串口和USB接口
3. CF卡CF 卡插口
4. Power 接这个端口给主机供电

下接口视图（诊断盒）
项目说明：
1. DIAG有数据通信时该信号灯会亮
2. DIAGNOSTIC为测试口
3. LINK解码器正确连接并通电后该信号灯会亮

图 2-2-10　KT600 上下接口图

②启动前钥匙打开到 ON 挡，这时仪表盘指示灯全亮为正常，打开到 STAR 挡启动发动机，仪表故障指示灯（MIL）点亮，说明汽车发动机存在电控故障，接下来进行怠速预热。

③取出 KT600 解码仪、解码仪线、选择与车辆对应的诊断接口。

④将解码仪线插上 KT600，将诊断接口接在线的另一端，并将诊断接口插上汽车自诊断座。

⑤按 KT600 电源键等待开机。

⑥解码仪打开后，见四大模块，分别是汽车诊断、系统设置、示波分析仪、辅助功能，此时按 OK 键选择汽车诊断。 进入车辆诊断模块后选择通用车系。

⑦接下来按年份选择，选择（G）2016 年。

⑧紧接着选择产品生产商，选择（4）别克。

⑨对应选择车型：Verano 威朗。

⑩选择发动机控制模块。

⑪选择发动机类型 1.5L L3G。

⑫选择自动变速器类型：自动。

⑬进入发动机控制模块诊断页面，选择读取故障码。

⑭选择 DTC 显示屏，等待并记录故障码。

⑮退出到发动机控制模块诊断页面，选择清除故障码，显示执行命令后返回。

⑯再次取得故障码，选择 DTC 显示屏，等待并记录故障码，再次出现的故障为发动机存在故障。

⑰最后关点火开关，收拾 KT600 解码仪诊断箱。收拾车内三件套，发动机舱三件套。拔出尾气管，移走挡块。

5. 教师设置空气流量计故障

6. 学生分组操作

学生分组操作使用 KT600，读取空气流量计故障码，教师巡视指导学生。

7. 实验注意事项

①选择 KT600 诊断接口时应选择跟车辆对应 OBD-Ⅱ，且上下需要对应好，切勿拆坏 KT600。

②跟车辆连接好诊断器后，脚下需注意诊断线，切勿摔坏 KT600。

8. 实验设备、工具、仪表、材料、场地等的整理

检查项目	结果与数据	检查项目	结果与数据	检查项目	结果与数据
工量具、器材完好情况		诊断接口连接是否规范		是否出现损坏	
KT600 使用是否规范		汽车仪表灯是否正常		6S 管理是否到位	

1. 评价与反馈

自评、组评和师评

考核项目	评分标准	分数	学生自评 20%	小组互评 60%	教师评价 20%	小计
仪容仪表	工作服、鞋、胸卡穿戴整洁	5				
	发型、指甲等符合工作要求	5				
	不佩戴首饰、钥匙、手表等	5				
教学过程	有无安全隐患	20				
	是否任务分配到人	5				
	是否积极主动	10				
	是否规范操作	10				
	是否完成任务	20				
职业素养	手机摆放是否到位	5				
	实训设备完好情况	5				
	认真执行6S过程化管理	10				
总分		100				
教师签名：					年 月 日	

2. 撰写实验实训报告

单元三　汽车常用元器件

模块一　元器件认识

模块介绍

本模块包括电路基本组成原件电阻、电容、电感、二极管和三极管。重点讲述由电阻、电容、电感组成的串联、并联、混合电路。通过对本单元的学习，使汽车类专业的学生掌握必需的电路元器件基础理论知识及基本技能，初步掌握阅读和分析简单电子线路原理图的一般规律，了解电子元器件在汽车专业中的应用。

模块目标

1. 了解各元器件的基本外形样式和标识；
2. 了解各元器件的特性和使用条件；
3. 了解各元器件在汽车上具体应用及安装位置。

课题一　电阻元件

学习目标

1. 了解电阻元件；
2. 了解欧姆定律；
3. 掌握复杂电阻的计算方法。

问题引导

在日常生活中，有没有感觉日光灯比普通的白炽灯要亮而且更省电。用户每月缴纳电费时，通常要加上电能损耗的，那为什么会损耗呢？例如：电能从发电厂输送到千家万户的过程，由于电线上存在电阻，一部分电能转化为热能消耗掉了。

一、电阻

1. 定义

电子流动时受到的阻力称为电阻，用符号 R 表示。电阻阻碍或限制电路中的电流流动，所有的物质都有电阻，只是大小不同而已。应该注意的是：并非所有的电阻都是一种负面的影响，在汽车的照明电路中，大多数灯泡都是利用电阻原理来发光的。容易导电的物质，电阻较小，称为导体；不容易导电的物质，电阻较大，称为绝缘体；导电能力在导体和绝缘体之间的物质称为半导体。汽车电气设备中普遍采用铜作导体，金、银是最好的导体，但因价格昂贵只在一些特殊的地方使用，如有的高级轿车为提高传感器的寿命和传感器信号的精度，用金制造传感器的插接端子；橡胶、陶瓷、塑料等是绝缘体，它们应用在汽车电气设备上，起到电气绝缘的作用。

2. 单位

电阻的单位是欧姆，用 Ω 表示。规定长度为 1m、横截面积为 $1m^2$ 电阻率为 $1Ω·m$ 的导体，其阻值为 1Ω。

电阻的单位除欧姆外，常用的单位还有千欧（kΩ）、兆欧（MΩ），它们之间的换算关系：
$1MΩ = 10^3 kΩ = 10^6 Ω$。

3. 电阻定律

导体的电阻与导体的长度成正比，与导体的横截面积成反比。

表达式如下：

$$R = P\frac{l}{S} \quad\quad (3\text{-}1\text{-}1)$$

式中　R —— 导体的电阻，Ω；
　　　L —— 导体的长度，m；
　　　ρ —— 电阻率，Ω·m；
　　　S —— 导体的横截面积，m^2。

电阻是客观存在的，与电路中的电压无关，电流间接影响电阻的大小，影响电阻的因素主要有：
① 材料的原子结构：导体内的自由电子数目越少，电阻越大。
② 导体的长度：导体越长，电阻越大。
③ 导体的直径：导体的截面积越小，电阻越大。
④ 温度：一般金属材质的导体随温度的升高电阻增大。
⑤ 导体的物理状态：导体出现腐蚀、断裂等毁损时电阻会增加。

二、欧姆定律

1827 年，德国物理学家欧姆在实验中发现了电流的强度和电阻之间的关系而发表了欧姆定律，欧姆定律适用于部分电路和全电路。

1. 部分电路欧姆定律

在不含电源的一段电路中（图 3-1-1），流过导体 R 的电流（I）与这段导体两端的电压（U）成正比，与导体的电阻（R）成反比。其数学表达式为：

$$I = \frac{U}{R} \quad\quad (3\text{-}1\text{-}2)$$

式中　I —— 导体中的电流，A；
　　　U —— 导体两端的电压，V；
　　　R —— 导体的电阻，Ω。

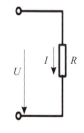

图 3-1-1　部分电路

2. 全电路欧姆定律

在包含电源的全电路中（如图 3-1-2），电流强度与电源的电动势成正比，与整个电路的内、外电阻之和成反比。其数学表达式为：

$$I = \frac{E}{R+r} \quad\quad (3\text{-}1\text{-}3)$$

式中　E —— 电源的电动势，V；
　　　R —— 外电路（负载）电阻，Ω；

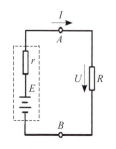

图 3-1-2　全电路

欧姆定律

部分电路欧姆定律

r —— 内电路电阻，Ω；
I —— 电路中的电流，A。

由式（3-1-3）可得：

$$E = IR+Ir \quad （3-1-4）$$
$$U_{外} = IR \quad （3-1-5）$$
$$U_{内} = Ir \quad （3-1-6）$$
$$E = U_{外} + U_{内} \quad （3-1-7）$$

式中　$U_{外}$——电源向外电路输出的电压，称电源端电压，V；
　　　$U_{内}$——电源内阻的电压降，V；
　　　E——电源的电动势，V。

式（3-1-7）表明：电源的电动势 E 等于电源内部的电压降与外电路的电压降之和。

三、色环电阻的阻值识别

1. 色环电阻读数方法

小功率电阻广泛使用色标法。色环电阻中，根据色环的环数多少又分为四环和五环。如图 3-1-3 所示。

四环电阻取值见表 3-1-1。

图 3-1-3　色环电阻

表 3-1-1　四环电阻取值表

色别	第一环最大一位数字	第二环第二位数字	第三环应乘的数字	第四环误差
棕	1	1	10	
红	2	2	100	
橙	3	3	1000	
黄	4	4	10000	
绿	5	5	100000	
蓝	6	6	1000000	
紫	7	7	10000000	
灰	8	8	100000000	
白	9	9	1000000000	
黑	0	0	1	
金			0.1	±5%
银			0.01	±10%
无色				±20%

例如：具有红红棕金四环标注的电阻，其电阻值是 $22 \times 10^1 \Omega = 220 \Omega$，允许偏差为 ±5%。

精密电阻用五个色环表示其阻值和允许偏差。第一、二、三环表示有效数字，第四环表示倍率（乘数），与前四环距离较大的第五环表示精度（允许偏差）。

精密电阻的具体取值见表3-1-2所示。

表3-1-2 精密电阻取值表

色别	第一环	第二环	第三环	第四环	第五环
棕	1	1	1	10	1
红	2	2	2	100	2
橙	3	3	3	1000	
黄	4	4	4	10000	
绿	5	5	5	100000	0.5
蓝	6	6	6	1000000	
紫	7	7	7	10000000	
灰	8	8	8	100000000	
白	9	9	9	1000000000	
黑	0	0	0	1	
金				0.1	5
银				0.01	10

例如：具有红、黑、黑、橙、棕五环标注的电阻，其阻值为 $200 \times 10^3 \Omega = 200 k\Omega$，允许偏差为 $+1\%$。

2. 电阻的主要参数

（1）标称阻值 标称在电阻器上的电阻值称为标称阻值。标称阻值是根据国家制定的标准系列标注的，不是生产者任意标定的。

（2）允许偏差 在实际生产中，加工出来的电阻器很难做到和标称阻值完全一致，即阻值具有一定的分散性。为了便于生产的管理和使用，必须规定电阻器的精度等级，确定电阻器在不同精度等级下的允许偏差。

允许偏差值可用下式计算，即：

$$\delta = \frac{R - R_Y}{R_Y} \qquad (3-1-8)$$

式中 δ——允许偏差；
R——电阻器的实际阻值；
R_Y——电阻器的标称阻值。

（3）额定功率 用电器正常工作时的功率称为额定功率。它的值为用电器的额定电压乘以额定电流。若用电器的实际功率大于额定功率，则用电器可能会损坏；若实际功率小于额定功率，则用电器无法正常运行。

3. 阻值的测量

测量阻值一般采用万用表的电阻挡进行（指针式），测量时应将万用表调零。例如，测量470Ω电阻时，首先将万用表置于 $R \times 10$ 挡，将红、黑两表笔短接，使万用表指针为零，然后再用表笔接被测电阻的两个引脚，此时指针应指向"47"，将此时指针指示值乘以10，即为被测电阻的阻值。在测试时，若指针指向"0"处，则表明电阻短路；若指针指向"∞"处，则表明电阻内部开路。

四、电阻种类及在汽车上应用实例

如图3-1-4所示，电阻的类型较多，按阻值分：有固定电阻和可变电阻；按温度特性分：正温度系数热敏电阻和负温度系数热敏电阻；按用途分：一类是耗能元件，另一类控制电流或电压；按材质和工艺分：碳膜电阻、金属膜电阻、水泥电阻、光敏电阻、芯片电阻、网络电阻等。

笔记

电阻的种类

微调电阻

碳膜电阻

金属膜电阻　　普通电位器

水泥电阻

开关型电位器

绕线电阻

图 3-1-4　常用电阻

汽车上常见电阻符号如表3-1-3所示。

表 3-1-3　汽车电气系统中常见电阻符号

名称	符号	名称	符号
电阻器	─▭─	热敏电阻	─▱─
可变电阻	─▱─	压敏电阻	─▱─
滑线电阻	─▭─	分流器	─▭─

电阻在汽车上的应用主要有三种：作为负载，用于耗能；用于控制电路中的电压或电流；用于传感器中的感测元件，向电脑提供信号。

1. 定值电阻

定值电阻的电阻值是固定的，定值电阻可根据其用途装在某一部件里或接在电路上，起控制或耗能作用。例如，风窗除雾装置中的加热丝、点烟器中的电阻丝、灯泡中的灯丝等，如图 3-1-5 所示为汽车后风窗除雾原理图。

2. 可变电阻

阻值在一定范围内变化的电阻，称作可变电阻，在汽车电路中，可变电阻常用于汽车仪表板的照明控制、收音机的音量控制或检测某一机械部件的运动状况（如节气门位置传感器等）。

3. 特殊电阻

（1）热敏电阻　一般把金属氧化物、陶瓷、半导体材料等在1000℃以上的高温下经成形、烧结等工艺制成的测温元件称为热敏电阻。热敏电阻常用来做冷却水温度传感器、进气温度传感器、排气温度传感器及车内外温度传感器等中的敏感元件。

（2）压敏电阻　压敏电阻是利用单晶硅材料的压阻效应和集成电路技术制成，具有体积小、精度高、成本低等优点，在汽车中用于测量气体和液体的压力。

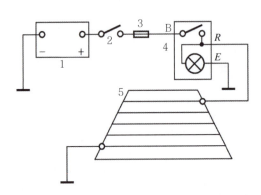

图 3-1-5　汽车后风窗除雾原理图
1—蓄电池；2—点火开关；3—熔断丝；
4—风窗除雾开关；5—加热丝

（3）光敏电阻　光敏电阻的阻值与光照强度有关。入射的光越强，电阻值越小；入射的光越弱，电阻值就越大。制造光敏电阻的材料通常是金属的硫化物、硒化物和碲化物等。

如图3-1-6（a）、（b）所示为汽车大灯专用的CdS（硫化镉）光敏电阻，它是利用半导体材料硫化镉的光致导电特性制成。利用光敏电阻被不同强度的光照所产生的阻值来控制三极管（可控硅）的导通角，起到控制被控灯的电流作用，流过灯的电流变化，灯的亮度随之改变。

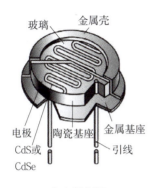
（a）结构图

（b）外形图

图3-1-6　汽车大灯专用CDS光敏电阻

【例3-1-1】如图3-1-7所示为某汽车的后备箱的照明灯电路原理图，现测得蓄电池的端电压为12V，电路中的电流为1.5A，求：后备箱灯点亮时，它的功率和电阻各为多少？

解：由电功率公式可知：

$P = IU$

　　$= 1.5 \times 12 = 18$（W）

由欧姆定律可知：

$P = IU = \dfrac{U}{R} U = \dfrac{U^2}{R}$

$R = \dfrac{U^2}{P} = \dfrac{12^2}{18} = 8$（Ω）

答：后备箱灯点亮时，它的功率为18W，它的电阻为8Ω。

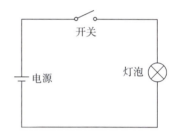

图3-1-7　汽车后备箱灯电路图

一、填空题

1．一切导体都有阻碍电流的性质，这种性质叫导体的_____，在国际上通用字母_____表示。

2．在相同电压下通过_____导体的电流不同，通过导体电流大的这个导体对电流阻碍作用就_____，导体的电阻越大，它对_____的阻碍作用就越大。

3．不同的导体，电阻一般_____，电阻是_____的一种性质，导体电阻的大小决定于导体的_____、_____和_____，还跟_____有关系。而与导体中的_____和_____无关。对大多数导体来说温度越高，电阻_____。

4．一条合金丝导线拉制成原来长度的二倍时它的电阻变为原来的_____，这是因为合金丝的_____且_____。

5. 2460Ω=_____kΩ=_____MΩ。 4.7MΩ=_____kΩ=_____Ω。

二、选择题

1. 关于导体电阻的正确说法是（　　）。

   A. 因为导体电阻表示导体对电流的阻碍作用，所以导体中没有电流通过时，导体的电阻为零

   B. 导体两端电压越大，电流也越大，所以导体电阻随电压的增加而变小

   C. 导体电阻是导体阻碍电流的性质，它的大小跟电压、电流强度的大小都没有关系

   D. 导体两端电压越大，电流也越大，所以导体电阻随电压的增加而变大

2. 关于导体的电阻说法错误的是（　　）。

   A. 两根长短、粗细都相同的铜导线和铝导线，铜导线的电阻小

   B. 长短相同的铜导线，粗的导线比细的导线电阻小

   C. 粗细相同的铝导线，长的导线比短的导线电阻大

   D. 用铝导线换下输电线路中的铜导线，保持电阻值不变，铝导线的横截面积应和原来铜导线的横截面积一样

3. 将一根导线均匀拉制成横截面积为原来1/2的细导线，拉制后的细导线与原导线电阻相比（　　）。

   A. 变大　　　　B. 不变　　　　C. 变小　　　　D. 无法判断

4. 甲乙两根导线通过的电流强度分别是2A和3A，下列说法正确的是（　　）。

   A. 甲导线的电阻一定大　　　　B. 乙导线两端的电压一定大

   C. 乙导线的电阻一定大　　　　D. 通过乙导线的电流强度大

5. 导体的电阻不但与导体的长度、截面有关，还与导体的（　　）有关。

   A. 湿度　　　　B. 距离　　　　C. 材质　　　　D. 密度

6. 习惯上把（　　）定向移动的方向作为电流的方向。

   A. 电子　　　　B. 正电荷　　　　C. 中子　　　　D. 原子

7. 随电压或电流的大小而改变的电阻叫（　　）。

   A. 可变电阻　　　　B. 固定电阻　　　　C. 线性电阻　　　　D. 非线性电阻

8. 横截面积相同，电阻也相等的铝导线和镍铬合金导线，导线较长的是（　　）。

   A. 铝导线　　　　　　　　B. 镍铬合金线

   C. 两条导线一样长　　　　D. 以上情况都可能

9. 下列说法正确的是（　　）。

   A. 铁导线的电阻一定比铜导线的电阻大

   B. 两根长度相同的镍铬合金导线，横截面积较小的电阻一定大

   C. 长度相同的两根导线，细的导线电阻一定大

   D. 长度相同，材料相同，横截面积也相同的导线，在任何情况下，电阻都一样大

10. 在通常情况下，均属于导体的是（　　）。

    A. 人体；海水；干木材　　　　B. 橡胶；铁钉；陶瓷

    C. 硬币；石墨；铜块　　　　　D. 水银；塑料；盐酸

三、判断题

1. 为了某种需要，可将电路中的某一段与电阻或变阻器并联，以起分流或调节电流的作用。
（　　）
2. 理想电阻元件只消耗电能，不存储能量。（　　）
3. 为了限制负载中过大的电流，将负载并联一个限流电阻。（　　）
4. 如果需要调节电路中的电流时，可以在电路中串联一个变阻器来进行调节。（　　）
5. 线性电阻是阻值不随其两端电压或电流数值变化。（　　）

四、简答题

1. 什么是电阻？电阻有什么作用？
2. 电阻的测量方法有哪些？
3. 电阻有哪些种类？
4. 色环电阻如何读数？
5. 举例说明汽车上有哪些应用电阻。

课题二　二极管元件

1. 了解二极管的结构、符号、特性和主要参数；
2. 了解二极管的特性；
3. 了解二极管的分类；
4. 掌握二极管的检测方法。

2008年北京举行奥运会，当夜色中的水立方呈现在大家面前的时候，相信所有的人都为之震撼。它的色彩变化幻妙幻彩，无与伦比，但你知道吗？水立方采用的照明设备就是半导体二极管中的一类：发光二极管。

随着汽车电子器件应用比例的逐年提高，汽车上70%的革新来源于汽车电子技术，而汽车革新的主要焦点是半导体器件的大量应用，汽车半导体技术已成为汽车电子市场发展的推动力。本课题主要介绍常见的半导体器件二极管的结构及特性。

一、半导体基础知识

自然界中的物质，按照它们的导电能力可分为导体、半导体和绝缘体三类。其中导电能力介于导体和绝缘体之间的物质称为半导体，如硅、锗、硒、砷化镓以及大多数的金属氧化物和硫化物等（表3-1-4）。

表3-1-4 自然界中三种导电物质的名称及其典型举例

导体	半导体	绝缘体
铜、铝、铁	硅、锗、硒、砷化镓	橡胶、石英玻璃

1. N型、P型半导体

典型的半导体材料有硅和锗，它们都是四价元素，即每个原子的最外层有四个价电子。每相连原子之间的共有一对电子，使相连两原子紧密地联系在一起，形成共价键结构。

为了提高半导体的导电性能，在硅、锗等半导体材料中再掺入微量的杂质元素，使其导电性能大大提高，成为真正的半导体材料。根据掺入杂质的不同，半导体可分为N型和P型两大类。

（1）N型半导体　在纯净半导体（硅或锗）的晶体中掺入微量的五价元素，如磷（P）或砷（As）、锑（Sb）等，使某些位置的硅原子被五价原子代替。由于五价原子最外层的五个电子中，有四个分别与邻近的四个硅原子的电子相结合组成四对共有电子而形成共价键，这样就多出一个受原子核束缚较弱的电子，而成为自由电子，如图3-1-8所示。晶体中自由电子大量增加，自由电子成为半导体导电的多数载流子，使半导体的导电能力显著增强。这种以电子导电为主的半导体称为N型半导体。

（2）P型半导体　在纯净半导体（硅或锗）的晶体中掺入微量的三价元素，如硼（B）、铝（Al）、镓（Ga）、铟（In）等，每个三价原子的最外层只有三个电子，当它与邻近的四个硅原子相结合而形成共价键时，就自然提供了一个空穴。如图3-1-9所示。在此类半导体中，空穴数目远远大于电子数目，空穴是多数载流子，电子是少数载流子。这种主要以空穴导电为主的半导体称为P型半导体。

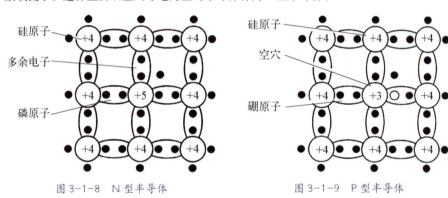

图3-1-8　N型半导体　　　　图3-1-9　P型半导体

2. PN结

把P型半导体和N型半导体按一定的工艺结合在一起时，在它们的交界面形成一个带电的空间电荷区，称为PN结，它是各种半导体器件的核心结构。

① 当PN结两端无外加电压时，在交界面处，空穴和自由电子基本耗尽，形成空间电荷区（又称耗尽层），空间电荷区的宽度基本上是固定的。空间电荷区形成以后，会在其中产生一个由PN结自身建立的电场，称为内电场，其方向由N区指向P区，如图3-1-10所示。

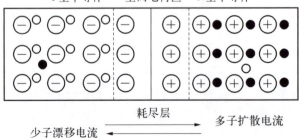

图3-1-10　PN结的形成

② PN结两端加正向电压。P区接电源正极，N区接负极，这样的接法称PN结正向偏置（正偏）。此时，外电场与内电场的方向相反，内电场相应被削弱，空间电荷区变窄，PN结呈现低阻值，PN结处于导通状态。PN结正向导通时压降很小，理想情况下，可以认为导通时的电阻近似为零，因而导通时压降也近似看作零，如图3-1-11所示。

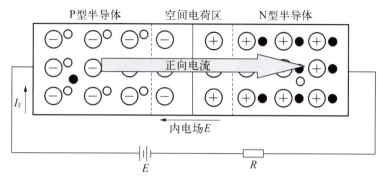

图 3-1-11　PN结加正向电压

③ PN结两端加反向电压。P区接电源负极，N区接正极，这样的接法称PN结反向偏置（反偏）。此时外电场与内电场的方向相同，增强了内电场，空间电荷区变宽，PN结呈现高电阻值，PN结处于截止状态。理想情况下，反向电阻趋于无穷大，此时PN结的反向电流近似为零，如图3-1-12所示。

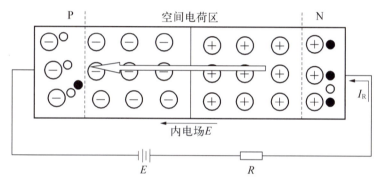

图 3-1-12　PN结加反向电压

由以上分析可知，PN结在一定的电压的范围内外加正向电压时，处于低电阻的导通状态；外加反向电压时，处于高电阻的截止状态，这种特性，就是PN结的单向导电性。

二、半导体二极管

1. 结构

半导体二极管（简称二极管）是由一个PN结加上两个电极引线做成管芯，并且用塑料、玻璃或金属等材料作为管壳封装而成。从P区引出的电极作为正极，用字母A表示，从N区引出的电极作为负极，用字母K表示。其结构及符号如图3-1-13所示。

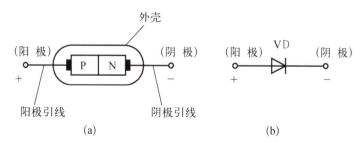

图 3-1-13　二极管的结构与符号

常见普通二极管和车用二极管的外形如图3-1-14所示。

（a）普通二极管

（b）车用二极管

图 3-1-14 常见普通二极管和车用二极管外形

2. 单向导电特性

二极管的单向导电特性是二极管的最基本和重要的特性。

如图 3-1-15 所示，根据实验可以看到：当接通电源，合上开关 S 后，若电源产生的电流方向与二极管符号箭头指向一致时，二极管导通，有较大的电流流过指示灯，指示灯发光；若电源产生的电流方向与二极管符号箭头指向相反时，二极管截止，没有电流流过指示灯，指示灯熄灭。即：正极电位＞负极电位，二极管导通；正极电位＜负极电位，二极管截止。

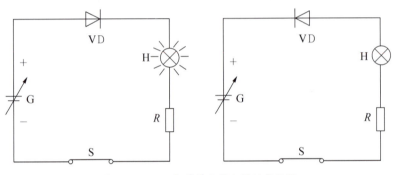

图 3-1-15 二极管单向导电性的实验图

3. 伏安特性

加在二极管两端的电压与流过二极管电流的关系称为伏安特性，其关系曲线称为二极管伏安特性曲线，如图 3-1-16 所示。

① 二极管加正向电压时，存在一个"死区"，对硅二极管来说，其范围为 0～0.5V，对锗二极管来说，其范围为 0～0.2V。只有在正向电压超过 0.5V（0.2V）时，二极管进入导通状态。

二极管导通时，通过的电流与两端电压之间呈非线性关系。

② 二极管加反向电压时，反向电流很小，而且基本不随电压大小而变化，这一电流称为二极管的反向饱和电流。锗管的反向饱和电流比硅二极管略大一些。

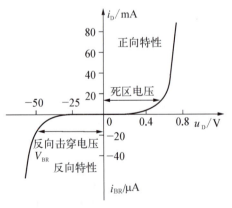

图 3-1-16 二极管的伏安特性曲线

4. 主要参数

二极管的特性除用伏安特性曲线表示外，还可以用一些数据来说明，这些数据就是二极管的参数。这些参数是半导体器件的质量指标，是合理选用二极管的依据。

① 最大整流电流 I_F：在规定的环境温度下，二极管长期运行允许通过的最大半波正向电流平均值。

② 最高反向工作电压 U_{RM}：指允许加在二极管两端的反向电压的峰值。

③ 反向饱和电流 I_S：指二极管在最高反向工作电压 U_{RM} 下的反向饱和电流。I_S 越小，说明二极管的单向导电性能越好。

④ 最高工作频率：当工作频率超过最高工作频率 f_M 时，二极管的单向导电性能变差，甚至会失去单向导电性。

5. 分类和应用

二极管种类繁多，通常是根据用途将二极管分为普通整流二极管、稳压二极管、光敏二极管及发光二极管等。

（1）普通整流二极管　在工程应用中，常需要利用二极管的单向导电性，将交流输入电压变为直流电压。正弦波交流电压经二极管整流后，只有半周通过，所以将这种整流电路称为半波整流电路，而在后面讲到的桥型整流电路中，还可以进行全波整流。

上述整流电路，由于脉动成分很大，还不能满足很多工程应用要求，必须经过滤波、稳压后才能得到广泛应用。

在工程上，二极管还常用在钳位电路中，如图 3-1-17 所示。

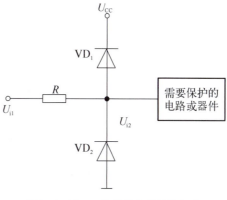

图 3-1-17　二极管构成的钳位电路

在某些器件的输入端，所加的电压必须维持在一定的范围内，否则就会因电压过高或过低而损坏器件。利用二极管可将如图 3-1-17 所示的 U_{i2} 限制在 -0.7V 到 U_{CC} + 0.7V 之间，其中 R 为限流电阻。

（2）稳压二极管　稳压二极管是一种用特殊工艺制成的二极管，其工作在反向击穿状态，起到稳压作用，具体内容将在后面模块中叙述。

（3）光敏二极管　光敏二极管的结构与普通二极管类似，但在其 PN 结处，通过管壳上的一个玻璃管窗口能接受外部的光照。这种器件的 PN 结处在反向偏置状态，其反向电流随光照强度的增加而上升。如图 3-1-18 所示是光敏二极管的符号，其主要特点是反向电流与光照强度成正比。

光敏二极管能用于光的测量，是一种可将光信号转换为电信号的常用器件。当制成大面积光敏二极管时，可作为一种能源，称为光电池。

（4）发光二极管　发光二极管简称"LED"，是具有一个 PN 结的半导体器件，通常由元素周期表中的Ⅲ、Ⅴ族元素的化合物制成，如砷化镓、磷化镓等化合物半导体材料。发光二极管通以电流时将会发出光来，光的颜色主要取决于制造发光二极管时所用的半导体材料。目前市场上发光二极管的主要颜色有红、橙、黄、绿、蓝等。如图 3-1-19 所示为发光二极管的符号。

图 3-1-18　光敏二极管的符号　　图 3-1-19　发光二极管的符号

发光二极管只能工作在正向偏置状态，工作电流通常为几毫安，电流太大会烧坏二极管，所以电路中必须串接限流电阻，它的正向管压降较高，为 1.2～2.2V。

发光二极管是一种把电能转变成光能的特殊器件。因为它具有体积小、功耗低、工作电压低、使用寿命长、单色性好、响应速度快、机械强度高等特点，常用来作为显示器。发光二极管可以单个使用，还可以作成七段式数码显示器、矩阵显示屏等。

6. 检测方法

（1）极性引脚的表示方法

① 在二极管的负极用一条色带标志。

② 在二极管外壳的一端标出一个色点，有色点的一端表示二极管的正极，另一端则为负极。

③ 在二极管的外壳上直接印有二极管的电路符号，根据电路符号判断二极管的极性。

（2）性能好坏检测　万用表测试条件：$R×1k$ 或 $R×100$。

① 若正反向电阻均为零，二极管短路。

② 若正反向电阻非常大，二极管开路。

③ 若正向电阻约几千欧，反向电阻非常大，二极管正常。

（3）正负极性检测　先将万用表欧姆挡旋钮置于 $R×100$ 或 $R×1k$ 挡；用万用表红、黑表笔任意测量二极管两引脚间的电阻值，交换万用表表笔再测量一次，两次测量结果一大一小；以阻值较小的一次测量为准，黑表笔所接的二极管一端为正极，红表笔所接的二极管一端为负极，如图 3-1-20 所示。顺口溜叫"黑小正、红大负"。

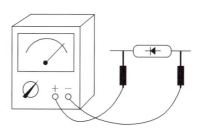

图 3-1-20　万用表测量二极管极性

注意：

① 一般情况下，测量小功率二极管时，不宜使用 R×1 或 R×10k 挡。因 R×1 挡电流太大，R×10k 挡电压过高，容易烧坏管子。

② 由于二极管是非线性元件，用不同灵敏度的万用表或不同倍率的欧姆挡进行测量时，所得数据也不尽相同。如图 3-1-21 所示分别为测量二极管正向电阻和反向电阻的示意图。

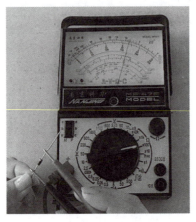
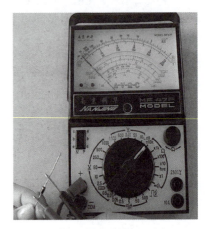

（a）测出正向电阻小　　　　　　　　　　　（b）测出反向电阻大

图 3-1-21　测量二极管正向电阻、反向电阻

一、填空题

1. 自然界中的物质，按照它们的导电能力可分为_____、_____和_____三类。

2. 二极管的_____是二极管的最基本和重要的特性。

3. 硅二极管的死区电压为_____，正向导通电压为_____。

4. 二极管反向击穿分电击穿和热击穿两种情况，其中_____是可逆的，而_____会损坏二极管。

5. 温度升高时，二极管的导通电压_____，反向饱和电流_____。

6. 普通二极管工作时通常要避免工作于_____，而稳压管通常工作于_____。

7. 硅管的导通电压比锗管的_____，反向饱和电流比锗管的_____。

8. 本征半导体掺入微量的五价元素，则形成_____型半导体，其多子为_____，少子为_____。

9. PN 结正偏是指 P 区电位_____N 区电位。

10. 纯净的具有晶体结构的半导体称为_____，采用一定的工艺掺杂后的半导体称为_____。

二、选择题

1. 下列物质为半导体的是（　　）。

   A. 铁　　　　B. 银　　　　C. 硅　　　　D. 硫

2. 半导体二极管实际上就是（　　）。

   A. PN 结　　　B. 半导体　　　C. 晶体管　　　D. 发光二极管

3. 用万用表检测二极管时，旋钮应该打到欧姆挡（　　）。
   A. $R\times 10k$　　B. $R\times 1k$　　C. $R\times 10$　　D. $R\times 1$

4. 用模拟指针式万用表的电阻挡测量二极管正向电阻，所测电阻是二极管的（　　）电阻，由于不同量程时通过二极管的电流（　　），所测得正向电阻阻值（　　）。
   A. 直流，相同，相同
   B. 交流，相同，相同
   C. 直流，不同，不同
   D. 交流，不同，不同

5. 杂质半导体中（　　）的浓度对温度敏感。
   A. 少子　　B. 多子　　C. 杂质离子　　D. 空穴

6. PN 结形成后，空间电荷区由（　　）构成。
   A. 电子和空穴
   B. 施主离子和受主离子
   C. 施主离子和电子
   D. 受主离子和空穴

7. 硅管正偏导通时，其管压降约为（　　）。
   A. 0.1V　　B. 0.2V　　C. 0.5V　　D. 0.7V

8. 在 PN 结外加正向电压时，扩散电流（　　）漂移电流，当 PN 结外加反向电压时，扩散电流（　　）漂移电流。
   A. 小于，大于　　B. 大于，小于　　C. 大于，大于　　D. 小于，小于

9. 杂质半导体中多数载流子的浓度主要取决于（　　）。
   A. 温度　　B. 掺杂工艺　　C. 掺杂浓度　　D. 晶体缺陷

10. 当温度升高时，二极管正向特性和反向特性曲线分别（　　）。
    A. 左移，下移　　B. 右移，上移　　C. 左移，上移　　D. 右移，下移

三、判断题

1. 二极管的导通条件就是加正向电压，跟电压大小没有关系。（　　）
2. 万用表的红表笔上有"+"号，所以其为万用表电池的正极。（　　）
3. 二极管的反向饱和电流越小，说明其导电能力越大。（　　）
4. 因为 N 型半导体的多子是自由电子，所以它带负电。（　　）
5. PN 结在无光照、无外加电压时，结电流为零。（　　）
6. 在 N 型半导体中如果掺入足够量的三价元素，可将其改型为 P 型半导体。（　　）
7. 稳压管正常稳压时应工作在正向导通区域。（　　）
8. 二极管在工作电流大于最大整流电流 I_F 时会损坏。（　　）
9. 二极管在反向电压超过最高反向工作电压 U_{RM} 时会损坏。（　　）
10. 二极管在工作频率大于最高工作频率 f_M 时会损坏。（　　）

四、简答题

1. 画出二极管的伏安特性曲线，并标出各区域，简述各区域特性。
2. 如何用万用表检测二极管的极性及好坏？
3. 画出普通二极管、发光二极管、光敏二极管、稳压二极管、变容二极管的电路符号并标出正负极。
4. 画出硅稳压二极管构成的单向稳压电路，并简述稳压原理。
5. 画出单相半波整流、单相桥式整流电路图，简述其工作原理，画出输入、出波形图。

课题三　三极管元件

1. 了解半导体三极管的结构及特性；
2. 能正确用万用表检测三极管的极性及好坏。

1947年12月23日，美国的贝尔实验室里，3位科学家——巴丁、布莱顿和肖克莱在紧张地做着用半导体晶体把声音信号放大的实验。他们意外发现，在他们发明的器件中可用一部分微量电流去控制另一部分大得多的电流，即电流产生了"放大"效应。这个器件就是三极管。这一伟大的发明，使这三位科学家荣获了1956年诺贝尔物理学奖。之所以说三极管的伟大发明，是因为它是组成放大电路的核心器件，我们生活中的收音机、电视机、扩音机等都离不开它。

一、三极管的结构和分类

1. 基本结构

（1）三极管的外形　三极管通常有三个电极，功率大小不同的三极管体积和封装形式各不相同。近年来生产的小、中功率管多采用硅酮塑料封装，大功率三极管采用金属封装，通常做成扁平形状并有螺钉安装孔，有的大功率管干脆制成螺栓形状，这样能够使三极管的外壳和散热器连成一体，便于散热。其外形图如图3-1-22所示。

图3-1-22　三极管外形图

（2）三极管的结构和符号　三极管的核心是两个PN结，按照两个PN结的组合方式不同，可分为PNP型管和NPN型两类，如图3-1-23所示。

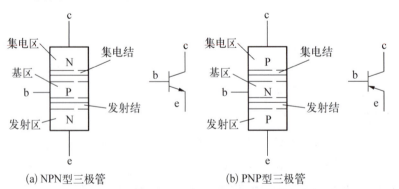

(a) NPN型三极管　　　(b) PNP型三极管

图3-1-23　三极管的结构示意图和图形符号

晶体三极管有三个"区"：发射区、基区、集电区。发射区掺杂浓度较大；基区很薄且掺杂最少；集电区比发射区体积大且掺杂少。

晶体三极管有两个"结"：发射区和基区之间的 PN 结，称为发射结（BE 结），集电区和基区之间的 PN 结称为集电结（BC 结）。

晶体三极管有三个"极"：发射极 e（E）、基极 b（B）和集电极 c（C）。

2. 三极管的分类

（1）三极管有多种分类方法

按内部结构分：NPN 型和 PNP 型管；

按工作频率分：低频管和高频管；

按功率分：小功率管和大功率管；

按用途分：普通管和开关管；

按半导体材料分：锗管和硅管等。

（2）国产三极管命名法

例如：3DG 表示高频小功率 NPN 型硅三极管；3CG 表示高频小功率 PNP 型硅三极管；3AK 表示 PNP 型开关锗三极管等。

二、电流放大作用

半导体三极管之所以能够对信号进行放大，其根本原因在于它具有电流的放大作用。

1. 三极管放大作用的外部条件

三极管正常放大时，外加电路必须满足：发射结外加正向电压，NPN 型管：$V_B > V_E$；集电结外加反向电压，NPN 型管：$V_C > V_B$。

2. 三极管的电流放大作用

为了解三极管的电流分配和放大作用，可以先做一个实验，实验电路如图 3-1-24 所示。NPN 管组成的放大器外加电压满足放大条件；基极电流 I_B、集电极电流 I_C、发射极电流 I_E 的方向，如图 3-1-24 箭头所示。

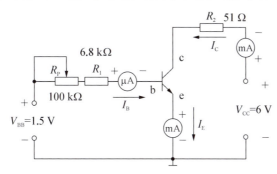

图 3-1-24 测量三极管特性的实验电路

调节电位器的阻值，可改变 I_B 的数值，并得到与之对应的集电极电流 I_C、发射极电流 I_E 的值，测量数据如表 3-1-5 所示。

表 3-1-5 三极管电流分配表

I_B / mA	0	0.01	0.02	0.03	0.04
I_C / mA	0.01	0.56	1.14	1.74	2.33
I_E / mA	0.01	0.57	1.16	1.77	2.37

由实验测量结果可得出如下结论：

$$I_E = I_B + I_C \tag{3-1-9}$$

三极管各极电流分配关系满足：

发射极电流 I_E 等于基极电流 I_B 和集电极电流 I_C 之和。又因为基极电流 I_B 很小，所以集电极电流 I_E 与发射极电流 I_C 近似相等。即

$$I_E \approx I_C$$

I_C 与 I_B 的比值称为直流电流放大倍数，用 $\bar{\beta}$ 表示，则有

$$I_C = \bar{\beta} I_B \tag{3-1-10}$$

$$I_E = (1+\bar{\beta})I_B \tag{3-1-11}$$

其中，$\bar{\beta}$ 为三极管的直流电流放大倍数。

当 I_B 有微小变化时，会引起 I_C 的较大变化，我们把集电极电流变化量与基极电流变化量之比叫交流电流放大倍数，用 β 表示。

$$\beta = \frac{\Delta I_C}{\Delta I_B} \tag{3-1-12}$$

通常情况下，β 和 $\bar{\beta}$ 的数值差别很小，故不再加以区别，工程估算时两者可以通用。

3. 特性曲线

三极管的特性曲线用来表示各极电压和电流之间相互关系，它反映出三极管的性能，是分析放大电路的重要依据。最常用的是共发射极接法时的输入特性曲线和输出特性曲线。

（1）输入特性曲线　以 u_{CE} 为参变量时，i_B 与 i_{BE} 间的关系曲线，即为三极管的输入特性曲线如图 3-1-25 所示。

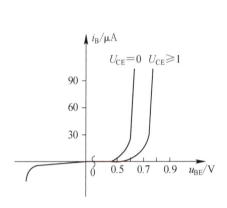

图 3-1-25　三极管的输入特性曲线

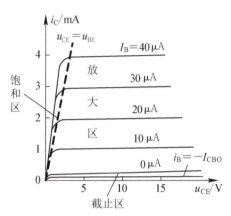

图 3-1-26　三极管的输出特性曲线

分析：当 $u_{CE}=0$ 时，晶体管相当于两个并联的二极管；$0 < u_{CE} \leq u_{BE}$，这时的关系与 $u_{CE}=0$ 情况类同；$u_{CE} \geq u_{BE}$，想要获得与 $u_{BE}=0$ 时的相同基极电流，必须加大输入电压 u_{BE}，表现出特性曲线右移。

（2）共发射极输出特性曲线

以 i_B 为参变量时，i_C 与 u_{CE} 间的关系曲线，即为三极管的输出特性曲线，如图 3-1-26 所示。

分析：

① 截止区。

条件：发射结反偏或两端电压为零。

特点：$I_B=0$，$I_C=I_{CEO}$。

② 饱和区。

条件：发射结和集电结均为正偏。

特点：$V_{CE}=V_{CES}$，V_{CES} 称为饱和管压降，小功率硅管约为 0.3V，锗管约为 0.1V。

③ 放大区。

条件：发射结正偏，集电结反偏。

特点：I_C 受 I_B 控制，即 $\Delta I_C=\beta\Delta I_B$。在放大状态，当 I_B 一定时，I_C 不随 V_{CE} 变化，三极管的这种特性称为恒流特性。

4. 主要参数

（1）共射极电流放大倍数

① 直流放大倍数

$$\bar{\beta} = \frac{I_C}{I_B} \tag{3-1-13}$$

② 交流放大倍数

$$\beta = \frac{\Delta i_C}{\Delta i_B}\bigg|u_{CE}=\text{常量} \tag{3-1-14}$$

电流放大倍数一般在 10～100 之间。太小，放大能力弱，太大，易使管子性能不稳定。一般选 30～80 为比较合适。

（2）极间反向电流

I_{CBO} 指发射极开路时，集电极—基极间的反向电流，称为集电极反向饱和电流。

I_{CEO} 指基极开路时，集电极—发射极间的反向电流，称为集电极穿透电流。

$$I_{CEO} = (1+\beta) I_{CBO} \quad (3-1-15)$$

（3）三极管的极限参数

① 集电极最大允许电流 I_{CM}。β 与 i_C 的大小有关，随着 i_C 的增大，β 值会减小。I_{CM} 一般指 β 下降到正常值的 2/3 时所对应的集电极电流。

② U_{CEO}（U_{BR}）指基极开路时，集电极—发射极间的反向击穿电压。

③ 集电极最大允许耗散功率 P_{CM}，实际上是集电极电流和集电极电压的乘积。在使用三极管时，实际功耗不允许超过 P_{CM}，还应留有较大的余量。耗散功率会引起三极管发热，使结温升高。如果集电极的耗散功率过大，将会使集电结的温度超过允许值而被烧坏。

三、三极管的检测

1. 硅管或锗管的判别

判别电路如图 3-1-27 所示。当 V=0.6～0.7V 时，为硅管；当 V=0.1～0.3V 时，为锗管。

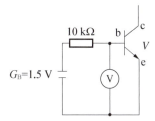

图 3-1-27 判别硅管或锗管的测试电路

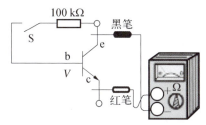

图 3-1-28 估测 β 的电路

2. 估计比较 β 的大小

NPN 管估测电路如图 3-1-28 所示。万用表设置在 $R \times 1k\Omega$ 挡，测量并比较开关 S 断开和接通时的电阻值。前后两个读数相差越大，说明管子的 β 越高，即电流放大能力越大。估测 PNP 管时，将万用表两只表笔对换位置。

3. 估测 I_{CEO}

NPN 管估测电路如图 3-1-29 所示。所测阻值越大，说明管子的 I_{CEO} 越小。若阻值无穷大，三极管正常；若阻值为零，三极管短路。测 PNP 型管时，红、黑表笔对调，方法同前。

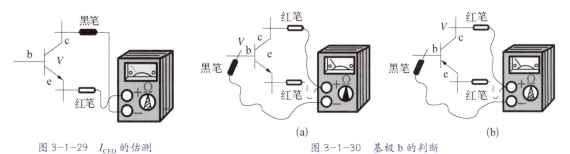

图 3-1-29 I_{CEO} 的估测　　　　　图 3-1-30 基极 b 的判断

4. NPN 管型和 PNP 管型的判断

如图 3-1-30（a）所示，将万用表设置在 $R \times 1k\Omega$ 或 $R \times 100\Omega$ 挡，用黑表笔和任一管脚相接（假设它是基极 b），红表笔分别和另外两个管脚相接，如果测得两个阻值都很小，则黑表笔所连接的就是基极，而且是 NPN 型的管子。如图 3-1-30（b）所示，如果按上述方法测得的结果均为高阻值，则黑表笔所连接的是 PNP 管的基极。

5. e、b、c 三个管脚的判断

首先确定三极管的基极和管型，然后采用估测 β 值的方法判断 c、e 极。如图 3-1-28 所示，以 NPN 型管为例，先假定一个待定电极为集电极（另一个假定为发射极）接入电路，记下欧姆表的摆动幅度，然后再把两个待定电极对调一下接入电路，并记下欧姆表的摆动幅度。摆动幅度大的一次，黑表笔所连

接的管脚是集电极c，红表笔所连接的管脚为发射极e，测PNP管时，只要把图3-1-28电路中红、黑表笔对调位置，仍照上述方法测试。

学后测评

一、填空题

1. 三极管电压放大电路有_____种连接方式。

2. 三极管的输出特性曲线分为_____、_____和_____。

3. 三极管具备放大作用的外部条件是_____、_____。

4. 晶体管工作在饱和区时发射结_____偏；集电结_____偏。

5. 三极管按结构分为_____和_____两种类型，均具有两个PN结，即_____和_____。

6. 放大电路中，测得三极管三个电极电位为U_1=6.5V，U_2=7.2V，U_3=15V，则该管是_____类型管子，其中_____极为集电极。

7. 三极管的发射结和集电结都正向偏置或反向偏置时，三极管的工作状态分别是_____和_____。

8. 三极管有放大作用的外部条件是发射结_____，集电结_____。

9. 若一晶体三极管在发射结加上反向偏置电压，在集电结上也加上反向偏置电压，则这个晶体三极管处于_____状态。

二、选择题

1. 有万用表测得PNP晶体管三个电极的电位分别是V_C=6V，V_B=0.7V，V_E=1V，则晶体管工作在（　　）状态。

　　A. 放大　　　　B. 截止　　　　C. 饱和　　　　D. 损坏

2. 三极管工作在截止区，要求（　　）。

　　A. 发射结正偏，集电结正偏　　　B. 发射结正偏，集电结反偏

　　C. 发射结反偏，集电结正偏　　　D. 发射结反偏，集电结反偏

3. NPN型三极管三个极电位分别有V_C=3.3V，V_E=3V，V_B=3.7V，则该管工作在（　　）。

　　A. 饱和区　　　B. 截止区　　　C. 放大区　　　D. 击穿区

4. 下列三极管各个极的电位，处于放大状态的三极管是（　　）。

　　A. V_C=0.3V，V_E=0V，V_B=0.7V　　　B. V_C=-4V，V_E=-7.4V，V_B=-6.7V

　　C. V_C=6V，V_E=0V，V_B=-3V　　　　D. V_C=2V，V_E=2V，V_B=2.7V

5. 如果三极管工作在饱和区，两个PN结状态（　　）。

　　A. 均为正偏　　　　　　　　　　B. 均为反偏

　　C. 发射结正偏，集电结反偏　　　D. 发射结反偏，集电结正偏

6. 有万用表测得PNP晶体管三个电极的电位分别是V_C=6V，V_B=0.7V，V_E=1V，则晶体管工作在（　　）状态。

　　A. 放大　　　　B. 截止　　　　C. 饱和　　　　D. 损坏

7. 工作在放大区的某三极管，如果当 I_b 从 12μA 增大到 22μA 时，I_c 从 1mA 变为 2mA，那么它的 β 约为（   ）。

  A. 83   B. 91   C. 100

8. 工作于放大状态的 PNP 管，各电极必须满足（   ）。

  A. $U_c > U_b > U_e$ B. $U_c < U_b < U_e$ C. $U_b > U_c > U_e$ D. $U_c > U_e > U_b$

三、判断题

1. 通常用 β 表示三极管的电流放大系数，β 越高，电流放大能力越大。（   ）
2. NPN、PNP 管工作原理相同，外加电压也相同。（   ）
3. 用万用表判别三极管管脚时，旋钮应旋至 $R \times 10\Omega$ 量程。（   ）
4. 工作在放大区的三极管，集电结正偏。（   ）
5. 晶体三极管的 C、E 可以交换使用。（   ）
6. 三极管是电压放大元件。（   ）
7. 处于放大状态的晶体管，集电极电流是多子漂移运动形成。（   ）
8. 三极管按结构分为硅型和锗型三极管。（   ）

四、简答题

1. 三极管的主要作用有哪些？
2. 三极管工作在三个区的工作条件及要求有哪些？
3. 三极管电流放大作用的实质是什么？
4. 如何用万用表判别三极管的管脚和好坏？
5. 如何用万用表判别硅管和锗管？

课题四　电感元件

1. 了解电感元件的结构及特性；
2. 了解电感元件的主要参数；
3. 了解电感元件的电压与电流的关系；
4. 了解电感的分类；
5. 掌握汽车上电感元件的具体应用。

找一些绝缘导线（例如漆包线、纱包线等），在铅笔或其他圆柱形物体上一圈靠一圈地绕制成线圈，再把铅笔抽出来，得到的就是最简单的电感器。

一、电感元件简介

用导线绕制的空心线圈或具有铁芯的线圈在工程上具有广泛的应用，如电动机绕组、微电器线圈等。若电感线圈中的损耗忽略不计，电感线圈可以看作是电感元件。

线圈的磁通和磁链如图3-1-31所示。电感线圈通过电流（i_L），产生磁力线，并与线圈本身交链，此时的磁通称为自感磁通，用Φ_L表示。如果线圈的匝数为N，穿过一匝线圈磁通是Φ_L，则总磁通（Ψ_L）为

$$\Psi_L = N\Phi_L \qquad (3\text{-}1\text{-}16)$$

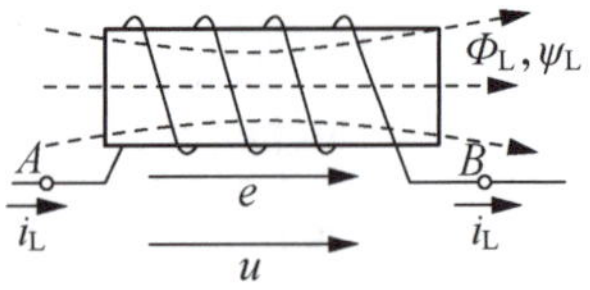

图3-1-31 线圈的磁通和磁链

式中，Ψ_L又称为自感磁链，其单位是韦伯（韦），用字母Wb表示。

在自感磁通（Φ_L）与电流（i_L）满足右手螺旋关系时，自感磁链（Ψ_L）与电流（i_L）的比就是电感线圈的自感系数（L），简称为电感，即：

$$L = \frac{\Psi_L}{i_L} \qquad (3\text{-}1\text{-}17)$$

在国际单位制中，电感的单位是亨利（亨），用符号H表示。实际应用中还有微亨（μH）和毫亨（mH）作为电感的单位。电感既代表电感系数，也代表电感线圈。实际应用中太大，常用毫亨（mH）和微亨（uH）表示：

$$1H = 10^3 \text{mH} = 10^6 \mu H$$

电感是电感器的固有特性，它的大小与外界条件以及电感器是否通电无关。习惯上，往往也将电感器称为电感，这样，电感在表示一个物理量的同时，又是一种电子元件的名称。

1. 电感器的分类

电感器的种类繁多，根据有无磁芯总体上分为空心线圈（即线圈中间不另加介质材料）和铁芯线圈（即电感器中有铁芯或磁芯）两大类，常见电感器根据外形可以如下几类，如图3-1-32、图3-1-33、图3-1-34所示。

单层线圈

蜂房式线圈

图3-1-32 单层线圈和蜂房式线圈

铁粉芯线圈

铜芯线圈

图3-1-33 铁粉芯线圈和铜芯线圈

色码电感线圈　　阻流圈　　偏转线圈

图3-1-34 色码电感线圈、阻流圈和偏转线圈

空芯电感器

带铁芯电感器

图3-1-35 电感器图形符号

在电路中，电感器统用文字符号L表示，图形符号如图3-1-35所示。

2. 电感器的主要参数

电感量L：电感量L是电感线圈的一个重要参数，它与线圈的匝数、截面积和磁芯的材料有关。

品质因素Q：品质因素Q反映了电感器储能与耗能之比。Q值愈高，说明电感线圈的功率损耗愈小，效率愈高，即品质越好。

额定电流：电感器正常工作时允许通过的最大电流值。

为什么我们经常在一些家用电器产品上看到储能元件，即使是关掉电源，在其内部高电压也不会立即消失，这是因为在一些电器产品中存在大容量电容作为储能元件，即使关掉电源，在其内部高电压也不会立即消失，所以没有维修经验的人不能擅自开启，以免被电击。

3. 电感元件电压与电流

1831年，英国物理学家法拉第发现：当穿过导电回路的磁通发生变化时，就会在该导电回路中产生感应电动势和感应电流。感应电动势的大小，正比于回路内磁通对时间的变化率。这称为法拉定律。

1833年，科学家楞次又对法拉第电磁感应定律进行补充，总结出变化的磁通与感应电动势（或感应电流）在方向上的关系：在电磁感应过程中，感应电流所产生的磁通，总是力图阻止原磁通的变化，这通常称为楞次定律。

法拉第电磁感应定律和楞次定律分别从大小和方向两方面阐述了感应电动势与磁通的关系。

通常设定感应电动势（e）与磁通（Φ_L）的参考方向符合右手螺旋关系，对于匝数为N的通电线圈，感应电动势为：

$$e = -N\frac{d\Phi_L}{dt} = -\frac{d(N\Phi_L)}{dt} = -\frac{d\Psi_L}{dt} \quad (3\text{-}1\text{-}18)$$

习惯上选择电感元件上的电流、电压、自感电动势三者参考方向一致，如图3-1-36所示。

则自感电压为

$$U = -e = N\frac{d\Phi_L}{dt} = L\frac{di_L}{dt} \quad (3\text{-}1\text{-}19)$$

图3-1-36 电感元件

由式（3-1-19）可见，电感的电压与其电流的变化率成正比，只有当电流发化时，其两端才会有电压。电流变化越快，自感电压越大；电流变化越慢，自感电压越小。当电流不随时间变化时，自感电压为零。

由于电感上电流变化率与感应电压成正比，因此在断开电感电路时就会在电感两端产生较大的感应电压，有时甚至会烧坏电感线圈或其他设备。因此在实际电路中要采取适当的安全保护电路，如在电感两端并联续流二极管等。

有电流就有磁场，磁场具有能量。电感元件流经电流，元件及其周围磁介质中就储存有磁场能。当电流由零增加到I时，储存的磁场能（W_L）为：

$$W_L = \frac{1}{2}LI^2 \quad (3\text{-}1\text{-}20)$$

由上式可知，电感值L一定时，电感电流越大，电感储存的能量越多。

二、电感元件的应用

电感线圈与灯泡串联电路如图3-1-37所示。电感线圈与灯泡串联后接入直流电源。当合上开关后，灯泡慢慢变亮。由日常生活经验知道，若电路中无电感线圈，合上开关后灯泡是立即变亮的。这是由于电感是一个储能元件，电感电流的增大，就是电感储存能量的过程，它不会突变，而是需要一定的时间。

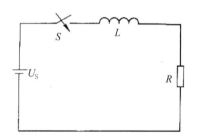

图3-1-37 电感线圈与灯泡串联电路

一、填空题

1. 电感线圈根据线圈类型可分为_____和_____。
2. 电感器的主要参数有_____、_____、_____。
3. 电感的单位有_____、_____、_____。
4. 由于通过线圈本身的_____发生变化而引起的电磁感应现象称为自感现象，又称电感现象。

5. 电感器的主要参数有_____、_____、_____。

6. 用万用表_____挡测量电感器的线圈_____，根据测出的电阻值大小，来判断电感器的质量。

7. 表征电感器产生自感能力的物理量称为_____，用字母_____表示，单位是_____。

二、选择题

1. 电感在直流电路中的作用是（　　）。
   A. 导线作用　　B. 开关作用　　C. 电阻作用　　D. 断路作用

2. 当线圈中通入（　　）时，就会引起自感现象。
   A. 不变的电流　B. 变化的电流　C. 电流　　　　D. 无法确定

3. 自感电流的方向总是与其线圈的电流（　　）。
   A. 方向相反　　B. 方向相同　　C. 变化的趋势相反　D. 方向无关

4. 电感线圈中产生的自感电动势总是（　　）。
   A. 与线圈内的原电流方向相同　　B. 与线圈内的原电流方向相反
   C. 阻碍线圈内原电流的变化　　　D. 上面三种说法都不正确

5. 线圈中产生的自感电动势总是（　　）。
   A. 与线圈内原电流方向相同　　　B. 与线圈内原电流方向相反
   C. 阻碍线圈内原电流的变化　　　D. 以上均不对

6. 与线圈电感无关的物理量是（　　）。
   A. 线圈的尺寸　B. 线圈的匝数　C. 媒介质的磁导率　D. 通过线圈的电流

7. 线圈电感的单位是（　　）。
   A. 亨利　　　　B. 法拉　　　　C. 特斯拉　　　D. 高斯

8. 有一个电感线圈当通过它的电流为8A时，电感L为36mH，若通过它的电流为4A，则（　　）。
   A. 电感线圈的电感L降低一半　　　　　　B. 电感L保持不变
   C. 电感线圈产生的感应电动势增加一倍　　D. 感应电动势不变

9. 通过线圈的磁通（　　）时，线圈中就有感生电动势的产生。
   A. 很小　　　　B. 很大　　　　C. 不变　　　　D. 发生变化

10. 下列关于电感线圈的性质分析中，正确的是（　　）。
    A. 电感线圈对交变电流的阻碍作用是由线圈电阻产生的
    B. 由于电感线圈的阻碍，所有交变电流都不能够通过线圈
    C. 电感线圈对频率大的交变电流阻碍作用大
    D. 电感线圈对周期大的交变电流阻碍作用大

三、判断题

1. 由于电感线圈的阻碍，所有交变电流都不能够通过线圈。（　　）
2. 电感线圈对交变电流的阻碍作用是由线圈电阻产生的。（　　）
3. 电感线圈对频率大的交变电流阻碍作用大。（　　）
4. 电感线圈对周期大的交变电流阻碍作用大。（　　）
5. 当发电机中线圈平面转动到与磁场方向平行时，线圈输出的电压具有最大值。（　　）

6. 发电机输出电流为最大值时，穿过发电机线圈的磁通量具有最大值。（ ）

7. 发电机线圈转动到中性面时，交变电流具有最大值。（ ）

四、简答题

1. 电感器的分类有哪些？
2. 请说明为什么电感线圈（电阻可忽略）对直流电无阻碍作用？
3. 举例说明电感线圈在生活中有哪些具体应用？
4. 通过查看某品牌汽车电路图，可以寻到哪些电感器？分析它们的用途和大小。
5. 如何使用万用表检测电感器的好坏？

课题五　电容元件

1. 了解电容元件的结构及特性；
2. 了解电容元件串联和并联的特点；
3. 了解电容元件充电和放电的过程；
4. 掌握汽车上电感元件的具体应用。

在如图 3-1-38 所示电路板上，有一类元件非常醒目，那就是电容，电容几乎在任何电路板中都能见到，那么它们究竟是做什么用的呢？本节就来学习电容的相关知识。

一、电容元件简介

（一）电容元件基本概念

电容元件是用来存储电荷的装置，通常由两个中间隔绝以绝缘材料的金属导体组成。金属导体称为极板，中间的绝缘材料称为介质，两个电极从极板引出。

任何两个彼此绝缘而又相隔很近的导体，都可以看成是一个电容器，这两个导体就是电容器的两极，中间的绝缘物质称为电介质。最简单的电容器是平行板电容器，如图 3-1-39 所示，它由两块相互平行且靠得很近的绝缘金属板组成，两板之间的空气就是它的电介质。

在一个未充过电的电容元件的两个电极上加上电压，电源将对电容元件充电，使两极板带上电量相等而极性相反的电荷。实验证明，极板上所带的电荷量（Q）与电容元件两端的电压（U）成正比，即

$$Q = CU \tag{3-1-21}$$

式中，C 为衡量电容元件存储电荷能力大小的物理量，称为电容量，简称为电容。

图 3-1-38　普通电路板

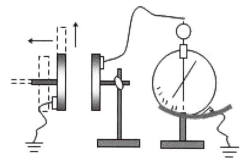

图 3-1-39　平行板电容器的结构

电容是电容元件固有的参数,它与极板上所带的电荷量(Q)以及电容两端的电压(U)无关。电容与极板的面积成正比,与极板间距成反比,还与极板间的介质有关。例如:有一极板间距很小的平行电容元件,电容(C)

$$C = \frac{\varepsilon s}{d} \tag{3-1-22}$$

式中　s——极板面积,m^2;
　　　d——极板距离,m;
　　　ε——介电常数,F/m。

在国际单位制中,电容的单位是法拉(法),用符号 F 表示。由于法拉的单位太大,实际应用中常用微法(μF)和皮法(pF)作为电容的单位。

$$1\mu F = 10^{-6} F$$
$$1 pF = 10^{-12} F$$

由于常将电容元件简称为电容,因此电容既代表电容量,也代表电容元件。若电容(C)为常数,则为线性电容;若电容(C)不为常数,则为非线性电容。

电容的电压、电流关系如图 3-1-40 所示。电容极板上电荷量变化时,在与电容极板相连的导线中出现电流,即

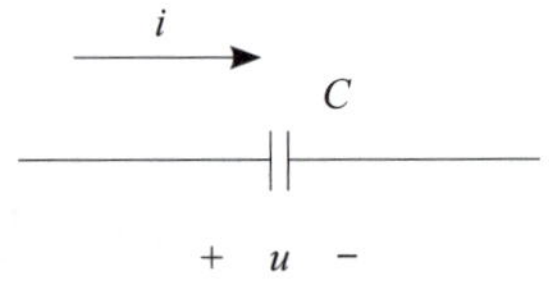

图 3-1-40　电容的电压、电流关系

$$i = \frac{dq}{dt} = \frac{d(Cu)}{dt} = C\frac{du}{dt} \tag{3-1-23}$$

由上式可见,电容的电流与其电压的变化率成正比,只有当电压发生变化时,电容才会有电流。电压的变化越快,产生的电流越大;电压变化越慢,电流越小。当电压不随时间变化时,电流为零。

(二)电容元件串联和并联

1. 电容元件的串联

电容元件的串联电路如图 3-1-41(a)所示,等效电容如图 3-1-41(b)所示。

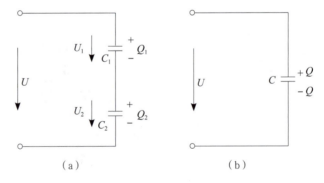

图 3-1-41　电容元件的串联

该电容串联具有以下特点。

(1)等效电容的倒数等于各电容倒数之和。
因为
$$Q_1 = Q_2 = Q$$
$$U = U_1 + U_2$$

所以
$$\frac{U}{Q} = \frac{U_1 + U_2}{Q} = \frac{U_1}{Q} + \frac{U_2}{Q}$$

变换得
$$\frac{1}{C} = \frac{1}{C_1} + \frac{1}{C_2} \tag{3-1-24}$$

(2)每个电容元件分得的电压与其电容量成反比。
由每个电容元件上的电压可以推出:
$$U_1 : U_2 = \frac{1}{C_1} : \frac{1}{C_2}$$

C_1、C_2 分得的电压分别为:

$$U_1 = \frac{C_2}{C_1+C_2}U \; ; \quad U_2 = \frac{C_1}{C_1+C_2}U$$

2. 电容元件的并联

电容元件并联电路如图 3-1-42（a）所示，等效电容如图 3-1-42（b）所示。电容并联具有以下特点。

① 等效电容等于各电容之和。每个电容元件两端的电压相等，总电荷等于各电容元件上电荷量之和，即

$$U_1 = U_2 = U \qquad Q = Q_1 + Q_2$$

则 $\dfrac{Q}{U} = \dfrac{Q_1+Q_2}{U} = \dfrac{Q_1}{U_1} + \dfrac{Q_2}{U_2}$

即 $C = C_1 + C_2$

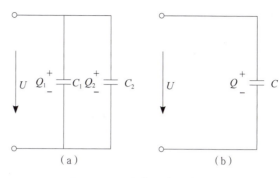

图 3-1-42　电容元件的并联

② 为了使各个电容元件都能够安全工作，工作电压（U）不得超过它们中的最低耐压值。电容元件并联后，等效电容量增大。因此，当电路中单个电容元件的容量不够时，可以通过并联来增加电容量。

【例 3-1-2】有两只相同的电解电容元件，外壳标有 470μF/25V，求并联和串联时的等效电容以及允许施加的电压。

解：由外壳标注可知该电容元件的电容量为 470μF，耐压为 25V。

1. 电容元件并联时的等效电容为：

$$C = C_1 + C_2 = 470\mu F + 470\mu F = 940\mu F$$

两只相同的电容元件并联，允许施加的电压应不超过其耐压值，即

$$U \leqslant 25V$$

2. 电容元件串联时的等效电容为：

$$C = \frac{C_1 C_2}{C_1+C_2} = \frac{470 \times 470}{470+470} = 235\mu F$$

可见电容元件串联时的等效电容量比单个电容量小。

由于两串联电容元件相同，它们的分压也相同所以允许施加的电压为：

$$U \leqslant (25+25)V = 50V$$

（三）电容元件充放电

1. 电容元件的充电

电容元件充电时，吸收电源能量，并将它转化为电场能量储存起来。在图 3-1-43 所示电容元件充、放电电路中，开关 S 没有闭合之前，电容元件没有电荷存储，其电压为零，记为 $u_C(0_-) = 0V$，0_- 表示开关闭合前的最后一个时刻。在开关 S 合向位置 1 的瞬间（0 时刻），电源通过电阻（R_1）向电容元件充电，由于电荷量不能够突变，因此在充电起始时刻（0_+ 时刻），电容电压也为零，有处 $u_C(0_+) = u_C(0_-) = 0V$，即：电容元件在接通电源的前后，其电压保持不变。

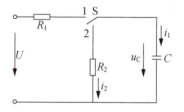

图 3-1-43　电容元件充、放电电路

在充电起始时刻，电容电压 $u_C(0_+) = 0V$，因此充电电流最大，最大为 $i_1 = I_{10} = \dfrac{U}{R_1}$。随着充电的进行，电荷不断积累，$u_C$ 逐渐升高，i_1 随之减小。当电容电压 $u_C = U$ 时，充电电流 $i_1 = 0$，充电过程结束，电路进入稳定状态。充电过程中，u_C 和 i_1 均按照指数规律变化，充电时的 u_C 和 i_1 曲线如图 3-1-44 所示。

2. 电容元件的放电

电容元件放电时，把充电时吸收的电源能量逐渐释放出来，并被放电电阻所消耗。在图 3-1-43 所示电路中，若在电容元件充电后将开关 S 迅速合向位置 2，电容元件就会通过电阻（R_2）放电。在放电

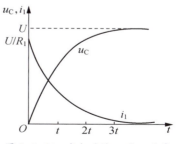

图 3-1-44　充电时的 u_C 和 i_1 曲线

开始瞬间，电容元件两端的电压最高，因此放电电流也最大，最大为 $i_2 = I_{20} = \dfrac{U}{R_2}$，方向与 i_1 相反。随着放

电的进行，两电极上的电荷不断减少，电容电压（u_C）逐渐下降，放电电流（i_2）随之减小。当电容电压 $u_C=0$ 时，放电电流 $i_2=0$，放电过程结束，电路进入稳定状态。放电过程中的 u_C 和 i_2 均按指数规律变化，放电时的 u_C 和 i_2 曲线如图 3-1-45 所示。

3. 时间常数

由图 3-1-44 和图 3-1-45 的曲线可知，电容器的充电和放电都需要一定的时间。显然，电容量越大，存储电荷越多，电容元件充、放电时间就越长；电阻越大，充、放电电流越小，充、放电时间也越长。即电容元件充、放电时间的长短取决于电路中电阻和电容的大小，把两者的乘积称为时间常数，用字母 τ 表示，即：

$$\tau = RC \qquad (3\text{-}1\text{-}25)$$

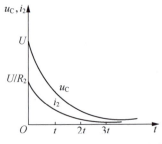

图 3-1-45　放电时的 u_C 和 i_2 曲线

从理论分析可知，电容元件的充、放电过程必须经过无限长时间才能结束。但当 $t=5\tau$ 时，电流已经接近于 0，因此可以认为充、放电过程基本结束。

二、电容元件在汽车中的应用

图 3-1-46 所示为电容膜盒式进气歧管压力传感器。由两片用绝缘垫圈隔开的氧化铝片组成。在铝片的内表面贴有两片极薄的硅片，分别与一根引线相连。氧化铝片和绝缘垫圈构成中部有个真空腔的膜盒，形成电容。该膜盒装在与进气歧管相同的容器内。当进气歧管压力变化时，氧化铝片弯曲变形，使硅片间的距离发生改变，相当于改变了电容极板间距离（d），从而引起电容量的改变。通过信号处理，电子控制单元放电电路 ECU 便可测量出进气歧管压力。

此外，电容在汽车电路中应用很广泛，例如，汽车电容式闪光器电路就是利用电容元件的充、放电延时特性，使继电器的两个线圈产生的电磁吸力时而相同叠加，时而相反削减，从而使继电器产生周期性开关动作，使得转向信号灯和指示灯实现闪烁。

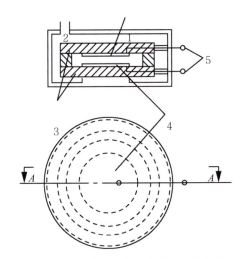

图 3-1-46　电容膜盒式进气歧管压力传感器
1- 真空腔；2- 进气歧管；3- 氧气铝片；4- 硅片；5- 引线

电容的应用实例

一、填空题

1. 电容的单位有_____、_____、_____，它们之间的换算关系是_____。

2. 电容器的分类有_____、_____、_____、_____、_____、_____、_____。

3. 5 个 10V、30μF 的电容器串联，等效电容是_____，耐压是_____；相并联等效电容是_____，耐压是_____。

4. 两空气平行板电容 C_1 和 C_2，若两极正对面积之比为 3∶2，两极间距之比为 2∶1，则它们电容量之比为_____。若 $C_1=6μF$，则 $C_2=$_____。

5. 有两个电容器，电容分别为 10μF 和 20μF，它们的额定电压分别为 25V 和 15V，现将它们并联后接在 10V 的直流电路上，则它们储存的电荷量分别是_____和_____；此时等效电容是_____；该并联电路上允许加的最大工作电压是_____。

6. 将上题中的两个电容器串联后接到30V的直流电源上，则它们储存的电荷量分别是_____和_____，此时等效电容是_____；该串联电路允许加的最大工作电压是_____。

7. 将50μF的电容器充电到100V，这时电容器储存的电场能是_____。若将该电容器继续充电到200V，电容器又增加了_____电场能。

二、选择题

1. 关于电容器，下列说法正确的是（　　）。
   A. 由$C=Q/U$可知，一只电容器带电量越大，它的电容就越大
   B. 对一固定的电容器，它的带电量跟它两极板间所加电压的比值保持不变
   C. 电容器的带电量Q为两极板所带电荷量的总和
   D. 两个相互靠近又彼此绝缘的导体就构成一个电容器

2. 电容器C_1和C_2串联后接在直流电路中，若$C_1=3C_2$，则C_1两端的电压是C_2两端电压的（　　）。
   A. 3倍　　　　B. 9倍　　　　C. 1/9　　　　D. 1/3

3. 两块平行金属板带等量异种电荷，要使两板间的电压加倍，可采用的办法有（　　）。
   A. 两极板的电荷量加倍，而距离变为原来的4倍
   B. 两极板的电荷量加倍，而距离变为原来的2倍
   C. 两极板的电荷量减半，而距离变为原来的4倍
   D. 两极板的电荷量减半，而距离变为原来的2倍

4. 如果把一电容器极板的面积加倍，并使其两极板之间的距离减半，则（　　）。
   A. 电容增大到4倍　　　　B. 电容减半
   C. 电容加倍　　　　　　D. 电容保持不变

5. 两只电容分别为C_1和C_2的电容器，其额定值分别为200pF／500V、300pF／900V，串联后外加1000V的电压，则（　　）。
   A. C_1击穿，C_2不击穿　　　　B. C_1先击穿，C_2后击穿
   C. C_2先击穿，C_1后击穿　　　　D. C_1、C_2均不击穿

6. 在某一电路中，需要接入一只16μF、耐压800V的电容器，今只有16μF、耐压450V的电容器数只，要达到上述要求需将（　　）。
   A. 2只16μF电容器串联后接入电路
   B. 2只16μF电容器并联后接入电路
   C. 4只16μF电容器先两两并联，再串联接入电路
   D. 无法达到上述要求，不能使用16μF、耐压450V的电容器

7. 一个电容为C的平行板电容器与电源相连，开关闭合后，电容器板间的电压为U，极板上的电荷量为q。在不断开电源的条件下，把两极板间的距离拉大一倍，则（　　）。
   A. U不变，q和C都减小一半
   B. U不变，C减小一半，q增大一倍
   C. q不变，C减小一半，U增大一倍
   D. q、U都不变，C减小一半

三、判断题

1. 电容器的电容量要随着它所带电荷量的多少而发生变化。（　　）

2. 平行板电容器的电容量只与极板的正对面积和极板间的距离有关，而与其他因素均无关。
（　　）

3. 将"10μF、50V"和"5μF、50V"的两个电容器串联，那么电容器组的额定工作电压应为100V。（　　）

4. 在上题中，将这两个电容器并联，那么电容器组的额定工作电压仍为50V。（　　）

5. 电容器本身只进行能量的交换，而并不消耗能量，所以说电容器是一个储能元件。
（　　）

6. 可以用万用表电阻挡的任何一个倍率来检测较大容量的电容器的质量。（　　）

7. 在检测较大容量的电容器的质量时，当万用表的表棒分别与电容器的两端接触时，发现指针根本不偏转，这说明电容器内部已短路。（　　）

8. 若干只不同容量的电容器并联，各电容器所带的电荷量相等。（　　）

9. 电容器串联后，其耐压总是大于其中任一电容器的耐压。（　　）

10. 电容器串联后，其等效电容总是小于任一电容器的电容量。（　　）

四、简答题

1. 简单叙述电容器在电路中的作用。

2. 一个平行板电容器，两极板间是空气，极板的面积为$50cm^2$，两极板间距是1mm。试求：（1）电容器的电容；（2）如果两极板间的电压是300V，电容器所带的电荷量为多少？

3. 电容为3000pF的电容器带电荷量$1.8×10^{-6}C$，撤去电源，再把它跟电容为1500pF的电容器并联，求每个电容器所带的电荷量。

4. 一个平行板电容器，使它每板电荷量从$Q_1 = 3.0×10^{-5}C$增加到$Q_2 = 3.6×10^{-5}C$时，两板间的电势差从$U_1=10V$增加到$U_2=12V$。求：（1）这个电容器的电容多大？（2）如要使两极板电势差从$U_1=10V$降为$U_2'=6V$，则：每板需减少多少电荷量？（3）若只把电容器极板间的距离减半，它的电容变为多大？

5. 某同学用万用表判断电容器的好坏，应选用什么挡位？测量C_1（3300μF）时，发现表针始终指在0的位置，不能回摆；测量电容器C_2（4700μF）时，发现表针始终不偏转，试说明电容器C_1、C_2的好坏。

模块二　实验

模块介绍

本模块共有五个实验：点火控制器检测电阻、电容和电感，车用整流器检测二极管和仪表与报警系统检测三极管。

模块目标

1. 看懂点火控制器的控制原理图，对电阻、电容和电感元件进行检测；
2. 认识汽车整流器的组成，并能进行二极管性能检测；
3. 认识汽车仪表报警系统的电路组成，并能进行三极管性能检测。

实验一　点火控制器检测电阻

利用实训室工量具、器材及维修资料，搜集整理相关结构认知、电路识图等信息，小组协作完成任务：对点火控制器内的电阻进行检测。

1. 正确使用万用表测量；
2. 用万用表判别电阻阻值大小。

任务要求

1. 教学组织
分组实训：全班_____人，分为_____组，每组小组长一名。
2. 职责分工
教师职责：课堂纪律与安全管理、实训器材管理、指导与巡查。
学生职责：班长协助教师对班级全面管理与监控；实训小组长负责指导组内学习和交流。
3. 环境要求
6S过程化管理：安全、整理、整顿、清扫、清洁、素养。

各类电阻若干、万用表6只。

1. 准备工作

教师指导学生课前准备好实验所用的仪表、工具、元器件。

2. 讲解点火控制器的工作原理（图3-2-1）

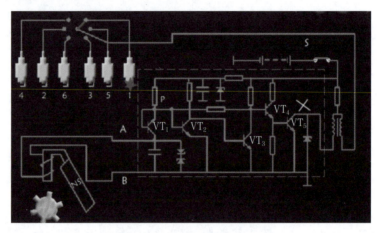

图3-2-1　点火控制器的工作原理

① 点火开关S闭合，不启动发动机时，信号发生器输出电压信号为0，P点为高电位，VT_1、VT_2 导通，VT_3 截止，VT_4、VT_5 导通。

② 启动发动机，信号发生器开始输出电压，当A+、B-时，VT_1 截止，P点仍为高电位，VT_2 继续导通，VT_3 截止，VT_4、VT_5 导通。

③ 当信号发生器输出电压为A-、B+时，VT_1 导通，P点电位降低，VT_2 截止，VT_3 导通，VT_4、VT_5 截止，点火初级回路断电，次级产生高压，火花塞跳火。

④ 当信号发生器转子连续转动时，输出电压极性不断改变，VT_5 不断导通与截止，火花塞不断跳火。

3. 电阻的测量

① 先将万用表挡位调整到蜂鸣挡，如图3-2-2所示，检测笔相互接触，是否有响声，有长鸣声，表示良好。

② 将选择开关置于 Ω 挡的适当量程上，红表笔插入 V/Ω 孔，黑表笔插 COM 孔。

③ 表笔接于被测电阻两端，如图3-2-3所示，读出 LED 显示的数值。

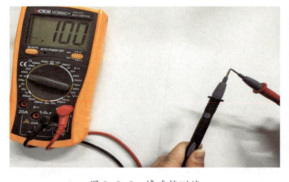

图3-2-2　蜂鸣挡测试

图3-2-3　电阻测量

提醒：

① 测量电阻时，被测电阻不能处于带电状态。

② 在不能判别被测电阻有没有并联电阻存在时，应把电阻器的一端从电路中断开，才能进行测量。

③ 测量电阻时不应将双手触于电阻器两端。

4. 实验注意事项

① 测量前先检查红、黑表笔连接的位置是否正确。红表笔接到红色接线柱或标有"+"的插孔内，黑表笔插到黑色接线柱或标有"－"的插孔内，不能接反，否则在测量直流电量时会因正负极的反接而损

点火控制器
检测电阻

坏表头部件。

② 在表笔连接被测电路之前，定要检查所选挡位测量对象是否相符，否则如果误用挡位和量程，不仅得不到测量结果而且还会损坏万用表。

③ 测量时，手指不要触及表笔的金属部分和被测元器件。

④ 测量中若需转换量程，必须在表笔离开电路后才能进行，否则，选择开关转动产生的电弧易烧坏选择开关触点，造成接触不良的故障。

⑤ 在实际测量中，经常要测量多种电量，每次测量前要根据测量任务把选择开关转换到相应的挡位和量程。

⑥ 测量完成，功能开关应置于交流电压最大挡量程。(有些直接置于OFF挡)

5. 实验设备、工具、仪表、材料、场地等整理

序号	电阻外形	电阻类型	阻值大小	好坏判断
1				
2				
3				
4				
5				
6				
7				
8				
9				

1. 评价与反馈

自评、组评和师评

考核项目	评分标准	分数	学生自评20%	小组互评60%	教师评价20%	小计
仪容仪表	工作服、鞋、胸卡穿戴整洁	5				
	发型、指甲等符合工作要求	5				
	不佩戴首饰、钥匙、手表等	5				
教学过程	有无安全隐患	20				
	是否任务分配到人	5				
	是否积极主动	10				
	是否规范操作	10				
	是否完成任务	20				

续表

考核项目	评分标准	分数	学生自评 20%	小组互评 60%	教师评价 20%	小计
职业素养	手机摆放是否到位	5				
	实训设备完好情况	5				
	认真执行 6S 过程化管理	10				
总分		100				
教师签名：					年 月 日	

2. 撰写实验实训报告

实验二 点火控制器检测电容

利用实训室工量具、器材及维修资料，搜集整理相关结构认知、电路识图等信息，小组协作完成任务：对点火控制器内的电容进行检测。

1. 正确使用万用表测量；
2. 能识读常见电容器，并会用万用表判别其容量大小与好坏。

1. 教学组织
分组实训：全班_____人，分为_____组，每组小组长一名。
2. 职责分工
教师职责：课堂纪律与安全管理、实训器材管理、指导与巡查。
学生职责：班长协助教师对班级全面管理与监控；实训小组长负责指导组内学习和交流。
3. 环境要求
6S 过程化管理：安全、整理、整顿、清扫、清洁、素养。

各类电容器若干、万用表 6 只。

1. 准备工作
教师指导学生课前准备好实验所用的仪表、工具、元器件。
2. 认识电容元器件（图3-2-4）

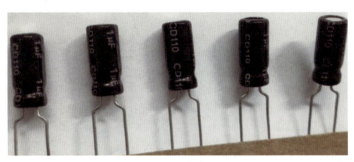

图3-2-4　电容元件

3. 电容器的识别与检测

① 先将万用表挡位调整到蜂鸣挡，如图3-2-5所示，检测笔相互接触，是否有响声，有长鸣声，表示良好。

② 测电容用电容挡，根据电容容量选择适当的量程，并注意测量时对于电解电容黑表笔要接电容正极。

将数字万用表拨至合适的电容挡，红表笔和黑表笔分别接触被测电容器CX的两极。若始终显示"000"，说明电容器内部短路；若始终显示溢出，则可能是电容器内部极间开路，也可能是所选择的电阻挡不合适。检查电解电容器时需要注意，红表笔（带正电）接电容器正极，黑表笔接电容器负极。

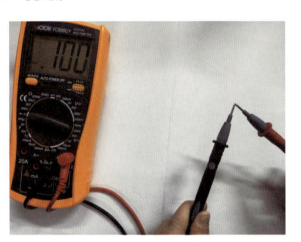

图3-2-5　蜂鸣挡测试

③ 识别给定电容器的类型、容量及耐压值，并用万用表测量其容量大小、判断好坏，测量完成，将结果记入下表中。

4. 实验设备、工具、仪表、材料、场地等整理

序号	电容外形	电容类型	标称容量	耐压值	测量值	好坏判断
1						
2						
3						
4						
5						
6						
7						
8						
9						

1. 评价与反馈

自评、组评和师评

考核项目	评分标准	分数	学生自评20%	小组互评60%	教师评价20%	小计
仪容仪表	工作服、鞋、胸卡穿戴整洁	5				
	发型、指甲等符合工作要求	5				
	不佩戴首饰、钥匙、手表等	5				
教学过程	有无安全隐患	20				
	是否任务分配到人	5				
	是否积极主动	10				
	是否规范操作	10				
	是否完成任务	20				
职业素养	手机摆放是否到位	5				
	实训设备完好情况	5				
	认真执行6S过程化管理	10				
	总分	100				
教师签名：					年 月 日	

2. 撰写实验实训报告

实验三　点火控制器检测电感

利用实训室工量具、器材及维修资料，搜集整理相关结构认知、电路识图等信息，小组协作完成任务：对点火控制器内的电感进行检测。

1. 正确使用万用表测量；
2. 能识读常见电感器，并会用万用表判别电感量大小及其好坏。

任务要求

1. 教学组织
分组实训：全班＿＿＿＿人，分为＿＿＿＿组，每组小组长一名。
2. 职责分工
教师职责：课堂纪律与安全管理、实训器材管理、指导与巡查。
学生职责：班长协助教师对班级全面管理与监控；实训小组长负责指导组内学习和交流。
3. 环境要求
6S过程化管理：安全、整理、整顿、清扫、清洁、素养。

任务准备

各类电感器若干、万用表6只。

任务步骤

1. 准备工作
教师指导学生课前准备好实验所用的仪表、工具、元器件。

2. 蜂鸣挡的测试

① 先将万用表挡位调整到蜂鸣挡，如图3-2-6所示，检测笔相互接触，是否有响声，有长鸣声，表示良好。

② 电感器的直流电阻值一般很小，只有几欧姆，甚至更小，对于匝数较多、线径较细的线圈，其直流电阻会达到几十欧姆。在用万用表对电感器进行检测时，将万用表置于表$R\times 200$挡，红、黑表笔分别接线圈的两根引脚，此时根据测出的阻值大小可分三种情况进行鉴别：

阻值为零：说明其内部有短路性故障。

阻值为无穷大：说明线圈内部开路。

有阻值：只要测出电感线圈的电阻值与上述阻值差不多，而外形、外表颜色又无变化，则可基本上认为被测电感线圈是正常的。

3. 实验设备、工具、仪表、材料、场地等整理

图 3-2-6 蜂鸣挡测试

任务检查

序号	1	2	3	4	5
电感外形					
电感量					
好坏判断					

1. 评价与反馈

自评、组评和师评

考核项目	评分标准	分数	学生自评20%	小组互评60%	教师评价20%	小计
仪容仪表	工作服、鞋、胸卡穿戴整洁	5				
	发型、指甲等符合工作要求	5				
	不佩戴首饰、钥匙、手表等	5				
教学过程	有无安全隐患	20				
	是否任务分配到人	5				
	是否积极主动	10				
	是否规范操作	10				
	是否完成任务	20				
职业素养	手机摆放是否到位	5				
	实训设备完好情况	10				
	认真执行6S过程化管理	10				
总分		100				
教师签名：					年 月 日	

2. 撰写实验实训报告

实验四　车用整流器检测二极管

利用实训室工量具、器材及维修资料，搜集整理相关结构认知、电路识图等信息，小组协作完成任务：对二极管进行检测。

1. 学会使用万用表判断、识别二极管的引脚；
2. 学会使用万用表识别二极管的性能好坏。

任务要求

1. 教学组织
分组实训：全班_____人，分为_____组，每组小组长一名。
2. 职责分工
教师职责：课堂纪律与安全管理、实训器材管理、指导与巡查。
学生职责：班长协助教师对班级全面管理与监控；实训小组长负责指导组内学习和交流。
3. 环境要求
6S过程化管理：安全、整理、整顿、清扫、清洁、素养。

任务准备

各类二极管若干、万用表6块。

任务步骤

1. 准备工作
教师指导学生课前准备好实验所用的仪表、工具、元器件。

2. 极性的判别

如果使用的是指针式万用表，将万用表欧姆挡的量程置于 $R\times 100\Omega$ 格或 $R\times 1k\Omega$ 挡，两表笔分别接二极管的两个电极，测出一个结果后，对调两表笔，再测出一个结果。两次测量的结果中，有一次测量出的阻值较大（为反向电阻），一次测量出的阻值较小（为正向电阻，指示的电阻值小于几千欧）。在阻值较小的一次测量中，黑表笔接的是二极管的正极，红表笔接的是二极管的负极。

如果使用的是数字式万用表，将万用表欧姆挡的量程置于 $R\times 200k\Omega$ 挡，测量方法同上。在阻值较小的一次测量中，红表笔接的是二极管的正极，黑表笔接的是二极管的负极。

3. 单向导电性能的检测及好坏的判断

通常锗二极管的正向电阻值为 $1k\Omega$ 左右，反向电阻值为 $300k\Omega$ 左右。硅二极管的正向电阻值为 $5k\Omega$ 左右，反向电阻值为 ∞（无穷大）。正向电阻越小越好，反向电阻越大越好。正、反向电阻值相差越悬殊，说明二极管的单向导电特性越好，如图3-2-7和图3-2-8所示。

若测得二极管的正、反向电阻值均接近0或阻值较小，则说明该二极管内部已击穿短路或漏电损坏。若测得二极管的正、反向电阻值均为无穷大，则说明该二极管已开路损坏。

4. 实验设备、工具、仪表、材料及场地等整理

二极管检测

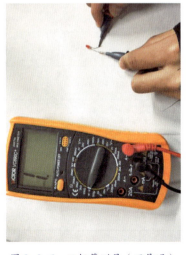 

图3-2-7 二极管测量（不导通）　　图3-2-8 二极管测量（导通）

 任务检查

序号	1	2	3	4
外形				
阻值				
好坏判断				

 任务评价

1. 评价与反馈

自评、组评和师评

考核项目	评分标准	分数	学生自评20%	小组互评60%	教师评价20%	小计
仪容仪表	工作服、鞋、胸卡穿戴整洁	5				
	发型、指甲等符合工作要求	5				
	不佩戴首饰、钥匙、手表等	5				
教学过程	有无安全隐患	20				
	是否任务分配到人	5				
	是否积极主动	10				
	是否规范操作	10				
	是否完成任务	20				
职业素养	手机摆放是否到位	5				
	实训设备完好情况	5				
	认真执行6S过程化管理	10				
	总分	100				
教师签名：					年 月 日	

2. 撰写实验实训报告

实验五　仪表与报警系统检测三极管

利用实训室工量具、器材及维修资料，搜集整理相关结构认知、电路识图等信息，小组协作完成任务：对三极管进行检测。

1. 学会使用万用表判断、识别三极管的引脚；
2. 学会使用万用表识别三极管的性能好坏。

1. 教学组织
分组实训：全班_____人，分为_____组，每组小组长一名。
2. 职责分工
教师职责：课堂纪律与安全管理、实训器材管理、指导与巡查。
学生职责：班长协助教师对班级全面管理与监控；实训小组长负责指导组内学习和交流。
3. 环境要求
6S 过程化管理：安全、整理、整顿、清扫、清洁、素养。

NPN 型和 PNP 型三极管若干、万用表 6 块。

1. 准备工作
教师指导学生课前准备好实验所用的仪表、工具、元器件，如图 3-2-9 所示。

图 3-2-9　三极管元件　　　　图 3-2-10　万用表的二极管测量挡

2. 判断是 PNP 还是 NPN 管

首先要先找到基极并判断是 PNP 还是 NPN 管。

① 用数字万用表的二极管挡去测基极，如图 3-2-10 所示。

② 对于 PNP 管，当黑表笔（连表内电池负极）在基极上，红表笔去测另两个极时一般为相差不大的较小读数（一般 0.5～0.8），如表笔反过来接则为一个较大的读数（一般为 1），对于 NPN 表来说则是红表笔（连表内电池正极连在基极上）。从图 3-2-11（a）和图 3-2-11（b）可以得知，手头上的为 NPN 管，中间的管脚为基极。

（a）

（b）

图 3-2-11　三极管测量

3. 判断发射极和集电极

找到基极和知道是什么类型的管子后，就可以来判断发射极和集电极了。

把万用表打到 hFE 挡上，三极管插到 NPN 的小孔上，b 极对上面的 b 字母。读数，再把它的另二脚反转，再读数。读到较大的那次极性就对上表上所标的字母，这时就对着字母去认 c、e 极。其他的三极管也就一样可以这样做。如图 3-2-12、图 3-2-13 所示。

图 3-2-12　hFE 挡位测量　　　　图 3-2-13　hFE 挡位测量三极管

4. 实验设备、工具、仪表、材料及场地等整理

黑表笔＼红表笔	1	2	3	基极	管型
1					
2					
3					
阻值					
好坏					

笔记

1. 评价与反馈

自评、组评和师评

考核项目	评分标准	分数	学生自评20%	小组互评60%	教师评价20%	小计
仪容仪表	工作服、鞋、胸卡穿戴整洁	5				
仪容仪表	发型、指甲等符合工作要求	5				
仪容仪表	不佩戴首饰、钥匙、手表等	5				
教学过程	有无安全隐患	20				
教学过程	是否任务分配到人	5				
教学过程	是否积极主动	10				
教学过程	是否规范操作	10				
教学过程	是否完成任务	20				
职业素养	手机摆放是否到位	5				
职业素养	实训设备完好情况	5				
职业素养	认真执行6S过程化管理	10				
总分		100				

教师签名：　　　　　　　　　　　　　　　　　　　　　　　　　年　　月　　日

2. 撰写实验实训报告

单元四　汽车电路基础

模块一　直流电路

模块介绍

本模块包括电路图及基本物理量、电路形式及基本定律二个课题。重点讲述直流电路的概念、组成、状态，电路中的基本物理量，串并联电路的特点，电路中的基本定律等基本知识。

模块目标

1. 理解电路的概念、组成和基本状态；
2. 理解并掌握电路中的基本物理量的含义和单位；
3. 能描述串联和并联电路的性质、识别简单电路的连接关系。

课题一　电路图及基本物理量

学习目标

1. 掌握汽车电路的组成；
2. 掌握电路的三种状态；
3. 掌握电路的基本符号；
4. 理解电流、电压、电动势、电功率的含义；
5. 掌握电路基本物理量的单位及换算关系。

问题引导

汽车上的用电设备、电子控制系统中的各元件都是以电路的形式来实现它们的功能。分析用电设备和电子控制系统的工作原理，正确使用、维护好汽车用电设备和电控系统，都应从电路的组成和电路的状态入手。而在分析电路时，都离不开电路中的物理量，通过检测或计算这些物理量的大小，可以判断出电路的工作是否处于正常状态。

一、电路和电路图

（一）电路的组成

1. 什么是电路

电流通过的路径称为电路。它是为满足某种需要，用选定的导线将电源、电气设备和中间环节相互连接，构成一个完整的供电系统。如图 4-1-1 所示为汽车倒车灯的电路模型图。

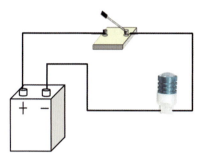

图 4-1-1　汽车倒车灯电路模型图

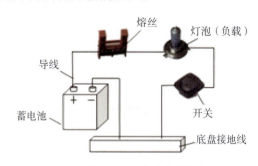

图 4-1-2　汽车电路组成

2. 汽车电路的组成

一辆现代汽车包含有上千个单独的电路，其中某些电路非常复杂，但若要构成一个完整的电路，就必须有电源、导线和负载。绝大多数的汽车电路均包括：电源、负载、保护装置、控制装置、导体（导线或电缆）。在汽车电路中，电流从电源的正极流出，经由负载、保护装置、控制装置，然后回到蓄电池的负极，构成一个完整的电流回路。图 4-1-2 显示了一个完整的汽车电路的电流通路。

（1）电源　电源是把其他形式的能转换为电能。汽车上装有两个电源，即蓄电池和发电机，如图 4-1-3（a）所示为汽车蓄电池，图 4-1-3（b）所示为汽车发电机。汽车电源的功能是保证各种用电设备和电子控制系统在各种工况下能正常工作。发动机不工作时，蓄电池可为车辆提供全部动力；启动车辆时，电瓶为启动机、点火系统和燃油系统等提供电力；在车辆行驶过程中，当暂时需要超过充电系统输出的电能时，蓄电池又充作一个附加电源。

（2）用电设备　用电设备也称负载。在电路中，消耗电能的设备和器件统称为用电设备，也常称为电源的负载。其作用是将电能转换为其他形式的能（如热、光、声、机械能）。汽车上常见的负载有启动机、照明灯、喇叭、点烟器、音响、电子控制器件等，图 4-1-4（a）所示为汽车启动机，图 4-1-4（b）所示为汽车电喇叭。

（a）蓄电池　　　　　（b）发电机　　　　　（a）启动机　　　　　（b）电喇叭

图 4-1-3　汽车电源　　　　　　　　　图 4-1-4　汽车上的用电设备

（3）控制器件　控制器件是指控制电路工作状态的器件或设备，如汽车上的点火开关、旋钮开关、按键开关、压力开关、温控开关、继电器等。如图 4-1-5（a）所示为继电器，图 4-1-5（b）所示为旋钮式照明开关，图 4-1-5（c）所示为按键式座椅加热开关。

（a）继电器　　　　（b）照明开关　　　（c）座椅加热开关

图 4-1-5　汽车上的控制器件

（4）导线 导线是连接电源与用电设备的金属线，为用电设备工作提供电流的通路。汽车上常用的导线是铜线，少部分用铝线，如图4-1-6所示为汽车导线。

导线是电气设备从电源获得电能必不可少的元件，汽车上的导线按承受的电压高低可分为高压导线和低压导线。汽车充电系统、仪表、照明、信号及辅助电气设备等均选用低压导线，启动机与蓄电池的连接、蓄电池与车架的搭铁线等则用电缆线，点火线圈的输出线则使用特制的高压阻尼线。

3. 电路的状态

（1）通路 也叫闭合回路。电源与负载接通，电路中有电流通过，电气设备或元器件获得一定的电压和电功率，进行能量转换或实现某种控制功能。如图4-1-7所示为电路通路状态，在图4-1-7所示的电路中，灯泡将蓄电池输出的电能转换成了光能和热能。

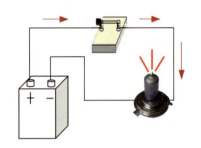

图4-1-6 汽车上的导线 　　　　图4-1-7 电路的通路状态

（2）开路 也称断路。电路中没有电流通过，又称为"空载"状态。断路会使电路无法正常工作，如图4-1-8所示为断路状态。

（3）短路 电路中，电流应流过整个负载构成一个完整的电流回路，因某种原因（导线或负载的绝缘损坏）使电流的流经路径缩短再回到电源的负极，此现象称作短路。短路是否会影响负载的工作，需视短路的位置而定。如图4-1-9（a）短路后负载不能工作，图4-1-9（b）短路后负载可正常工作。

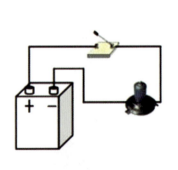
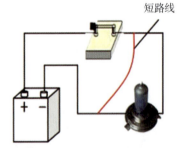
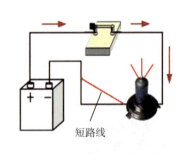

　　　　　　　　　　　　　　（a）短路，负载不工作　　　（b）短路，负载不工作

图4-1-8 电路的断路状态　　　　　　　图4-1-9 短路状态

（4）搭铁 搭铁现象是短路的一种。当电路中的某处因绝缘破坏使电流不经原来的路径，而是从破损处直接经车身（或发动机缸体）回到电源负极的现象叫搭铁。搭铁出现的位置不同，对电路的影响亦不同，如图4-1-10所示。

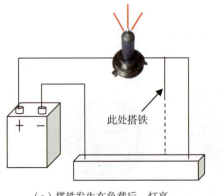
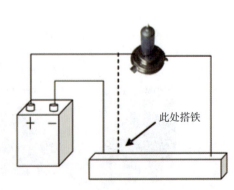

（a）搭铁发生在负载后，灯亮　　　　（b）搭铁发生在负载前，灯不亮

图4-1-10 搭铁现象

（二）汽车电路图

1. 什么是电路图

采用国家统一规定的符号来表示电路中电源、电气设备及控制器件之间的电路连接关系图，称为电路图，如图 4-1-11（a）为实物连接图、图 4-1-11（b）为图 4-1-11（a）的电路图。表 4-1-1 给出了电工中基本的电器元件符号。

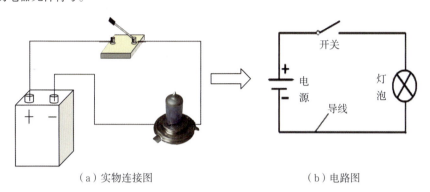

图 4-1-11　电路图

表 4-1-1　电工中常用元件符号

名称	符号	名称	符号
电阻		电压表	
蓄电池		接地	
灯泡		熔断器	
开关		电容	
电流表		电感	

2. 汽车电路图

汽车电路图就是按一定的要求，用规定的图形符号和文字符号来表示汽车各电气设备或控制系统的连接关系图。各个国家对汽车电路图的规定有所不同，使得汽车的电路图存在很大差异，如图 4-1-12 所示为国产车常见汽车照明系统的电路图。表 4-1-2 列出了汽车电路图中常用的部分电气元件的图形符号。

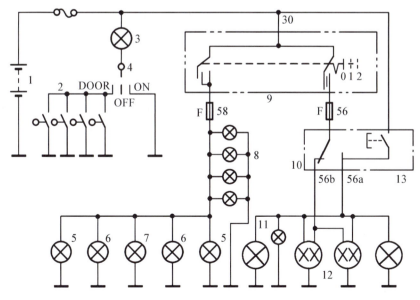

图 4-1-12　国产车常见汽车照明系统的电路图

1-蓄电池；2-门控开关；3-室内灯；4-室内灯手控开关；5-示宽灯；6-尾灯；7-牌照灯；8-仪表灯；
9-灯光开关；10-变光开关；11-远光指示灯；12-前照灯；13-超车灯开关

表 4-1-2　常用汽车电路图形符号

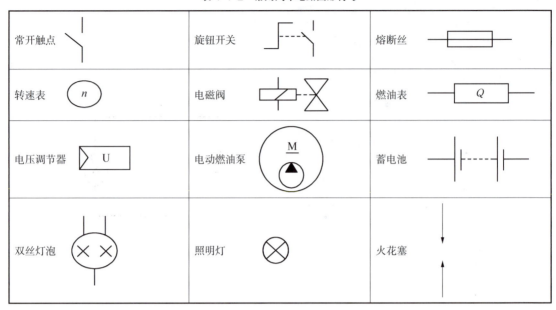

（三）汽车电路图的类别

由于现代汽车的电气系统越来越复杂，汽车电路图的内容也越来越多。对一辆汽车来说，其整车电路有多种表达方式，但主要有布线图、线束图、全车电路图等。

1. 布线图

用于指示汽车电气设备在车身上的安装位置、外形、线路走向。按电气设备的实际方位绘制，明确反映汽车的实际线路情况，查线时易于查找导线的分支和节点，为安装、检测和故障排除提供了方便，如图 4-1-13 所示为汽车布线图。

2. 线束图

用来表明线束与电气设备的连接部位、接线端子的标记、线头、插接器的形状和位置等。线束图一般不详细描绘线束内部的导线走向，只将露在线束外面的线头与插接器用详细编号或字母标记，便于安装、配线、检测与检修。

3. 全车电路图

用于指明全车电气系统中各部件的连接关系和电路原理。它有整车电路图和局部电路图之分。全车电路图，包含了全车所有的电气系统，它是由若干个局部电路图组成，如图 4-1-14 所示为我国的汽车全车电路图（图中序号所代表的器件与图 4-1-13 相同）。现代汽车电气系统复杂，生产厂家常将全车电路分解成若干个局部电路图，再装订成册。

4. 汽车电路的特点

① 低压直流供电。汽车电气设备采用低压直流供电，电能来自蓄电池和发电机。汽车电气系统使用的电压有两种：12V 和 24V。汽油车多用 12V，柴油汽车大都采用 24V 直流电。

② 单线制。利用发动机缸体、车身等金属机件作为各种电气设备的公用连线（俗称搭铁或接地），而用电设备到电源只需另一根导线。单线制可节省导线，电路简化，便于安装、维修，同时易于故障的诊断与排除。

③ 并联。并联供电可保证各用电设备独立工作，互不干扰，每条电路均有各自独立的控制器件及保险装置。

④ 负极搭铁。采用单线制时，电源的一端必须可靠地接到车体上，俗称"搭铁"，用符号"⊥"表示。搭铁可分为正极搭铁和负极搭铁，大多数国家的汽车都采用负极搭铁。

⑤ 汽车导线有颜色和编号特征。为便于区分各线路连接，汽车上所有低压导线，必须选用不同颜色的单色或双色线，并在每根导线上编号，编号由生产厂家统一编定。

二、电路中的基本物理量

电路中的基本物理量主要有电流、电压、电阻（单元三中已介绍）、电能和电功率。

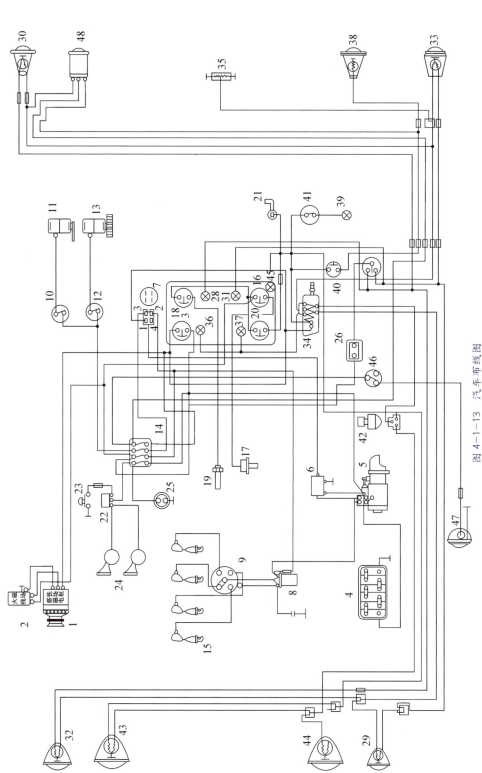

图 4-1-13 汽车布线图

1-发动机；2-电压调节器；3-电流表；4-蓄电池；5-启动机；6-启动继电器；7-点火开关；8-点火线圈；9-分电器；10-刮水器开关；11-刮水电机；12-暖风继电器；13-电动机；14-熔断丝盒；15-火花塞；16-机油压力表；17-油压传感器；18-水温表；19-水温传感器；20-燃油表；21-燃油传感器；22-喇叭继电器；23-喇叭按钮；24-电喇叭；25-工作灯插座；26-闪光器；27-转向灯开关；28-转向指示灯；29-前小灯；30、33-室灯；31-转向指示灯；34-车灯开关；35-牌照灯；36、37-仪表灯；38-制动灯；39-阅读灯；40-制动灯开关；41-阅读灯开关；42-变光器；43、44-照灯；45-示灯；46-雾灯开关；47-防空/雾灯；48-线插座

笔记

分析桑塔纳轿车电源系电路图

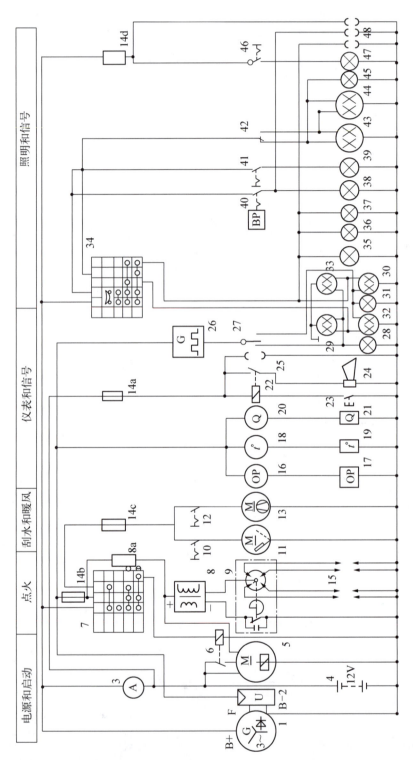

图4-1-14 我国汽车全车电路原理图

（一）电流

1. 定义

电路中电荷的定向运动，称为电流。水从高处流下形成水流，水位差是形成水流的原因，同样在电路中，电位差是形成电流的原因。

2. 方向

电路中正电荷移动的方向称为电流的方向。将导线的一端连接蓄电池的正极，另一端连接蓄电池的负极，在同性相斥、异性相吸的作用下，导线内的自由电子受到负极的排斥、正极的吸引而由负极向正极移动，自由电子的流动便形成了电流，如图4-1-15所示。

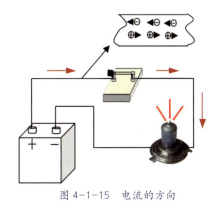

图4-1-15 电流的方向

3. 电流的大小

电流的大小用电流强度表示，其数值等于单位时间内通过导体横截面的电荷量，以字母I表示，即

$$I = \frac{Q}{t} \tag{4-1-1}$$

式中　I——电流强度，A（安培）；

　　　Q——电量，C（库仑）；

　　　t——时间，s（秒）；

电流的单位还有kA、mA、μA，它们之间的换算关系是：

$$1\text{kA} = 10^3\text{A} = 10^6\text{mA} = 10^9\mu\text{A}$$

（二）电压

1. 电压的定义

电路中两点之间的电位差，称为电压，用U（或u）表示。如图4-1-16所示，电路中的a点与b点之间的电压，可记作U_{ab}。电压是电流产生的原动力。电压类似水塔中所形成的水压，水塔顶部与底部或地面之间的势差形成水压，如图4-1-17所示。

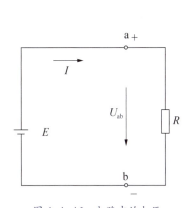

图4-1-16 电路中的电压

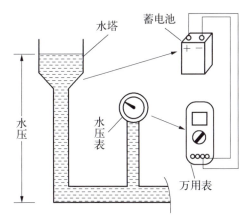

图4-1-17 电位与水位

2. 电压的方向

箭头表示法：以电流的流向表示，如图4-1-16所示。

极性符号表示法：用"＋""－"标出，如图4-1-16所示。

3. 电压的单位

电压的单位是伏特，简称伏，用符号V表示。

把1库仑（C）的正电荷从a点移到b点，电场力所做的功为1焦耳（J），那么a、b两点间的电压就是1V（伏特）。

表达式：

$$U = \frac{W}{q} \tag{4-1-2}$$

式中　U——电压，V；
　　　q——电量，C；
　　　W——电场力所做的功，J。

电压的单位除伏特外，还有千伏、毫伏、微伏，它们之间的换算关系：

$$1\text{kV} = 10^3\text{V} = 10^6\text{mV} = 10^9\mu\text{V}$$

4. 电动势

电动势

在电源内部有一种非静电力（非静电力有不同的来源，可以是化学能、磁场能等），它会克服电场力源源不断地将正电荷从负极搬运到正极，将负电荷从正极搬运到负极，使得电源的正极与负极对外表现出一定的电位差，该电位差称作电动势，用 E（或 ε）表示，单位是伏（V），如图 4-1-18 所示。

电动势的大小等于非静电力把单位正电荷从负极经过电源内部移送到正极所做的功。

电动势的方向规定为从电源的负极经过电源内部指向电源的正极，即与电源两端电压的方向相反。

电动势的大小反映了电源将其他形式的能转化为电能的能力。

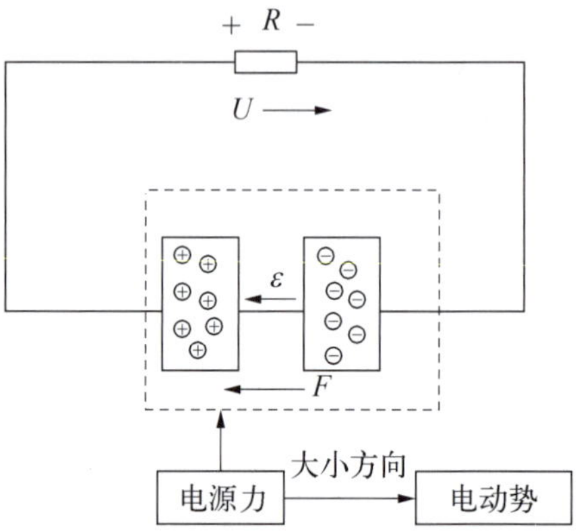

图 4-1-18　电源的电动势

（三）电能和电功率

电能和
电功率

1. 电能

电场力对外所做的功，称为电能。电流通过导体时产生热量的现象，称为电热效应。英国物理学家焦耳通过实验证明：电流通过导体时产生的热量 Q 等于电流 I 的平方与导体的电阻 R 和通电时间 t 的乘积。即

$$Q = I^2Rt \tag{4-1-3}$$

式中　Q——电能，J；
　　　I——电流，A；
　　　R——电阻，Ω；
　　　t——时间，s。

2. 电功率

电功率是指电场力在单位时间内对外所做的功，简称为电功率，用符号 P 表示。表达式如下：

$$P = \frac{W}{t} = IU \tag{4-1-4}$$

式中　P——功率，W；
　　　W——电能，J；
　　　t——时间，s；
　　　I——电流，A。

电功率的单位除瓦特外，还有千瓦、马力。它们之间的关系：

$$1\text{kW} = 1\,000\text{W} \qquad 1\text{ 马力} = 735\text{W}$$

日常生活中，我们经常使用度来表示用电器（负载）消耗电能的多少。1度电表示功率为 1kW 的用电器 1 个小时所消耗的电能。即

$$1\text{ 度电} = Pt = 1\,000 \times 3\,600 = 3\,600\,000\text{J}$$

【例 4-1-1】　如图 4-1-19 所示为某汽车的后备厢的照明灯电路原理图，现测得蓄电池的端电压为 12V，电路中的电流为 1.5A，求：后备厢灯点亮时，它的功率和电阻各为多少？

解：由电功率公式可知：

$$P = IU = 1.5 \times 12 = 18\text{（W）}$$

由欧姆定律可知：

$$P = IU = \frac{U}{R}U = \frac{U^2}{R}$$

$$R = \frac{U^2}{P} = \frac{12^2}{18} = 8\Omega$$

答：后备厢灯点亮时，它的功率为 18W，它的电阻为 8Ω。

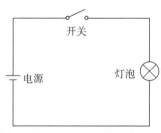

图 4-1-19　汽车后备厢灯电路图

一、填空题

1. 电路主要由电源、_____、_____、_____组成。
2. 直流电源符号_____，熔断丝符号_____。
3. 电路有三种状态，即_____状态、_____状态、_____状态。
4. 电荷的国际单位_____，电压的国际单位_____。
5. 电流通过导体时产生的_____，称为电热效应。

二、选择题

1. 我国汽车电路采用（　　）极搭铁。
   A. 正　　　　B. 负
2. 电路由（　　）和开关四部分组成。
   A. 发电机、电动机、导线　　　　B. 发电机、负载、架空线
   C. 电动机、灯泡、导线　　　　D. 电源、负载、连接导线
3. 习惯上把（　　）定向移动的方向作为电流的方向。
   A. 电子　　　B. 正电荷　　　C. 中子　　　D. 原子

三、判断题

1. 汽车发电机的功能是向蓄电池充电。（　　）
2. 所谓单线制，就是所有用电设备的负极都用一根线连到蓄电池的负极上。（　　）
3. 短路时，电路中的电流最大，产生的电能最多。（　　）
4. 电动势的实际方向，规定由正极指向负极。（　　）
5. 流过负载上的电流增大2倍，它所消耗的功率也增大2倍。（　　）

四、简答题

1. 什么是汽车电路？
2. 简述汽车电路的组成及特点。
3. 什么是电流？电流的方向是如何规定的？
4. 什么是电压？电压的方向是如何规定的？
5. 什么是电能？它和电功率有何区别与联系？

课题二　电路形式及基本定律

1. 理解串联电路、并联电路、混联电路的定义；
2. 了解串联电路、并联电路、混联电路的特点；
3. 理解基尔霍夫定律的含义；
4. 能用基尔霍夫定律进行电路的分析计算。

随着用电设备和电控系统的日益增多，汽车电路变得愈加复杂。目前，汽车电路的连接方式有串联电路、并联电路和混联电路，电路中的基本物理量之间存在定量的关系，了解三种连接方式的特点，再去分析汽车电路的原理，许多电路问题会迎刃而解。

一、电路的连接形式及应用

（一）电路的连接形式

电路的连接有三种形式，即：串联电路、并联电路、混联电路。

1. 串联电路

串联电路

把两个或两个以上的负载（电阻）首尾依次连接，组成一条无分支的电路，称为串联电路，如图 4-1-20（a）所示。

电阻 R_1 与 R_2 串联可用一个电阻 R 来取代它们，这个电阻 R 称作 R_1 与 R_2 的等效电阻，R 所在的电路称作原电路的等效电路，如图 4-1-20（b）所示。

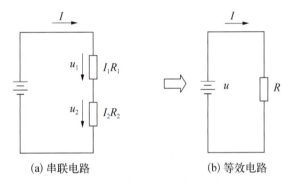

(a) 串联电路　　(b) 等效电路

图 4-1-20　串联电路及其等效电路

串联电路的特点：

① 串联电路中流过每个电阻的电流都相等。即
$$I = I_1 = I_2 = \cdots = I_n \tag{4-1-5}$$

② 串联电路两端总电压等于各电阻两端分电压之和。即
$$U = U_1 = U_2 = \cdots = U_n \tag{4-1-6}$$

③ 串联电路的总电阻（等效电阻）等于各串联电阻值之和。即
$$R = R_1 + R_2 + \cdots + R_n \tag{4-1-7}$$

④ 在串联电路中，各个电阻两端的电压跟它的阻值成正比。即
$$\frac{U_1}{U_2} = \frac{R_1}{R_2} \tag{4-1-8}$$

2. 并联电路

把两个或两个以上的用电器接在电路中相同的两点之间，承受同一电压，这样的电路叫做并联电路。如图 4-1-21（a）所示电阻 R_1 与 R_2 之间的连接。

电阻 R_1 与 R_2 并联可用一个等效电阻 R 来取代它们，等效电路如图 4-1-21（b）所示。

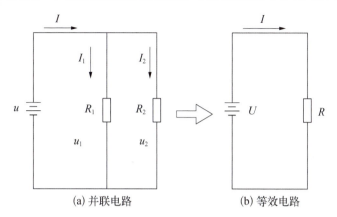

(a) 并联电路　　(b) 等效电路

图 4-1-21　并联电路及其等效电路

并联电路的特点：
① 并联电路中各电阻两端的电压相等。即
$$U = U_1 = U_2 = \cdots U_n \tag{4-1-9}$$
② 并联电路的总电流等于各分支电流之和。即
$$I = I_1 + I_2 = I_1 + I_2 \cdots + I_n \tag{4-1-10}$$
③ 并联电路的总电阻（即等效电阻）的倒数等于各并联电阻的倒数之和。即
$$\frac{1}{R} = \frac{1}{R_1} + \frac{1}{R_2} + \cdots + \frac{1}{R_n} \tag{4-1-11}$$

3. 混联电路

电路中包含串联连接和并联连接元件的组合，既有连续的串联电流通道，又有"支路型"并联电流通道，这种电路称之为混联电路，如图 4-1-22（a）所示。

R_2、R_3 首尾各自连接在相同节点上，所以两个电阻之间的关系为并联，可等效为一个电阻 R_{23}，如图 4-1-22（b）所示。

$$R_{23} = \frac{R_2 R_3}{R_2 + R_3} \tag{4-1-12}$$

R_1 又和 R_{23} 首尾相连，如图 4-1-22（b）所示，所以它们之间的关系为串联，故总电阻为：$R = R_1 + R_{23}$。

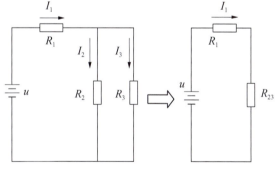

(a) 混联电路　　(b) 混联电路的等效电路

图 4-1-22　混联电路及等效电路

（二）电路连接在汽车上的应用实例

1. 串联电路

具有两个或两个以上可供选择的固定电阻值，将导线连接到电阻器上不同的抽头接线端，就可获得几种不同的电阻值，把它们串接在电路上，可得到不同的工作电流。这类电阻主要用在空调风机、冷却风扇的控制电路上，用于改变鼓风机和冷却风扇的转速，达到调节风量和冷却水温度的目的。如图 4-1-23 所示捷达前卫空调鼓风机控制原理图，通过改变鼓风机开关的位置，使串入鼓风机的电阻值发生变化，从而改变了鼓风机的工作电流，鼓风机便可获得不同的转速。

2. 并联电路

汽车的照明与信号系统中，前照灯、示宽灯、转向灯等，都是以并联的方式进行工作的，如图4-1-24所示为汽车示宽灯的电路图和电路原理图。

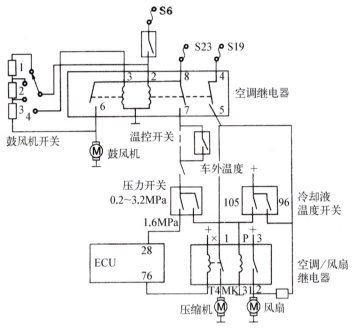

图4-1-23　捷达前卫空调电路原理图

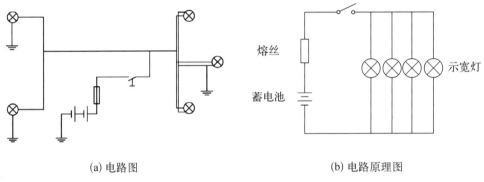

(a) 电路图　　　　　　　　　　　　　　(b) 电路原理图

图4-1-24　示宽灯电路图和原理图

二、基尔霍夫定律

基尔霍夫定律主要用于复杂电路模型的建立及求解，它有基尔霍夫电流定律、基尔霍夫电压定律两种形式，将基尔霍夫定律与欧姆定律结合起来可以解决复杂的电路问题。

1. 基本概念

① 节点：电路中两个或两个以上的电子元件连接在一起的触点，如图4-1-25所示电路中的a、b、c、d、e、f点都是节点。b、c及d、e、f为同一节点。

② 环路：又称回路，即电子元件构成的封闭路径。任选电路中的某点为起点，沿电流方向行进并返回起点为止，电流所流过的路径为一环路。如图4-1-25中的a—b—e—f—a为一个回路，电流流经3Ω电阻、4Ω电阻和12V的电源。

③ 电压升：电压升是指当电流由该元件的负极流入，由正极流出时，该元件得到电荷，如图4-1-26（a）所示。

④ 电压降：若电流由元件的正极流入，由负极流出则该元件将电荷转换成功，电荷能量减少，故称为电压降，如图4-1-26（b）所示。

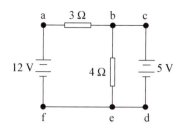

图 4-1-25 节点和回路

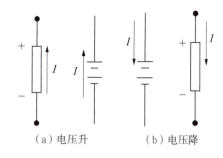

（a）电压升　　（b）电压降

图 4-1-26 电压升和电压降

2. 基尔霍夫电流定律

基尔霍夫电流定律指出：在任一时刻，电路中流入任一个节点的电流之和等于从该节点流出的电流之和。如图 4-1-27 所示，写成表达式：

$$I_1 + I_3 = I_2 \tag{4-1-13}$$

一般公式表示：

$$\sum I = 0 \tag{4-1-14}$$

【例 4-1-2】如图 4-1-28 所示的电路中：$I_1 = 2A$　$I_2 = 4A$　$I_3 = 6A$，试求：I_4、I_5 和 I_6。

解：由基尔霍夫电流定律可知：

（1）节点 E：

$$I_4 = I_1 + I_2 = 2A + 4A = 6A$$

（2）节点 B：

$$I_5 = I_2 + I_3 = 4A + 6A = 10A$$

（3）节点 F：

$$I_6 = I_3 + I_4 = 6A + 6A = 12A$$

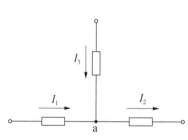

图 4-1-27 基尔霍夫电流定律

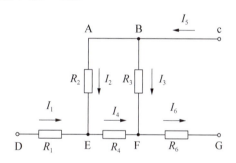

图 4-1-28 基尔霍夫电流定律应用

3. 基尔霍夫电压定律

在电路中，所有电压降的总和等于电源电压。如图 4-1-29 所示。

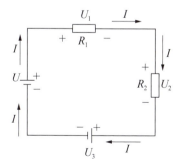

图 4-1-29 基尔霍夫电压定律

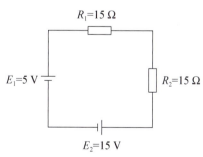

图 4-1-30 基尔霍夫电压定律应用

写成表达式：

$$U - U_1 - U_2 - U_3 = 0 \tag{4-1-15}$$

写成一般公式表示：
$$\sum U = 0 \qquad (4\text{-}1\text{-}16)$$

【例 4-1-3】用基尔霍夫电压定律，求图 4-1-30 电路中的电流 I。

解：
根据基尔霍夫电压定律，列出回路电压方程：
$$E_2 - E_1 = I \times R_1 + I \times R_2$$
$$I = (E_2 - E_1)/(R_1 + R_2)$$
$$= (15 - 5)/(15 + 25) = 0.25(A)$$

答：图 4-1-30 中的电流值为 0.25A。

 学后测评

一、填空题

1. 电路有三种基本的连接式，即_____、_____、_____。

2. 电阻 R_1 和 R_2 串联电阻后的总电阻等于_____。

3. 电阻 R_1 和 R_2 并联后的总电阻等于_____。

4. 基尔霍夫定律主要用于_____电路的计算，它包含_____定律和_____定律。

二、选择题

1. 两个电阻由串联改为并联，则（　　）不发生变化。

　　A. 总电压　　　B. 总电流　　　C. 总电阻

2. 电阻 R_1 和 R_2，串联与并联相比，哪个电路消耗的总功率更大些？（　　）

　　A. 串联电路　　B. 并联电路　　C. 不能确定

3. 并联电路中，电流的分配与电阻成（　　）。

　　A. 正比　　　B. 反比　　　C. 1∶1　　　D. 1∶2

4. 两个电阻串联在同一电路中（　　）。

　　A. 两电阻的电压相等　　　　　B. 两电阻上流过的电流之和等于总电流

　　C. 两电阻消耗的电功率相等　　D. 两电阻的电压不等

5. 鸟儿落在 110V 的高压输电线上，虽然通电的高压线是裸露电线，但鸟儿仍安然无恙，这是因为（　　）。

　　A. 鸟有耐高压的天性　　　　　B. 鸟儿是干燥的，所以鸟体不导电

　　C. 鸟两脚间的电压几乎为零　　D. 体电阻极大所以无电流通过

三、判断题

1. 电阻串联时，总电阻比其中任一个电阻的阻值都大。　　　　　　　　　（　　）

2. 两个电阻并联，总电阻比其中任一个电阻都小。　　　　　　　　　　　（　　）

3. 串联电阻可以起到分压作用，并联电阻可以起到分流作用。　　　　　　（　　）

4. 在电路中，流过任一节点的电流的代数和为零。　　　　　　　　　　　（　　）

5. 从 $R=U/I$ 可知，导体的电阻跟导体两端的电压成正比，跟导体中的电流成反比。

（　　）

四、简答题

1. 简述串联电路的特点？

2. 简述并联电路的特点？

3. 有两只电阻，$R_1=4\Omega$，$R_2=8\Omega$，电源电压为12V，这两只电阻串联后的电压之比与并联后的电流之比各是多少？

4. 人体通过50mA的电流时，就会引起呼吸器官麻痹。如果人体的最小电阻为800Ω，求人体的安全工作电压？根据以上所给的数据说明：为什么人体触到220V的电线时会发生危险，而接触到干电池的两极时却没有感觉？

5. 如图4-1-31所示，R_1，R_2，R_3串联在电源电压U=12V的电路中，R_1=10，电流表的示数为0.5A，电压表的示数为4V，求R_2，R_3的阻值。

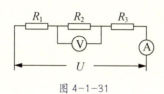

图4-1-31

模块二　交流电路

模块介绍

本模块包括交流电路、交流电路形式和三相交流电三个课题。重点讲述交流电的概念、波形，交流电路的基本形式、特性，三相交流电的概念、连接方法及特点等基本知识。

模块目标

1. 理解交流电的概念；
2. 掌握正弦交流电的三要素、解析式及波形；
3. 了解交流电路的三种基本形式及特性；
4. 掌握三相交流电的概念及形成；
5. 掌握三相交流电三角形连接和星形连接的方法及特点。

课题一　交流电概念

学习目标

1. 理解交流电的概念；
2. 掌握正弦交流电的三要素；
3. 看懂正弦交流电的解析式；
4. 正确识读正弦交流电的波形。

问题引导

汽车上的用电设备、电子控制系统中的各元件都是以电路的形式来实现它们的功能。分析用电设备和电子控制系统的工作原理，正确使用、维护好汽车用电设备和电控系统，都应从电路的组成和电路的状态入手。而在分析电路时，都离不开电路中的物理量，通过检测或计算这些物理量的大小，可以判断出电路的工作是否处于正常状态。

一、交流电与交流电路的概念

1. 交流电

大小和方向都随时间作周期性变化的电压、电动势和电流统称为交流电。如图4-2-1（a）为脉冲式直流电，图4-2-1（b）为正弦交流电，图4-2-1（c）为脉动直流电。

2. 交流电路

在交流电作用下的电路称为交流电路。交流电可以方便地用变压器将电压升高或降低，能够解决远距离输电的问题，所以交流电获得广泛的应用。如，家用照明灯、冰箱、电饭煲、三相异步电动机等，如图4-2-2所示为日光灯的工作电路。

交流电

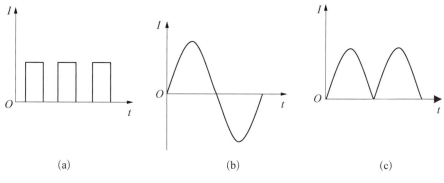

图 4-2-1 交流电波形

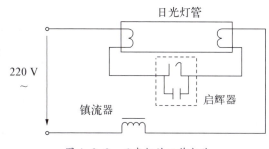

图 4-2-2 日光灯的工作电路

二、正弦交流电

1. 基本概念

在交流电中最常用的是正弦交流电，我们把电压和电流均随时间作正弦规律变化的交流电称作正弦交流电，如图 4-2-3 所示。

含有正弦交流电源的电路称作正弦交流电路。

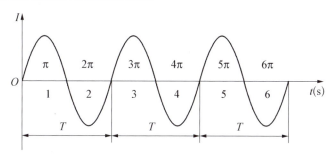

图 4-2-3 正弦交流电的波形

正弦交流电

2. 正弦交流电的周期、频率和角频率

① 周期：正弦交流电的波形每重复一次变化所需的时间称为正弦交流电的周期，如图 4-2-3 所示。周期用字母 T 表示，单位是秒（s）。

② 频率：正弦交流电的波形在 1s 内重复变化的次数称为正弦交流电的频率，如图 4-2-3 所示。频率用字母 f 表示，单位是赫兹（Hz）。频率的单位除赫兹外，还有千赫（kHz）和兆赫（MHz），换算关系如下：
$$1\text{MHz} = 10^3\text{kHz} = 10^6\text{Hz}$$

由周期与频率的定义可知：
$$f = \frac{1}{T} \text{ 或 } T = \frac{1}{f} \tag{4-2-1}$$

③ 角频率：正弦交流电在 1s 内变化的电角度（相位）称为角频率，用字母 ω 表示，单位是弧度/秒（rad/s）。
$$\omega = 2\pi f \tag{4-2-2}$$

3. 正弦交流电的解析式

用三角函数式表示正弦交流电随时间变化的方法。正弦交流电的电动势、电压、电流的解析式如下：

$$e = E_m \sin(\omega t + \varphi) \qquad (4\text{-}2\text{-}3)$$

$$u = U_m \sin(\omega t + \varphi) \qquad (4\text{-}2\text{-}4)$$

$$i = I_m \sin(\omega t + \varphi) \qquad (4\text{-}2\text{-}5)$$

式中　e——瞬时电动势值，V；
　　　u——瞬时电压值，V；
　　　i——瞬时电流值，A；
　　　E_m——最大电动势值，V；
　　　U_m——最大电压值，V；
　　　I_m——最大电流值，A；
　　　ω——角频率，rad/s；
　　　t——时间，s；
　　　φ——初相位，（°）。

① 瞬时值：正弦交流电在任意时刻的数值称为瞬时值，正弦交流电的电动势、电压、电流的瞬时值分别用 e、u、i 表示。

② 最大值：正弦交流电最大的瞬时值称为最大值或称峰值。正弦交流电的电动势、电压、电流的最大值分别用 E_m、U_m、I_m 表示。

③ 有效值：正弦交流电与直流电分别通过阻值相同的负载，若在相同的时间内直流电和交流电在两个电阻上产生的热效应相等，则将此直流电的电压和电流值定义为该交流电的有效值。交流电流的电动势、电压、电流的有效值分别用 E、U、I 表示。

交流电是不断变化的，瞬时值和最大值均不能反映交流电实际做功的效果，因此在电工技术中，常用有效值来衡量交流电做功的能力。

正弦交流电的电动势、电压、电流的有效值 E、U、I 和最大值 E_m、U_m、I_m 之间的关系：

$$E = \frac{E_m}{\sqrt{2}} \approx 0.707 E_m \qquad (4\text{-}2\text{-}6)$$

$$I = \frac{I_m}{\sqrt{2}} \approx 0.707 I_m \qquad (4\text{-}2\text{-}7)$$

$$U = \frac{U_m}{\sqrt{2}} \approx 0.707 U_m \qquad (4\text{-}2\text{-}8)$$

4. 正弦交流电的相位及波形

（1）正弦交流电的波形　用正弦函数曲线来表示交流电变化规律的图形称为正弦交流电的波形，如图 4-2-4 所示为正弦交流电 i_1、i_2 的电流波形。

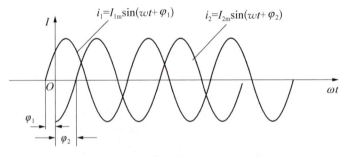

图 4-2-4　正弦交流电的波形和相位

（2）正弦交流电的相位

① 相位：正弦交流电的正弦量任意时刻所对应的电角度称为该正弦交流电的相位角，亦称相位。单位是度或弧度，在图 4-2-4 中，（$\omega t + \varphi_1$）为正弦交流电 i_1 的相位，（$\omega t + \varphi_2$）为 i_2 的相位。

② 初相位：在 $t = 0$ 时，正弦交流量所对应的相位称为正弦交流电的初相位。图 4-2-4 中，正弦交流电 i_1 的初相位为 φ_1，正弦交流电 i_2 的初相位为 φ_2。

③ 相位差：指两个同频率的正弦交流电的相位差，用字母 $\Delta\varphi$ 表示。图 4-2-4 中，两正弦交流电的

相位差为:

$$\Delta\varphi = \varphi_1 - \varphi_2 \qquad (4-2-9)$$

相位反映了正弦交流电在变化过程中任意时刻所对应的电角度,初相位反映了正弦交流电计时起点的状态,相位差反映了同频率的两正弦交流电在变化过程中的先后顺序。

一、填空题

1. 正弦交流电路是指电路中的电压、电流均随时间按_____规律变化的电路。
2. 正弦交流电的瞬时表达式 $e =$ _____、$i =$ _____。
3. 角频率是指交流电在_____时间内变化的电角度。
4. 正弦交流电的三要素:_____、_____、_____。
5. 已知一正弦交流电的电流有效值是20A,它的最大值是_____。

二、选择题

1. 两个同频率正弦交流电的相位差等于180°,则它们的相位关系是( )。

   A. 同相　　　B. 反相　　　C. 相等

2. 正弦交流电的最大值等于有效值的( )倍。

   A. 2　　　B. $\sqrt{2}$　　　C. $\frac{1}{2}$

3. 白炽灯的额定工作电压为220V,它允许承受的最大电压( )。

   A. 220V　　B. 380V　　C. 440V　　D. 1100V

4. 交流电 $e_1 = E_m \sin\omega t$ 和 $e_2 = E_m \sin(\omega t + 60°)$,则( )。

   A. e_1 相位超前 e_2 60°　　　B. e_1 相位落后 e_2 60°

三、判断题

1. 正弦量的初相角与起始时间的选择有关,而相位差则与起始时间无关。( )
2. 两个不同频率的正弦量可以求出它们的相位差。( )
3. 正弦量的三要素是最大值、频率和相位。( )
4. 我们平时所用的交流电压表、电流表所测出的交流电的数值是有效值。( )
5. 频率不同的两个正弦量可以在同一相量图中画出。( )

四、简答题

1. 什么是交流电的最大值、有效值?
2. 请写出 $u(t) = -4\sin(100t + 270°)$ 的周期、角频率、初相位、最大值、有效值。
3. 正弦交流电有哪些特点?

课题二 交流电路形式

1. 掌握交流电路的基本形式；
2. 理解纯电阻、纯电容、纯电感交流电路的特性；
3. 了解LRC交流电路的特点。

在交流电路中，主要有三种不同的负载元件：电阻、电感和电容。三种元件在交流电路中有相同的连接形式，但由于元件的结构特征不同，因而在交流电路中会表现出不同的电路特性。本课题主要介绍它们在交流电路中的基本连接方式和各自特点。

一、纯电阻交流电路

只含有电阻元件的交流电路叫做纯电阻交流电路，如含有白炽灯、电炉、电冰箱等的交流电路称为纯电阻交流电路，如图4-2-5所示。

在纯电阻交流电路中，电阻 R 两端的电压 u 和通过电阻的电流 i 的相位是相同的。如图4-2-6所示。

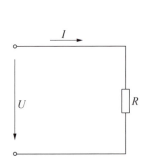

图4-2-5 纯电阻交流电路

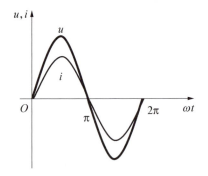

图4-2-6 纯电阻交流电路电压 u 与电流 i 的波形图

两者的关系满足欧姆定律，即

$$I = \frac{U}{R} \qquad (4\text{-}2\text{-}10)$$

电阻在交流电路中主要作用是把电能转化成热能消耗掉，其转换过程是不可逆转的。纯电阻所消耗的平均功率：

$$P = UI = I^2 R = \frac{U^2}{R} \qquad (4\text{-}2\text{-}11)$$

式中 U——有电压效值，V；
　　　I——有电流效值，A；
　　　P——有效功率，W。

交流电是不断变化的，瞬时值和最大值均不能反映交流电实际做功的效果，因此电工中常用有效值的乘积来表示它的电功率。

二、纯电感交流电路

仅由电感组成的交流电路称为纯电感交流电路，如图4-2-7所示。
纯电感电路中电感两端的电压与通过的电流，两者关系符合欧姆定律。

表达式：
$$U = IX_L \qquad (4\text{-}2\text{-}12)$$

式中　U——电感两端的电压，V；
　　　I——通过电感的电流，A；
　　　X_L——感抗，Ω；$X_L = \omega L$，L 是电感的自感系数，H。

感抗 X_L，是表征电感对交流电所呈现的"阻止"能力大小的一个参数，也称电感抗。感抗的大小与电流的频率成正比。

在纯电感交流电路中，电感两端的电压与流过电感的电流是不同相的，电压超前电流 90°，如图 4-2-8 所示。

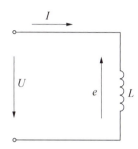

图 4-2-7　纯电感交流电路

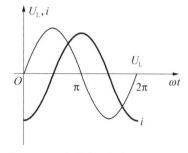

图 4-2-8　电感电压与电流的波形图

因为正弦交流电的正弦函数的平均值为零，所以纯电感电路的平均功率为零，这表明电感不消耗电能。但瞬时功率 $p = ui$ 是随时间按正弦规律变化的，说明电感与电源之间存在能量的交换，即瞬时功率大于零时，电感从电源吸收能量储存起来；当瞬时功率小于零时，电感将储存的能量送归电源。

通常用无功功率 Q 来表示电感储能的能力。

$$Q = UI = I^2 X_L = \frac{U^2}{X_L} \qquad (4\text{-}2\text{-}13)$$

电感在电路中用于"通直流、阻交流"。

三、纯电容交流电路

仅由电容作为交流电路的负载的电路称为纯电容交流电路，如图 4-2-9 所示。纯电容交流电路中电容两端的电压与通过的电流，两者关系符合欧姆定律。

表达式：
$$U = IX_C \qquad (4\text{-}2\text{-}14)$$

式中　U——电容两端的电压，V；
　　　I——电路中的充放电电流，A；
　　　X_C——容抗，Ω。

$$X_C = \frac{1}{\omega C} = \frac{1}{2\pi f C} \qquad (4\text{-}2\text{-}15)$$

式中　ω——交流电的角频率，弧度/秒；
　　　C——电容量，F；
　　　f——频率，Hz。

容抗 X_C，是表征电容对交流电所呈现的"阻止"能力大小的一个参数。容抗 X_C 的大小与交流电的角频率 ω 及电容量 C 成反比。纯电容电路中，电容两端的电压与流过电容的电流是不同相的，电压滞后电流 90°，如图 4-2-10 所示。

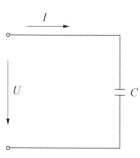

图 4-2-9　纯电容交流电路

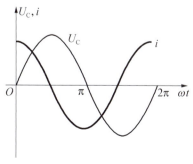

图 4-2-10　电容电压与电流的波形图

电容器的无功功率：将纯电容电路中的瞬时功率的幅值称之为纯电容交流电路的电容无功功率，用 Q 表示，单位为乏（Var），即

$$Q = UI = I^2 X_C = \frac{U^2}{X_C} \qquad (4-2-16)$$

式中　Q——电容器的无功功率，var；

　　　U——电容器两端的交流电压有效值，V；

　　　I——通过电容器交流电电流的有效值，A；

　　　X_C——电容器的容抗，Ω。

无功功率 Q，反映了电容器与电源之间进行能量交换的能力。在纯电容正弦交流电路中，因交流电是随时间按正弦规律变化，因此电容的平均功率为零，但瞬时功率随时间的变化又说明电容与电源之间确实存在能量的转换，当瞬时功率大于零时，电源向电容充电；当瞬时功率小于零时，电容又向电源放电，为反映这电容与电源间的能量转换，将瞬时功率的幅值称作无功功率。

电容在电路中，用于"通交流、隔直流"。

四、RLC 串联电路

将电阻、电感和电容串联在交流电路中所形成的电路称作 RLC 串联电路，如图 4-2-11 所示。

在 RLC 串联电路中，可由电源电压 u 和电流 i 的相位差 φ 的大小判断出电路的性质，即：

若 $X_L > X_C$，则 $\varphi > 0$，电压超前电流，电路呈电感性；

若 $X_L < X_C$，则 $\varphi < 0$，电压滞后电流，电路呈电容性；

若 $X_L = X_C$，则 $\varphi = 0$，电压与电流同相，电路呈电阻性。

RLC 串联电路的有功功率等于电路中电压的有效值乘以电流的有效值再乘以一个功率因素，即：

$$P = \cos\varphi UI \qquad (4-2-17)$$

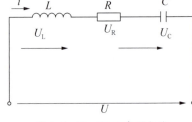

图 4-2-11　RLC 串联电路

式中　P——有功功率，W；

　　　U——有效电压，V；

　　　I——有效电流，A；

　　　$\cos\varphi$——功率因数，无单位。

一、填空题

1. 在纯电阻交流电路中，电压与电流的相位关系_____。

2. 把 110V 交流电压加在 100Ω 的电阻上，则电阻两端的电压 U = _____，电流 I = _____。

3. 在纯电感正弦交流电路中，若电源频率提高一倍，其他条件不变，则电路中的电流将____。

4. 电感的符号为____，感抗的符号为____，感抗的单位是____。

5. 在纯电容交流电路中，电压与电流的相位关系是____，电压____电流 90°。

二、选择题

1. 在纯电感交流电路中，电流应为（　　）。

　　A. $i = U/X_L$　　B. $I = U/L$　　C. $I = U/\omega L$

2. 在纯电感交流电路中，没有能量消耗，只有能量（　　）。

　　A. 变化　　　　B. 增强　　　　C. 交换　　　　D. 补充

3. 在纯电容交流电路中，电容的电压与电流频率相同，电流的相位超前外加电压（　　）。

   A. 60°　　　　B. 30°　　　　C. 180°　　　　D. 90°

4. 容抗的单位是（　　）。

   A. 伏特　　　　B. 法拉　　　　C. 欧姆　　　　D. 库仑

5. 在RLC串联交流电路中，当 $X_L = X_C$ 时，电路呈（　　）。

   A. 电感性　　　　B. 电容性　　　　C. 电阻性

三、判断题

1. 纯电阻单相正弦交流电路中，电压与电流的瞬时值满足欧姆定律。（　　）
2. 纯电感线圈通直流电时相当于短路。（　　）
3. 电容器在直流稳态电路中相当于断路。（　　）

四、简答题

1. 纯电阻交流电路有何特点？
2. 纯电感交流电路有何特点？
3. 纯电容交流电路有何特点？

课题三　三相交流电

学习目标

1. 掌握三相交流电的概念及产生方法；
2. 掌握三角形连接和星形连接的方法；
3. 了解三角形连接和星形连接的特点。

问题引导

工、农业生产和居民用电大多数是由三相电源提供的，三相电源主要是由发电厂利用三相同步发电机发电产生的。汽车是一种移动式交通工具，无法使用普通的三相电源，汽车电源由蓄电池和发电机构成，发电机发出的三相电需要通过整流变成直流电，才能满足汽车运行的需要。本课题主要介绍三相交流电的产生及电机绕组的连接方式。

一、三相交流电的基本概念

1. 单相电的产生

在两磁极之间放一个线圈，让线圈以一定的角速度顺时针旋转。根据右手定则可知，线圈中产生了感应电动势 e，其方向由 A 指向 B，如图 4-2-12 所示。

合理设计磁极形状，使磁通按正弦规律分布，线圈两端可得到正弦规律的单相电动势。

$$e_{AB} = \sqrt{2} E \sin\omega t \qquad (4\text{-}2\text{-}18)$$

式中　e_{AB}——瞬时电动势，V；

　　　E——电动势的有效值，V。

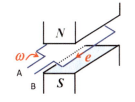

图 4-2-12　单相电的产生

笔记

2. 三相交流电动势的产生

由三个频率、幅值相等，彼此相位差为120°的单相交流电构成的电源称作三相交流电，由三相交流电构成的电路称为三相交流电路。

三相交流电由三相交流发电机产生，三相交流发电机结构如图4-2-13所示，它主要由定子和转子两部分构成。定子铁芯上嵌入三个对称绕组A、B、C，它们在空间内相互成120°分布，每个绕组为一相。

当转子在外力带动下作顺时针匀速转动时，定子绕组依次切割磁力线，则定子绕组中产生的感应电动势分别为 e_a、e_b、e_c，由于各绕组的结构相同而位置相差120°，所以三个电动势的最大值相等、频率相等，而初相互差120°，若以第一相 e_a 为参考正弦量，可得三相电动势的解析式如下：

$$e_a = E_m \sin\omega t \quad (4\text{-}2\text{-}19)$$
$$e_b = E_m \sin(\omega t - 120°) \quad (4\text{-}2\text{-}20)$$
$$e_c = E_m \sin(\omega t + 120°) \quad (4\text{-}2\text{-}21)$$

每相绕组的电动势的有效值 E_Φ 的大小与转子的转速及磁极的磁通量成正比。即

$$E_\Phi = C_1 n \Phi \quad (4\text{-}2\text{-}22)$$

式中 E_Φ——单相电动势的有效值；
C_1——电动机常数；
n——转子的转速；
Φ——磁极的磁通量。

三相电动势的波形如图4-2-14所示，三相电动势最大值出现的次序称为相序，在图4-2-15（a）中，A、B、C三个绕组分别称为第一绕组、第二绕组、第三绕组。

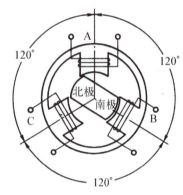
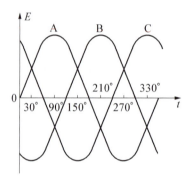

图 4-2-13 三相交流电发电机结构示意图　　图 4-2-14 三相交流电的波形

二、三相交流发电机绕组的连接

三相发电机的三个绕组向外供电时，有星形连接和三角形连接两种形式。

1. 三角形连接

如图4-2-15（a）所示，把A绕组的末端与C绕组的首端相连，把C绕组的末端与B绕组的首端相连，把B绕组的末端与A绕组的首端相连，并从以上三个接点上引出三根线，向外供电。

绕组连接方式

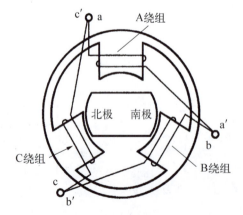
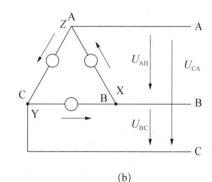

(a)　　(b)

图 4-2-15 三相绕组三角形的连接

如图4-2-15(b)所示,三角形连接中,相电压U_{AB}、U_{BC}、U_{CA}与线电压U_{AX}、U_{BY}、U_{CZ}之间关系如下:

$$U_{AB} = U_{AX} \qquad (4-2-23)$$
$$U_{BC} = U_{BY} \qquad (4-2-24)$$
$$U_{CA} = U_{CZ} \qquad (4-2-25)$$

即,相电压等于线电压。

在电源的三角形连接方法中,没有中性线引出,因此采用三相三线制。理想的三相绕组所产生的三相电压,在任意时刻电压之和为零,因此三相绕组所构成的闭合回路中不会产生环形电流。由于制造工艺误差,实际的三相绕组不可能对称,回路中总会存在环形电流。环形电流大,不仅消耗电能,而且会导致发电机损坏。因为这个原因,电力系统一般不用三角形连接。汽车上的发电机功率小,仍然有部分采用三角形连接。

2. 星形连接

如图4-2-16(a)中,把发电机A、B、C三个绕组的末端连接在一起,成为一个公共点(称为中性点),用符号"N"表示,从中性点引出的输出线称为中性线(零线),中性线通常与大地相接,并把接地的中性点称为零点。从三个绕组的始端A、B、C引出的输电线叫相线,俗称火线。

这种有中性线的三相供电系统称为三相四线制,如果不引出中性线就称为三相三线制。三相四线制可输出两种电压:一种是相线与相线电压,叫线电压,如图4-2-16(b)所示,$U_{AB} = U_{BC} = U_{CA}$;另一种是相线与中性线之间的电压,即各相绕组的起端与末端之间的电压,叫相电压,$U_相 = U_A = U_B = U_C$。

线电压和相电压的相位不同,线电压总是超前与之相对应的相电压30°,表达式如下:

$$U_{AB} = \sqrt{3}\, U_A \angle 30° \qquad (4-2-26)$$
$$U_{BC} = \sqrt{3}\, U_B \angle 30° \qquad (4-2-27)$$
$$U_{CA} = \sqrt{3}\, U_C \angle 30° \qquad (4-2-28)$$

在汽车发电机中,通常将中性点电压引出作为一种控制电压使用,如控制充电指示灯或作为具有启动保护继电器的控制电压。

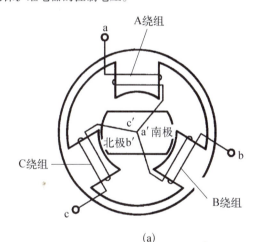
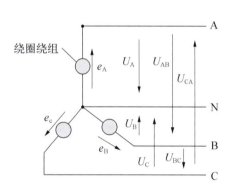

图4-2-16 三相绕组的星形连接

一、填空题

1. 居民用电全部采用_____制,它可以同时提供两种电压,一种是_____;另一种是_____。

2. 三相电源有两种连接方式,一种是_____;另一种是_____。

3. 在直流电路中,电感元件可视为_____;电容元件可视为_____。

4. 三相交流发电机主要由_____和_____两部分构成。

5. 三相交流电源的三相电压是对称的，即_____对称；_____对称；_____对称。

二、选择题

1. 三相星形连接的电源的线电压是相电压（　　）倍。
   A. 3　　　　　B. 2　　　　　C. 1　　　　　D. 2

2. 三相四线制中，当三相负载不等而三相电压相等时，中性线电流（　　）。
   A. 等于零　　B. 不等于零　　C. 增大　　　D. 减小

3. 电力系统中，以"kW·h"作为（　　）的计量单位。
   A. 电压　　　B. 电能　　　　C. 电功率　　D. 电流

4. 星形连接的三相电源的公共点叫三相电源的（　　）。
   A. 接地点　　B. 参考点　　　C. 零点　　　D. 中性点

5. 三相电动势的相序 UVW 称为（　　）。
   A. 负序　　　B. 正序　　　　C. 零序　　　D. 反序

三、判断题

1. 三相负载作星形连接时，线电流等于相电流。（　　）

2. 三相四线制低压供电网中，负载越接近对称，中性线电流越小。（　　）

3. 不引出中性线的三相供电方式叫三相三线制，一般用于高压输电系统。（　　）

4. 在整流电路的输出端并联一个电容，主要是利用电容的充放电特性，使脉动电压保持平稳。（　　）

5. 三相三线制交流电，当负载对称时，零线可以取消。（　　）

四、简答题

1. 简要说明三相交流电的特征。

2. 画简图（以星形连接为例）说明什么是三相交流电的相电压和线电压。

3. 最大值为10A的正弦交流电和10A的直流电流过阻值相同的电阻，在交流的一个周期内，它们哪一个发热量多，为什么？

模块三　实验

模块介绍

本模块共有四个实验：汽车电源系统的检测、喇叭控制电路的连接、空调鼓风机的风速测试和汽车示宽灯的检测。

模块目标

1. 认识汽车电源系统的组成，并能进行基本检测；
2. 看懂喇叭的控制原理图，并能进行连线组成一个基本的控制电路；
3. 通过空调鼓风机的风速测试，理解串联电路的特点；
4. 掌握汽车示宽灯的检测方法，理解并联电路的特点。

实验一　汽车电源系统的检测

利用实训室工量具、器材、整车及维修资料，搜集整理相关结构、电路识图等信息，小组协作完成任务：汽车电源系统的检测。

1. 了解汽车电源系统的组成及作用；
2. 掌握汽车蓄电池电压的测试方法和结果分析；
3. 会使用万用表判别发电机是否发电；
4. 会用万用表判断汽车电源系统是否漏电。

1. 教学组织
分组实训：全班_____人，分为_____组，每组小组长一名。
2. 职责分工
教师职责：课堂纪律与安全管理、实训器材管理、指导与巡查。
学生职责：班长协助教师对班级全面管理与监控；实训小组长负责指导组内学习和交流。
3. 环境要求
6S过程化管理：安全、整理、整顿、清扫、清洁、素养。

轿车1辆、数字式汽车万用2块、梅花扳手1套、汽车3件套等。

1. 准备工作

指导2名学生配合老师做好实验前的准备工作。

固定车辆，铺设三件套，发动机启动前的检查，工具、仪表的准备。

2. 实验前讲解

集中讲述汽车电源的连接（图4-3-1），蓄电池亏电判断，发电机是否充电的检测，汽车电气系统漏电的检测。

分组就车讲述蓄电池、发电机的位置及接线端。

如图4-3-2所示为卡罗拉的蓄电池和发电机的输出端子。

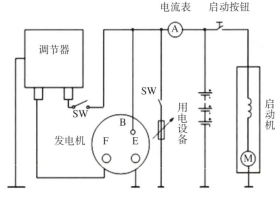

图4-3-1 典型电源系与用电设备的连接

 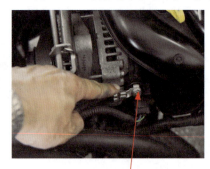

图4-3-2 卡罗拉蓄电池极柱和发电机输出端子

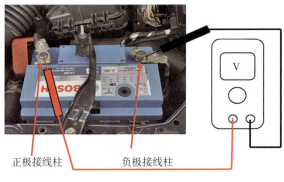

图4-3-3 蓄电池的空载电压测量

3. 蓄电池的空载电压测量

在点火开关完全关闭的情况下，选择万用表的20V电压挡，检测蓄电池的两极柱之间的电压值，电压值应在12.5～13.6V范围，该电压也称蓄电池的空载电压，低于12V说明蓄电池亏电，应对其进行补充充电，如图4-3-3所示。

4. 发电机输出电压的测定

启动发动机，逐渐加大加速踏板使发动机转速升高，当发动机转速高于怠速转速时，测量发电机的输出端子对地电压（图4-3-4），此电压值应高于蓄电池的空载电压。随发动机的转速升高电压表的读数应升高，发动机转速达到1500r/min，发电机的输出端子对地电压应在13.8～14.5V范围，当发动机转速继续升高时，万用表读数应稳定在某一数值不变。随发动机转速的变化，若万用表读数不变或低于蓄电池的空载电压说明充电系统有故障；若万用表的

图4-3-4 发电机输出电压的测定

读数高于14.5V，说明发电机的电压调节器有故障。

5. 汽车电器系统的漏电检测

① 关闭点火开关。

② 用梅花扳手拆下蓄电池的负极接线柱，如图 4-3-5 所示。

③ 选择万用表的直流 200mA 挡位，将万用表的红笔搭在蓄电池的负极线束上，黑表笔搭在蓄电池的负极接线柱上，如图 4-3-6 所示。

 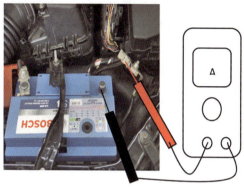

图 4-3-5　拆开蓄电池负极柱　　　　　图 4-3-6　汽车电器系统漏电检测

④ 确认车上的所有用电设备的开关处于关闭状态，打开点火开关，此时万用表的读数应小于或等于 10mA，若大于 10mA，说明汽车电气系统存在漏电，应查找故障点进行排除。

⑤ 教师指导学生分组练习，并记录测试结果。

⑥ 实验结束后，做好实验场地、车辆、工具、仪表的清洁、检查、整理归类。

6. 实验注意事项

① 车辆要固定可靠，手动变速器处于空挡（自动变速器处于停车挡），拉好驻车杆。

② 安装好三件套。

③ 分清蓄电池极柱的正负极。

④ 万用表挡位及量程选择正确。

⑤ 实验中勿将导线、工具等放置在蓄电池上。

⑥ 实验场地通风良好，防火设施齐全。

⑦ 发动机运转时，应注意与旋转件和高温件保持一定距离。

7. 实验设备、工具、仪表、材料、场地等的整理

检查项目	结果与数据	检查项目	结果与数据	检查项目	结果与数据
工量具、器材完好情况		发动机转速 1500r/min 的电压值		电源系统是否正常	
空载电压值		漏电检测电流值		6S 管理是否到位	

 任务评价

1. 评价与反馈

自评、组评和师评

考核项目	评分标准	分数	学生自评 20%	小组互评 60%	教师评价 20%	小计
仪容仪表	工作服、鞋、胸卡穿戴整洁	5				
	发型、指甲等符合工作要求	5				
	不佩戴首饰、钥匙、手表等	5				
教学过程	有无安全隐患	20				
	是否任务分配到人	5				
	是否积极主动	10				
	是否规范操作	10				
	是否完成任务	20				
职业素养	手机摆放是否到位	5				
	实训设备完好情况	5				
	认真执行 6S 过程化管理	10				
	总分	100				
教师签名：					年 月 日	

2. 撰写实验实训报告

实验二　喇叭控制电路的连接

 任务布置

利用实训室工量具、器材及维修资料，搜集整理相关结构、电路识图等信息，小组协作完成任务：制作简化的喇叭控制电路。

 任务目标

1. 认识喇叭控制电路中的各组成部分；
2. 识读喇叭的控制电路；
3. 认识中央线路板；
4. 制作简化的喇叭控制电路。

 **任务要求**

1. 教学组织
分组实训：全班_____人，分为_____组，每组小组长一名。
2. 职责分工
教师职责：课堂纪律与安全管理、实训器材管理、指导与巡查。
学生职责：班长协助教师对班级全面管理与监控；实训小组长负责指导组内学习和交流。
3. 环境要求
6S过程化管理：安全、整理、整顿、清扫、清洁、素养。

 **任务准备**

12V蓄电池、中央线路板、电喇叭、喇叭继电器、喇叭按钮、电工工具、电源夹、插接线的插头和汽车导线。

 **任务步骤**

1. 准备工作
教师指导学生课前准备好实验所用的仪表、工具、元器件。
2. 实验前讲解
讲解喇叭控制电路的工作原理，如图4-3-7所示为桑塔2000GSI喇叭控制电路图。
讲解桑塔纳2000GSI中央线路板的结构特征，如图4-3-8所示。

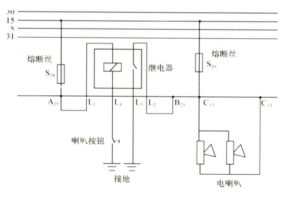

图4-3-7 桑塔2000GSI喇叭控制电路的简图

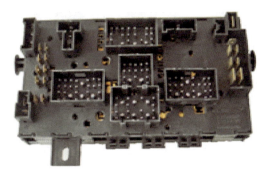

图4-3-8 桑塔2000 GSI中央线路板

3. 认识元器件
请指出图4-3-9中的几个电器件的名称。

图4-3-9 电器元件

4. 绘制喇叭控制电路
根据教师讲解、自我搜集资料，结合元器件，绘制喇叭控制电路简图。
5. 喇叭电路的实物连接

喇叭控制电路的连接

笔记

① 用万用表检查继电器、喇叭、按钮开关的好坏。
② 用导线、电源夹子、插接器的插头，制作连接线。
③ 用制作好的连接线将蓄电池、继电器、喇叭、连接起来组成一个简单的喇叭控制实物图，如图 4-3-10 所示。

6. 实验注意事项

① 导线与蓄电池的两极柱连接要用电源夹子，导线与喇叭继电器、电喇叭、喇叭的连接要用插接器的插座。
② 连接好线路，做喇叭电路的通断实验时，不要长时间按住喇叭按钮。

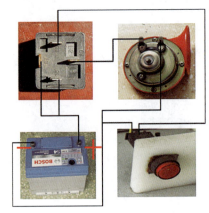

图 4-3-10　喇叭控制电路实物连接

任务检查

检查项目	结果与数据	检查项目	结果与数据	检查项目	结果与数据
工量具、器材完好情况		连线是否规范		是否出现异常现象	
电路图绘制是否正确		喇叭工作是否正常		6S 管理是否到位	

任务评价

1. 评价与反馈

自评、组评和师评

考核项目	评分标准	分数	学生自评 20%	小组互评 60%	教师评价 20%	小计
仪容仪表	工作服、鞋、胸卡穿戴整洁	5				
	发型、指甲等符合工作要求	5				
	不佩戴首饰、钥匙、手表等	5				
教学过程	有无安全隐患	20				
	是否任务分配到人	5				
	是否积极主动	10				
	是否规范操作	10				
	是否完成任务	20				
职业素养	手机摆放是否到位	5				
	实训设备完好情况	5				
	认真执行 6S 过程化管理	10				
	总分	100				
教师签名:					年　月　日	

2. 撰写实验实训报告

实验三　空调鼓风机的风速测试

利用实训室工量具、器材及维修资料，搜集整理空调鼓风机的结构、电路识图等信息，小组协作完成任务：空调鼓风机的风速测试。

1. 认识空调鼓风机的开关及出风口；
2. 掌握鼓风机线圈绕组的电阻测量方法；
3. 掌握鼓风机插座的电压测量方法；
4. 理解串联电路的特点及应用。

1. 教学组织
分组实训：全班＿＿＿＿人，分为＿＿＿＿组，每组小组长一名。
2. 职责分工
教师职责：课堂纪律与安全管理、实训器材管理、指导与巡查。
学生职责：班长协助教师对班级全面管理与监控；实训小组长负责指导组内学习和交流。
3. 环境要求
6S过程化管理：安全、整理、整顿、清扫、清洁、素养。

汽车一辆或空调台架、汽车专用万用表、汽车三件套、常用工具等。

1. 讲解空调鼓风机的调速原理图
鼓风机的调速电路主要由蓄电池 E、保险器 FU、转换开关 K、串联电阻 R_1、R_2、R_3、风扇电机 M、导线等组成，如图4-3-11所示。
2. 认识空调鼓风机的开关及出风口
认识手动空调风速选择开关（图4-3-12）；出风口及风向调节旋钮（图4-3-13）。
3. 风速和风向调节
① 打开点火开关；
② 把手掌放在出风口正面适当距离（图4-3-14），将风速旋钮开关依次从0挡转到4挡（图4-3-15），感受各挡风速大小；
③ 将风速选择开关停留在某个挡位，如在3挡上，用手转动风向调节旋钮，感受一下气流的方向变换。

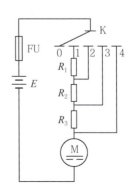

图 4-3-11　鼓风机调速原理图

笔记

风速选择开关

图 4-3-12　风速选择开关

出风口　　　　　风向调节旋

图 4-3-13　风速选择开关

图 4-3-14　风速选择开关

图 4-3-15　风力检测

4. 鼓风机的检测

① 关闭点火开关；

② 找到鼓风机的插头位置；

③ 拆下鼓风机的插头；

④ 打开万用表，选择万用表的 200Ω 电阻挡，用红、黑表表笔分别与鼓风机的底座上的两个端子相接触，即可测得鼓风机内线圈绕组的电阻值，该阻值应符合规定；

⑤ 打开点火开关，选择万用表的直流 20V 的电压挡，测量插座处的两孔之间的电压值，此值不低于 11V。

5. 鼓风机开关的检测

① 检查鼓风机的熔断器，应完好；

② 检查蓄电池空载电压，应符合要求；

③ 打开点火开关；

④ 将风速选择开关从 0 挡依次转到最高挡，每挡稍作停留，观察风机在各挡的工作情况。

正常情况下：

0 挡：无风；

1 挡：风小；

2 挡：风较大；

3 挡：风大；

4 挡：风最大。

在熔断器、蓄电池电压和鼓风机状态良好的情况下，如果各挡风力不正常，这时需要拆检风速选择开关。

6. 实验注意事项

① 在转动鼓风机风速选择开关时，不要动作太快，每挡稍作停留，待到鼓风机转速稳定后，再选下一挡；

② 使用风向调节旋钮时，用力要轻缓均匀；

③ 检查熔断器时，要用专用拆卸器；

④ 安放三件套，启动前检查发动机的油、水、电等具备启动条件后，方可启动。

7. 实验设备、工具、仪表、材料、场地等的整理

空调鼓风机的风速测试

 任务检查

检查项目	结果与数据	检查项目	结果与数据	检查项目	结果与数据
工量具、器材完好情况		鼓风机线圈绕组的电阻值		是否出现异常现象	
汽车万用表使用是否正确		鼓风机插座的电压值		6S 管理是否到位	

 笔记

 任务评价

1. 评价与反馈

自评、组评和师评

考核项目	评分标准	分数	学生自评 20%	小组互评 60%	教师评价 20%	小计
仪容仪表	工作服、鞋、胸卡穿戴整洁	5				
	发型、指甲等符合工作要求	5				
	不佩戴首饰、钥匙、手表等	5				
教学过程	有无安全隐患	20				
	是否任务分配到人	5				
	是否积极主动	10				
	是否规范操作	10				
	是否完成任务	20				
职业素养	手机摆放是否到位	5				
	实训设备完好情况	5				
	认真执行 6S 过程化管理	10				
	总分	100				
教师签名：				年	月	日

2. 撰写实验实训报告

实验四　汽车示宽灯的检测

 任务布置

利用实训室工量具、器材及维修资料，搜集整理示宽灯的结构、电路识图等信息，小组协作完成任务：汽车示宽灯的检测。

1. 认识汽车示宽灯；
2. 掌握汽车示宽灯电压的测量方法；
3. 掌握汽车示宽灯电阻的测量方法；
4. 理解并联电路的特点及应用。

1. 教学组织
分组实训：全班_____人，分为_____组，每组小组长一名。
2. 职责分工
教师职责：课堂纪律与安全管理、实训器材管理、指导与巡查。
学生职责：班长协助教师对班级全面管理与监控；实训小组长负责指导组内学习和交流。
3. 环境要求
6S过程化管理：安全、整理、整顿、清扫、清洁、素养。

轿车一辆或电器实训台架、汽车专用万用表、汽车三件套、常用工量具等。

1. 实验准备
检查实验场地的通风、防火装置，固定好车辆并检查安全机构，安装汽车三件套，打开发动机舱盖和行李箱舱盖。
2. 实验前讲解
讲解示宽灯原理图，如图4-3-16所示。
① 并联电路各灯互不干扰，所以，即使有某盏灯坏，也不影响其他灯电路工作。
② 汽车示宽灯采用并联电路，并且用车身机体作另一导线（搭铁），以节省导线。

汽车示宽灯
的检测

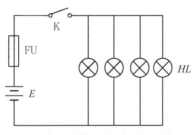

图4-3-16 示宽灯并联电路图

图4-3-17 示宽灯控制开关

3. 认识汽车示宽灯及开关的位置
打开示宽灯开关，观察汽车前后示宽灯工作状态，如图4-3-17所示为帕萨特的示宽灯开关。
4. 示宽灯电压的检测
① 关闭点火开关，找到示宽灯的插座，将插座与示宽灯底座分离，如图4-3-18所示。
② 打开万用表，选择直流电压20V挡，用万用表的红、黑表笔分别与线束端的两个插孔相接触，即可读得电压值，如图4-3-19所示。

单元四 汽车电路基础

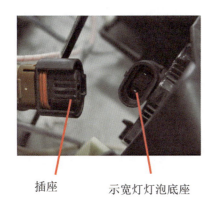

插座　　示宽灯灯泡底座

图 4-3-18　示宽灯插接器

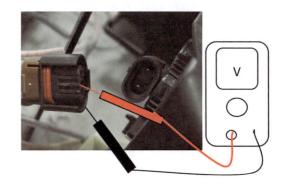

图 4-3-19　示宽灯电压测量

③ 用同样方法，分别测出其余示宽灯的电压值。
④ 比较四个示宽灯的电压值。

5. 示宽灯电阻的检测
① 示宽灯电压测量完成之后，选择万用表的电阻 200Ω 挡。
② 将万用表的红、黑表笔分别与示宽灯泡的灯座的两端子相接触，即可读得电阻值，如图 4-3-20。
③ 用同样方法，分别测出其余示宽灯的电阻值。
④ 比较四个示宽灯泡的电阻值。

6. 实验注意事项
① 示宽灯的插座大多设有卡簧或其他形式的锁止，要先按下卡簧解锁，再拔插座，不可以在没解除锁止前大力拉扯。
② 示宽灯电阻和电压的测量方法可以用于汽车上其他负载的电阻和电压测量。
③ 示宽灯的电源一般都不受点火开关控制，只需打开示宽灯开关即可以进行测量。
④ 在点火开关关闭的状态下才可以拔插座。

7. 实验设备、工具、仪表、材料、场地等的整理

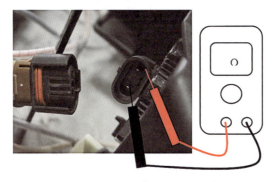

图 4-3-20　示宽灯电阻的测量

任务检查

检查项目	结果与数据	检查项目	结果与数据	检查项目	结果与数据
工量具、器材完好情况		电阻测量结果		是否出现异常现象	
汽车万用表使用是否正确		电压测量结果		6S 管理是否到位	

125

1. 评价与反馈

自评、组评和师评

考核项目	评分标准	分数	学生自评 20%	小组互评 60%	教师评价 20%	小计
仪容仪表	工作服、鞋、胸卡穿戴整洁	5				
	发型、指甲等符合工作要求	5				
	不佩戴首饰、钥匙、手表等	5				
教学过程	有无安全隐患	20				
	是否任务分配到人	5				
	是否积极主动	10				
	是否规范操作	10				
	是否完成任务	20				
职业素养	手机摆放是否到位	5				
	实训设备完好情况	5				
	认真执行 6S 过程化管理	10				
	总分	100				

教师签名： 　　　　　　　　　　　　　　　　　　　　年　月　日

2. 撰写实验实训报告

单元五　汽车电磁原理

模块一　电磁原理

模块介绍

本模块包括磁现象和电磁感应现象两个课题，主要介绍了磁的概念和特性，电和磁之间的感应现象。

模块目标

1. 理解磁的概念和特性；
2. 理解磁场、磁化、磁通密度、磁路的含义；
3. 掌握电和磁之间的关系。

课题一　磁现象

学习目标

1. 理解磁的现象和磁的特性；
2. 理解磁场、磁化、磁通密度的含义。

问题引导

中国是世界上最早发现磁现象的国家，早在战国末年就有磁铁的记载，中国古代的四大发明之一的司南（指南针）就是其中之一。现在，磁技术已经渗透到了我们的日常生活和工农业技术的各个领域，我们已经越来越离不开磁性材料。本课题主要介绍磁的概念及其特性。

一、磁性

1. 磁的概念

物体吸引铁、钴、镍等物质的性质叫磁性。具有磁性的物质叫磁体，任何物质都有磁性，只是有的磁性强，有的磁性弱。

电磁现象

2. 磁的特性

磁体上各部分磁性强弱是不同的，磁体上磁性最强的叫磁极，它的位置在磁体的两端，如图5-1-1所示。

磁极总是成对出现，没有单独的磁极。

同性磁极相斥，异性磁极相吸。

地球是一个大磁体，地磁的南极在地球的北极附近，地磁的北极在地球的南极附近，如图5-1-2所示。

磁性强弱用磁体发出的磁力线的多少来表示，磁性强的地方磁力线密，磁性弱的地方磁力线稀，如图5-1-3所示为条形磁铁的磁力线。

磁力线方向：磁力线从磁铁的N极发出到S极，再从磁铁内部S极回到N极，构成一个完整的磁回路，如图5-1-4所示。

图5-1-1 磁体的磁极

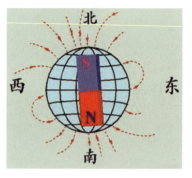

图5-1-2 地球的磁极

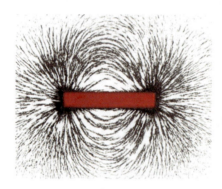

图5-1-3 条形磁铁的磁力线

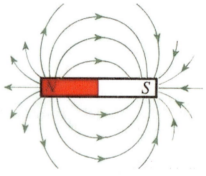

图5-1-4 磁回路

理论和实践表明，磁感线具有以下特点：

① 磁感线是一个封闭的平滑曲线，在磁铁外部是由N极指向S极，而磁铁内部是由S极指向N极，形成闭合回路。

② 磁感线是立体的，有无数条。

③ 所有的磁感线都不相交。

④ 磁感线的相对疏密表示磁性的相对强弱，即磁感线疏的地方磁性较弱，磁感线密的地方磁性较强。

二、磁场

磁体周围存在着一种特殊的物质，这种物质叫磁场。磁场是看不见摸不着的物质，但又客观存在，磁场对放入其中的磁体产生磁力的作用，磁体间的相互作用就是以磁场作为媒介的。

磁场具有方向性，物理学规定：自由转动的小磁针静止时N极的指向为该点的磁场方向，如图5-1-5所示。

磁场中，磁力线上的任意一点的切线方向都代表该点的磁场方向。

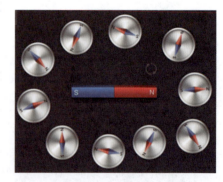

图5-1-5 磁场的方向

三、磁化

一些物体在磁体或电流的作用下会获得磁性，这种现象叫做磁化。许多物质容易磁化。机械表磁化后，走时不准，等等。

磁化的方法有：

①用磁体的南极或北极，沿物体向一个方向摩擦几次。如图 5-1-6 所示，用一个条形磁铁在钢棒上用力划几下，钢棒便被磁化。

②在物体上绕上绝缘导线，通入直流电，经过一段时间后取下即可。如图 5-1-7 所示，在铁钉上缠绕绝缘导线，然后通入直流电，铁钉被磁化具有磁性，可吸引铁屑。

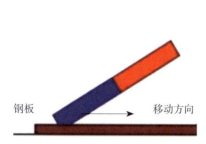

图 5-1-6　条形磁铁在钢棒上摩擦

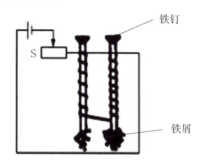

图 5-1-7　磁化现象

四、磁通密度

1. 磁通量

磁场强度一般用磁力线的多少来表示，磁力线的数量称为磁通量，用 Φ 表示。

磁通量的单位是韦伯（Wb）。

2. 磁通密度

磁通密度是指单位面积内，垂直通过的磁力线数目，如图 5-1-8 所示，即：

$$B = \frac{\Phi}{A}$$

式中　Φ——磁通量，Wb；

　　　A——面积，m^2；

　　　B——磁通密度，Wb/m^2，也叫磁感应强度。

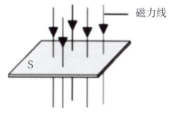

图 5-1-8　磁通密度

3. 磁阻

磁阻：就是磁通通过磁路时所受到的阻碍作用，用 R_m 表示。磁路中磁阻的大小与磁路的长度 l 成正比，与磁路的横截面积 S 成反比，并与组成磁路的材料性质有关，且 $R_m = l/S$。

磁阻如同电学中的电阻一样，磁场中的磁力线总是寻找一条磁阻最小的回路。

一、填空题

1. 物体具有吸引 _____、_____、_____ 等物质的性质叫磁性。

2. 磁体上磁性最强的部分叫 _____。

3. 磁性的强弱用磁体发出的 _____ 来表示。

笔记

二、选择题

1. 以下有关磁现象的说法中，不正确的是（   ）。

　　A. 磁体周围存在磁场

　　B. 磁感线是真实存在的

　　C. 同名磁极互相排斥

　　D. 指南针能指南北是受地磁场的作用

2. 有几位同学讨论磁感线时有以下几种说法，你认为不正确的是（   ）。

　　A. 磁体周围越接近磁极的地方磁感线越密

　　B. 磁感线并不存在，是一种假想的线

　　C. 通电螺线管外部磁感线的方向是从南极到北极

　　D. 磁场中某点的磁场方向就是磁感线的切线方向

3. 有甲、乙两根外形完全一样的钢棒，一根有磁性，另一根没有磁性，现用甲钢棒的一端接触乙钢棒的中部，发现没有吸引现象，由此可知（   ）。

　　A. 甲钢棒有磁性，乙钢棒没有磁性

　　B. 乙钢棒有磁性，甲钢棒没有磁性

　　C. 甲、乙钢棒都没有磁性

　　D. 无法判断哪根钢棒有磁性

4 把钢条的一端移近小磁针，小磁针被吸引过来，说明（   ）。

　　A. 钢条一定具有磁性　　　　　　B. 钢条一定没有磁性

　　C. 钢条可能有磁性　　　　　　　D. 以上说法都不对

三、判断题

1. 铜、铝不能吸引铁、钴、镍，所以铜、铝无磁性。　　　　　　　　　　（   ）

2. 磁场的方向永远都是由N极指向S极。　　　　　　　　　　　　　　（   ）

3. 将条形磁铁从中间断开，两段将各有一个磁极。　　　　　　　　　　（   ）

四、简答题

1. 地球的磁极与地理位置是什么关系？

2. 磁场的方向是如何规定的？

3. 小磁针为什么能指南北？

4. 为什么磁悬浮列车能够高速运行？

课题二　电磁感应

学习目标

1. 了解各种电流的磁场；
2. 理解磁场对通电导体的作用；
3. 理解电磁感应现象。

问题引导

人们曾经认为磁和电是两类截然分开的现象，直到1820年丹麦物理学家奥斯特发现了电流的磁效应后，人们才认识到磁与电是不可分割地联系在一起的。电和磁究竟有什么联系？1831年，英国物理学家法拉第发现了电磁感应现象，进一步揭示了电与磁之间的本质联系，简单地说就是"电生磁，磁生电"。日常生活和生产实践中，发电机、电动机、输电用的变压器及许多自动控制装置都是以电磁感应现象为基础设计的，这里主要介绍电流的磁场、磁场对电流的作用和电磁感应现象及有关规律。

1820年4月丹麦物理学家奥斯特在实验中发现，在1根导线下方，放置与导线平行的小磁针，则当导线通电时，小磁针会发生偏转。实验中，小磁针的偏转说明了电流能够产生磁场。实际上，在载流导线周围存在的磁场，就像磁铁周围的磁场一样。由于电流是由运动的电荷形成的，因此，在运动的电荷周围也存在磁场。

一、电流磁场

1. 电流磁场的定义

导线通入电流，在导体的周围就产生磁场，这一现象称为电流的磁效应，又称为电流磁场。如图5-1-9所示，线圈得电后将在其周围产生磁场，并对铁尺产生电磁引力，电磁铁、电动机、发动机及很多电气设备就是利用这一原理工作的。

直线电流的磁感线的环绕方向跟电流方向之间的关系可用右手定则判定：用右手握住导线，让垂直四指的拇指指向电流的方向，则弯曲的四指所指的方向就是磁感线的环绕方向。

如果导线绕成线圈，由于磁感线互相不相交，则多数磁感线将围绕整个线圈，其分布跟条形磁铁的磁感线分布相似，如图5-1-10所示。

图5-1-9　通电线圈周围的磁场

2. 磁场大小的决定因素

决定磁场大小的因素如下：

① 流过导体电流越大，磁场越强（图5-1-10）。

② 导体的匝数越多，磁场越强（图5-1-10）。

③ 与磁场中的介质有关。

在磁场中放入铁磁性物质（如铁、钢、铸铁、镍、钴等物质），磁感应强度B增加几千甚至几万倍，所以在需要强磁场的地方都可看到铁磁性物质（铁芯）的存在。

表示磁场内某点磁场强弱和方向的物理量称为磁感应强度，用符号B表示，单位：特斯拉（T）。用磁感线可形象地描述磁感应强度B的大小，磁感应强度B较大的地方，磁场较强，磁感线较密；磁感应强度B较小的地方，磁场较弱，磁感线较稀。

磁感线切线方向即为该点磁感应强度 B 的方向。
匀强磁场中各点的磁感应强度大小和方向均相同。

（a）

（b）

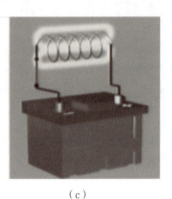
（c）

图 5-1-10　电流磁场

3. 磁场对电流的作用

电动机通电后就会转动，这是因为通电线圈受到了磁场的作用力而转动起来。实验表明，放在磁场中的导体有电流通过时，导体会因受到磁场力的作用运动起来。磁场对通电导体的作用力称为安培力。

人们通过大量实验总结出了判断安培力的方向、磁场方向和电流方向的关系，这个关系称为左手定则，即伸开左手，使拇指跟其余四指垂直，且与手掌在一个平面内，使磁感线垂直穿过手心，四指指向电流方向，则拇指的指向就是通电导线所受的安培力的方向。判断方法如图 5-1-11 所示。

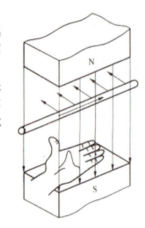

图 5-1-11　左手定则

二、电磁感应现象

（一）电磁感应定律

1. 电磁感应实验

法拉第电磁感应实验，如图 5-1-12 所示。

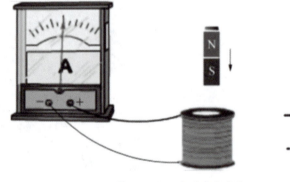

图 5-1-12　电磁感应实验

实验证明：
① 当导体作切割磁力线运动或线圈中的磁通量发生变化时，导线中产生感应电动势。
② 若导线或线圈是闭合电路的一部分，则在导线或线圈中会产生感应电流。
这种变化的磁场使闭合的回路产生电流的现象称为电磁感应现象，所产生的电流称为感应电流。

2. 感应电动势

① 在电磁感应中产生的电动势叫感应电动势。产生感应电动势的那部分导体，就相当于电源。
② 感应电动势的方向。
在电源内部：电流从电源负极流向正极，电动势的方向也是由负极指向正极。因此感应电动势的方向与感应电流的方向一致，可用右手定则和楞次定律来判断。

注意：对电源来说，电流流出的一端为电源的正极。

那么，电磁感应现象的发生需要满足什么条件呢？

（二）电磁感应的条件

从法拉第的实验中可以发现，当条形磁铁静止不动时，穿过螺线管的磁力线的条数不变，电流表的指针静止不动，说明回路中没有电流产生；当条形磁铁上下运动时，穿过螺线管的磁力线条数会发生变化，此时电流表的指针发生偏转，说明有电流产生。

由此可见，产生电磁感应的条件是闭合回路的磁场发生变化。

而感应电动势与电路是否闭合无关。感应电动势是电源本身的特性，即只要穿过电路的磁通发生变化，电路中就有感应电动势产生，与电路是否闭合无关。若电路是闭合的，则电路中有感应电流；若外电路是断开的，则电路中就没有感应电流，只有感应电动势。

学后测评

一、填空题

1. 电流磁场是导线通入_____，在导体的周围就产生_____，这一现象又称为电流的_____。

2. 磁感应强度是表示磁场内某点磁场_____和_____的物理量。

3. 磁感线的_____方向即为该点磁感应强度 B 的方向。

二、选择题

1. 在汽车电气系统中，不是利用电、磁相互转换的是（　　）。

　　A. 发电机　　　B. 直流电机　　　C. 电磁继电器　　　D. 转向灯

2. 不是决定磁场大小的因素（　　）。

　　A. 流过导体电流　B. 导体两端电压　C. 导体的匝数　　D. 磁性物质

3. 非铁磁性物质是（　　）。

　　A. 铸铁　　　　B. 镍　　　　　C. 钴　　　　　　D. 铝

三、判断题

1. 流过导体电流越大，磁场越强。　　　　　　　　　　　　　　　　　（　　）

2. 导体的匝数越少，磁场越强。　　　　　　　　　　　　　　　　　　（　　）

3. 磁感线可形象地描述磁感应强度 B 的大小，B 较大，磁场较强，磁感线较少。（　　）

四、简答题

1. 举例说明什么是电磁感应现象，并说明电磁感应的条件。

2. 若发生电磁感应时，回路不闭合，是否存在感应电流及感应电动势？

模块二　电磁应用

模块介绍

在日常生活及生产实践中，各种电动机、发电机及许多自动控制装置都是以电磁感应现象为基础来设计的。本模块包括电磁铁、继电器、变压器、点火线圈、汽车电磁干扰及其抑制五个课题。

模块目标

1. 了解汽车上的电磁元件作用、种类；
2. 了解汽车电磁元件的结构和原理；
3. 知道电磁干扰的危害及其抑制方法。

课题一　电磁铁

学习目标

1. 理解电磁铁的概念、结构和工作原理；
2. 了解磁路的基本知识；
3. 知道电磁铁的分类和特点。

问题引导

电磁铁作为自动控制系统的执行器件，在汽车上的应用越来越广泛，如电磁铁汽车门锁、汽车启动机等。电磁铁如何工作、有哪些优点，本课题主要介绍相关知识。

电磁铁是利用通电的铁芯线圈所产生的强磁场来吸引铁磁物质（衔铁）动作的电器。它广泛地应用在继电器、接触器及自动控制装置中。

电磁铁是利用通电的铁芯线圈所产生的电磁力吸引衔铁而做成的一种电器，如图 5-2-1 所示。

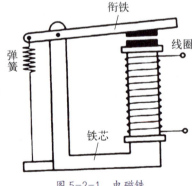

图 5-2-1　电磁铁

一、电磁铁的结构及分类

1. 电磁铁的结构

电磁铁一般是由线圈、铁芯和衔铁三部分组成。电磁铁可以通过控制电路的接通和断开，以达到保护电气设备的作用，利用电流的磁效应，使软铁具有磁性。

2. 电磁铁的分类

按照铁芯线圈通入的电流的性质不同，电磁铁分为直流电磁铁和交流电磁铁两类。

二、电磁铁的原理及应用

电磁铁本身没有磁性，其磁性可以通过通、断电流来控制。如图 5-2-1 所示，将软铁棒插入一螺线管中，当螺线管通以电流时，螺线管内部的磁场使软铁棒磁化成暂时磁铁；但电流切断后，螺线管及软铁棒的磁性随之消失。

软铁棒磁化后所产生的磁场，加上螺线管内的磁场，使总的磁场强度大大增强，故电磁铁的磁力远大于天然磁铁。螺线管中电流越大，线圈匝数越多，电磁铁的磁场越强。磁极的方向是由电流的方向决定的。

电磁铁中的铁芯的主要作用是增大通电螺线管的磁性。铁芯要用容易磁化，又容易消失磁性的软铁或硅钢来制作。这样的电磁铁在通电时有磁性，断电后就随之消失。

由于直流电磁体具有结构简单、易于控制等特点，因此它广泛用于汽车控制领域中，如各种电磁开关阀、喷油器、电喇叭等。

一、填空题

1. 电磁铁是利用通电的铁芯线圈所产生的_____吸引衔铁而做成的一种电器。
2. 电磁铁一般是由_____、_____和_____三部分组成。

二、选择题

1. 不是电磁铁应用装置的是（   ）。
   A. 继电器   B. 接触器   C. 自动控制装置   D. 开关
2. 不是直流电磁体运用领域的是（   ）。
   A. 电磁开关阀   B. 喷油器   C. 电喇叭   D. ECU

三、判断题

1. 电磁铁可以通过控制电路的接通和断开，以达到保护电气设备的作用，利用电流的磁效应，使软铁具有磁性。（   ）
2. 螺线管中电流越大，线圈匝数越多，电磁铁的磁场越弱。（   ）

四、简答题

举例说明电磁铁在汽车上的应用。

课题二　继电器

1. 理解继电器的概念、结构和工作原理；
2. 知道继电器的分类和特点。

人直接操作高压电路的开关是很危险的，如果能够在低压下操作高压电路，就能避免高压的危险。利用电磁铁制成的电磁继电器，可以完成这一任务。

汽车电工电子技术

继电器是一种根据特定形式的输入信号（如电流、电压、时间、速度等物理量）的变化来接通或断开小电流电路的自动控制电器。在电气控制线路中，继电器一般不用来直接控制主电路，而是通过接触器或其他电器实现对主电路的控制，它实质上是一种传递信号的电器，在电路中起着自动调节、安全保护以及转换电路等作用。

一、继电器的结构及分类

1. 继电器基本结构

如图 5-2-2 所示为继电器的基本结构，继电器主要由线圈、铁芯、衔铁、触点等组成。

2. 继电器的分类

汽车继电器按触点类型分，可分为三类：动合继电器、动断继电器、混合型继电器。这三类继电器的动作状态，如表 5-2-1 所示。动合继电器的触点平时是断开的，线圈得电后触点接通；动断继电器的触点平时是闭合的，线圈得电后触点断开；复合型继电器平时动断触点接通，动合触点断开，继电器线圈得电后动断触点断开，动合触点接通。

按继电器的引脚数分：3引脚、4引脚、5引脚等。

根据动作原理不同可分：电磁式、感应式、电子式等，最常用的是电磁式。

如图 5-2-3 所示为汽车上应用的几种类型的继电器。

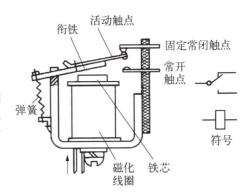

图 5-2-2 继电器基本结构

图 5-2-3 几种类型的继电器

表 5-2-1 继电器的种类

	动合（N.O）继电器	动断（N.C）继电器	混合型继电器
正常（通常）状态	不通／不通（圆圈 白）	通（黑 触点）	不通→通／不通→通

续表

	动合（N.O）继电器	动断（N.C）继电器	混合型继电器
线圈通电时的情况			

二、继电器的工作原理

如图 5-2-2 所示，当通过线圈的电流超过某一定值时，电磁吸力大于弹簧的反作用力，衔铁吸合，进而带动活动触点动作，使动断触点断开，动合触点闭合。

如图 5-2-4 所示为汽车启动系继电器电路图。为了防止驾驶员在启动结束后未能及时断开启动开关，电路中安装了一个启动继电器和一个保护继电器，通过保护继电器自动断开线路。当发动机启动后，发电机中性点 N 输出电压，使保护继电器中的线圈流过电流，产生磁场，使 K_2 断开，故启动继电器中的线圈形成断路，使 K_1 断开，从而断开启动机中电流。在启动开关没有断开的情况下，保护启动机。

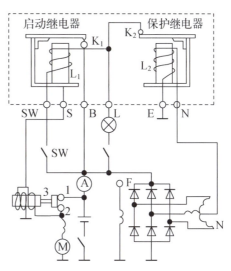

图 5-2-4　启动系继电器电路图

三、继电器在汽车上的应用

继电器在汽车上应用广泛，通常一辆汽车上有几十种各种类型的继电器，如启动继电器、喇叭继电器、刮雨继电器等。

由于汽车电气系统电压较低，具有一定功率的用电器工作电流比较大（一般在几十安以上），这样大的电流不宜用开关或按键直接进行通断控制，否则将导致触点因无法承受大电流而烧毁。为了减少控制开关触点的电流负荷，获得所需的控制功能，往往根据需要，在电路中设置一些继电器。因为继电器是一种用小电流控制大电流的器件，继电器本身触点能够承受大的电流冲击，所以在汽车上经常利用开关控制继电器的线圈的接通与断开，来控制电气部件的通断。

由于继电器主要由导线绕制而成，根据楞次定律可知，当初级线圈在刚接通时，线圈都会感应出一反向电压。反向电压常常会造成精密控制元件的损毁，欧洲车系常在继电器内与线圈并联一个二极管，为感应电压提供一个旁通通路，如图 5-2-5 所示；日系车中，二极管则常串联在线圈回路中，阻断反向电压的产生，如图 5-2-6 所示。

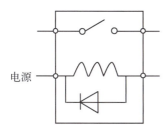

图 5-2-5　欧系继电器

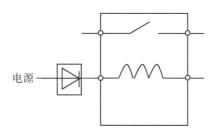

图 5-2-6　日系继电器

汽车闪光继电器的工作原理

一、填空题

1. 继电器是一种利用_____电流来控制_____电流电路的电磁开关。
2. 汽车继电器常见的有三类：_____、_____、_____。

二、选择题

1. 继电器线圈的电阻一般为（　　）Ω。
   A. 10～50　　B. 20～100　　C. 40～200　　D. 60～200
2. 喇叭继电器一般用（　　）个引脚的继电器。
   A. 2　　B. 3　　C. 4　　D. 5

三、判断题

1. 电容器与断电器的触点串联，用于减少触点间的火花，延长触点的使用寿命。（　　）
2. 动合继电器平时触点是断开的，线圈得电，继电器动作后触点接通。（　　）
3. 动断继电器平时触点是闭合的，线圈得电，继电器动作后触点接通。（　　）
4. 混合型继电器平时动断触点接通，动合触点断开，继电器线圈得电，动合、动断触点则变成与平时相反的状态。（　　）

四、简答题

简述继电器在汽车上的应用。

课题三　变压器

1. 掌握变压器的结构和工作原理；
2. 了解自耦变压器的结构特点和电压、电流比；
3. 掌握点火线圈的工作原理和分类；
4. 熟悉汽车点火系统的组成和工作原理。

变压器是根据电磁感应原理工作的一种常见的电气设备，在电力系统和电子线路中应用广泛。它的基本作用是将一种等级的交流电变换成另外一种等级的交流电。

一、变压器的结构及分类

（一）变压器基本结构

变压器是由闭合铁芯、线圈绕组和冷却系统组成，如图5-2-7所示。

1. 铁芯

铁芯构成变压器的磁路，为了减少铁损，提高磁路的导磁性能，一般由 0.35～0.55mm 的表面绝缘的硅钢片交错叠成。根据铁芯的结构不同，变压器可分为心式（容量较小）和壳式（容量较大）两种。

2. 绕组

绕组也叫线圈，是变压器的电路部分，用绝缘导线绕制而成的，有原绕组、副绕组之分。与电源相连的称为原绕组（或称初级绕组、一次绕组），与负载相连的称为副绕组（或称次级绕组、二次绕组）。

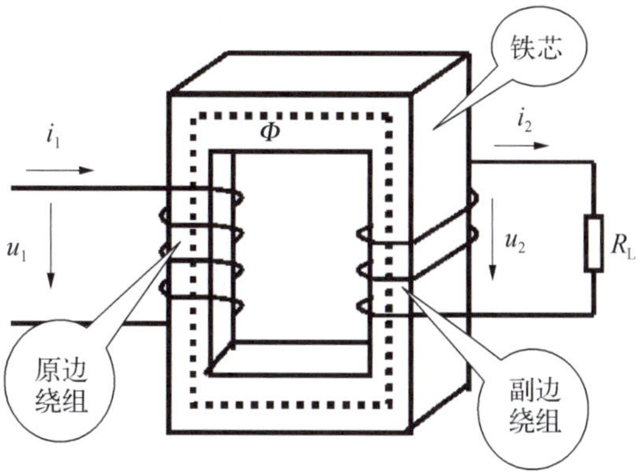

3. 辅助装置

变压器在工作时，铁芯和线圈会发热，因此，除了铁芯和线圈以外，变压器还需要绝缘和散热用的变压器油、盛装变压器油的油箱、冷却装置及安全装置等辅助装置。一般小容量变压器采用自冷式，即将变压器放在空气中自然冷却。中等容量的电力变压器采用油冷式，即将变压器放置在有散热管或散热片的油箱中；大容量的变压器需要增加油泵，使冷却液在油箱与散热片中作强制循环。

图 5-2-7 变压器的结构示意图

（二）变压器的分类

变压器有很多分类的方法，按相数分，可分为单相变压器和三相变压器。

按照用途分，可分为以下 4 类：

① 电力变压器。用于输配电系统的升高电压和降低电压。根据容量分为特大型、大型、中小型。
② 仪用变压器。用于测量仪表和继电保护装置，如电压互感器、电流互感器。
③ 特种变压器。用于各类特种设备中，如电炉变压器、整流变压器、调整变压器等。
④ 电子变压器。用于电子电路中，体积较小，应用广泛。

二、变压器的工作原理

（一）单相变压器的工作原理

如图 5-2-8（a）所示，在原绕组上接入交流电压 U_1 时，原绕组中便有电流 I_1 通过。原绕组的磁动势 I_1N_1 产生的磁通绝大部分通过铁芯而闭合，从而在副绕组中感应出电动势。

如果副绕组接有负载，那么副绕组中就有电流 I_2 通过。副绕组的磁动势 I_2N_2 也产生磁通，其绝大部分也通过铁芯而闭合。因此，铁芯中的磁通是一个由原、副绕组的磁动势共同产生的合成磁通，它称为主磁通，用 Φ 表示。主磁通穿过原绕组和副绕组而在其中感应出的电动势分别为 e_1、e_2。此外，原、副绕组的磁动势还分别产生漏磁通 $\Phi_{\sigma 1}$ 和 $\Phi_{\sigma 2}$，从而在各自的绕组中分别产生漏磁动势 $e_{\sigma 1}$ 和 $e_{\sigma 2}$。

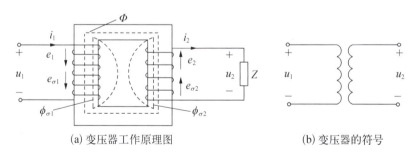

(a) 变压器工作原理图　　　　(b) 变压器的符号

图 5-2-8 变压器工作原理图及符号

（二）特殊变压器

1. 自耦变压器

（1）结构特点　自耦变压器的构造如图 5-2-9 所示。在闭合的铁芯上只有一个绕组，它既是原绕组又是副绕组。低压绕组是高压绕组的一部分。

（2）电压比、电流比

$$\frac{U_1}{U_2} = \frac{N_1}{N_2} = K \qquad (5\text{-}2\text{-}1)$$

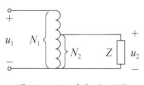

图 5-2-9 自耦变压器

$$\frac{I_1}{I_2} = \frac{N_2}{N_1} = \frac{1}{K} \tag{5-2-2}$$

（3）用途　调节电炉炉温、照明亮度、启动交流电动机以及用于实验和在小仪器中。

（4）使用注意事项

① 在接通电源前，应将滑动触头旋到零位，以免突然出现过高电压。

② 接通电源后，应慢慢地转动调压手柄，将电压调到所需要的数值。

③ 输入、输出边不得接错，电源不准接在滑动触头侧，否则会引起短路事故。

2. 仪用互感器

仪用互感器是专供电工测量和自动保护的装置，使用仪用互感器的目的在于扩大测量表的量程，为高压电路中的控制设备及保护设备提供所需的低电压或小电流，并使它们与高压电路隔离，以保证安全。

仪用互感器包括电压互感器和电流互感器两种。

（1）电压互感器　电压互感器的副边额定电压一般设计为标准值100V，以便统一电压表的表头规格。其接线如图5-2-10所示。

电压互感器原、副绕组的电压比等于其匝数比：

$$\frac{U_1}{U_2} = \frac{N_1}{N_2} = K_u \tag{5-2-3}$$

若电压互感器和电压表固定配合使用，则从电压表上可直接读出高压线路的电压值。

使用注意事项：

① 电压互感器副边不允许短路，因为短路电流很大，会烧坏线圈，为此应在高压边设熔断器作为短路保护。

② 电压互感器的铁芯、金属外壳及副边的一端都必须接地。否则，高、低压绕组间的绝缘损坏，低压绕组和测量仪表对地将出现高电压，这对工作是非常危险的。

（2）电流互感器　电流互感器是用来将大电流变为小电流的特殊变压器，它的副边额定电流一般设计为标准值5A，以便统一电流表的表头规格。其接线图如图5-2-11所示。

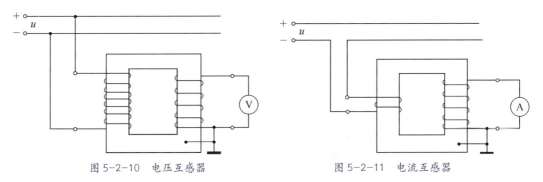

图 5-2-10　电压互感器　　　　图 5-2-11　电流互感器

电流互感器的原、副绕组的电流比等于匝数的反比，即

$$\frac{I_1}{I_2} = \frac{N_2}{N_1} = \frac{1}{K_u} \tag{5-2-4}$$

若安培表与专用的电流互感器配套使用，则安培表的刻度就可按大电流电路中的电流值标出。

使用注意事项：

① 电流互感器的副边不允许开路。

② 副边电路中装拆仪表时，必须先使副绕组短路，副边电路中不允许安装熔丝等保护设备。

③ 电流互感器副绕组的一端以及外壳、铁芯必须同时可靠接地。

三、点火线圈的应用

点火线圈是汽车点火系统中的重要元件，它实际上就是一个变压器。不需点火时，以磁场能的形式储存点火所需的能量，需要点火时，释放点火能量，本课题着重介绍点火线圈的结构、种类和原理。

1. 点火线圈的工作原理

如图5-2-12所示，通常点火线圈里有两组线圈：初级线圈和次级线圈。初级线圈用较粗的漆包线，次级线圈用较细的漆包线，它能够将蓄电池的低电压（12V）转变为15～20kV的高电压。

点火线圈的工作方式与普通变压器不一样，普通变压器是连续工作的，而点火线圈则是断续工作的。

当初级线圈接通电源时，四周就产生了一个很强的磁场，铁芯储存了磁能；当开关使初级线圈电路断开时，初级线圈的磁场迅速衰减，次级线圈就会感应出很高的电压。

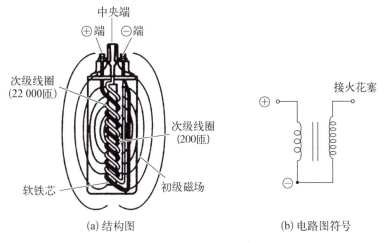

图 5-2-12 点火线圈的工作原理

2. 点火线圈的分类

点火线圈依照磁路分为开磁式和闭磁式两种。蓄电池点火系统广泛使用的是开磁式点火线圈，如图 5-2-13 所示。高能电子点火系统多用闭磁式点火线圈，如图 5-2-14 所示。

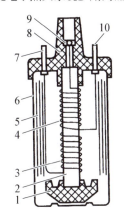

图 5-2-13 开磁式点火线圈

1-瓷座；2-铁芯；3-初级绕组；4-次级绕组；5-硅钢片；6-外壳；7，10 接线柱；8-胶木盖；9-高压接线柱

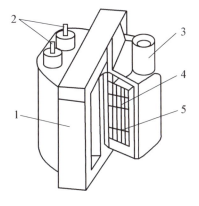

图 5-2-14 闭磁式点火线圈

1-E 字形铁芯；2-次绕组接线柱；3-高压接线柱；4-一次绕组；5-二次绕组

四、点火线圈在汽车上的应用

汽车传统点火系统是由电源、点火线圈、断电器、分电器、点火开关、火花塞等组成。如图 5-2-15 所示。

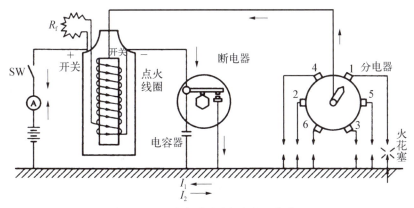

图 5-2-15 点火系统的组成和工作原理

各组成部分的功用：

① 电源为蓄电池和发电机，标称电压为12V，其作用是供给点火系统所需的电能。

② 点火线圈是将12V的低压电转换为15～20kV高压电。

③ 断电器是用于接通和断开初级电路，它是由触点和凸轮组成，凸轮的凸角数与汽缸数相同。

④ 电容器与断电器的触点并联，用于减少触点间的火花，延长触点的使用寿命。

⑤ 分电器由分电器盖和分火头组成。当分火头旋转时，它上面的导电片依次和旁电极接通，将点火线圈产生的高压电，按发动机的工作顺序分别传到各缸火花塞。

⑥ 点火开关用于控制点火系统初级电路的通断，只要断开点火开关，发动机可立即熄火。

⑦ 火花塞的作用是将点火线圈产生的高压电引入燃烧室，并在电极间产生电火花，点燃混合气。

一、填空题

1. 变压器的基本组成部分为_____和_____。

2. 根据铁芯的结构不同，变压器可分为_____和_____两种。

3. 绕组即_____，是变压器的_____部分，用绝缘导线绕制而成的，有_____和_____之分。

4. 一般通常情况下，点火线圈里有两组线圈，即：_____和_____。

5. 点火线圈的工作方式与普通变压器不一样，普通变压器是_____工作的，而点火线圈则是_____工作的。

6. 传统点火系统是由_____、_____、_____、_____、_____、_____等组成。

7. 点火线圈是将12V的低压电转换为_____V的高压电。

二、选择题

1. 变压器组成中没有的是（　　）。

　　A. 闭合铁芯　　B. 线圈绕组　　C. 冷却系统　　D. 外壳

2. 不是与电源相联的称呼的是（　　）。

　　A. 原绕组　　B. 称初级绕组　　C. 原边　　D. 一次绕组

3. 不是自耦变压器使用注意事项的是（　　）。

　　A. 在接通电源前，应将滑动触头旋到零位，以免突然出现过高电压

　　B. 接通电源后应慢慢地转动调压手柄，将电压调到所需要的数值

　　C. 输入、输出边不得接错，电源不准接在滑动触头侧，否则会引起短路事故

　　D. 副边电路中装拆仪表时，必须先使副绕组短路，并在副边电路中不允许安装熔丝等保护设备

三、判断题

1. $\dfrac{U_1}{U_2}=\dfrac{N_1}{N_2}=K$，$\dfrac{I_1}{I_2}=\dfrac{N_2}{N_1}=\dfrac{1}{K}$。（　　）

2. 电压互感器副边不允许短路，因为短路电流很大，会烧坏线圈，为此应在低压边将熔断器作为短路保护。（　　）

3. 电流互感器的原、副绕组的电流比为匝数的正比。（　　）

4. 火花塞的作用是将点火线圈产生的高压电引入燃烧室，并在电极间产生电火花，点燃混合气。（　　）

5. 开磁路线圈和闭磁路点火线圈只是结构不同,它们在线圈中的作用效果是相同的。(　　)

四、简答题

1. 简述单相变压器的结构和工作原理。
2. 简述变压器的电压比、电流比。
3. 简述点火线圈产生高压电的原理。

课题四　汽车电磁干扰及抑制

1. 了解汽车电磁干扰的现象;
2. 掌握电磁干扰的特点以及对电磁干扰的抑制措施。

汽车在行驶时,发动机的高压点火系统会产生强电磁波。强电磁波,一方面会影响其周围的无线电广播和无线电通信业务的正常运行;另一方面,也会对汽车内部的各种电子部件和电子设备的正常工作带来不良影响。汽车上的电磁干扰问题已引起了人们越来越多的关注,本课题主要讲述汽车电磁干扰的现象、特点、危害和抑制措施。

一、电磁干扰及特点

1. 电磁干扰现象

汽油发动机在工作时,它的高压点火系统会产生强电磁波,对环境造成电磁污染。因此,人们将"电磁污染"列入汽车所造成的三大污染源之一(排放、噪声、电磁)。目前,这种电磁污染的控制要求已被列入世界各国的技术法规中,经过多年的技术规范,市场上目前运行的汽车基本实现了点火脉冲电磁噪声的有效控制。

随着汽车技术的不断进步和发展,汽车电子电气设备的大量应用,汽车电磁干扰的特点及其产生的影响也有了巨大的变化。汽车产生电磁干扰的源,不单纯是点火系统,大量应用于车辆上的各种电子电气设备也同样产生电磁干扰。

汽车产生电磁干扰的源有:高压点火系统;各种感性负载(如电机类电器部件);各种开关类部件(如闪光继电器);各种电子控制单元 ECU;甚至各种灯具、车载导航设备(GPS)等。车辆产生的电磁干扰不但对车辆外界的无线电设备造成影响,而且也会对车辆内部的各种电子部件造成不良影响。这些部件产生的干扰会在汽车内造成相互影响。例如:车辆正常行驶时,某些感性负载突然工作,产生的电磁干扰会导致 ABS 失去作用、电压调节器被击穿等;周围强的电磁辐射会引爆安全气囊等。

总之,由于汽车电器间的相互干扰(如点火、开关等形成的脉冲)不可避免,任何因素激发出的电路中的震荡,都会通过导线等以电磁波的形式发射出去,不仅对车上具有高频响应的特点的电子系统会产生电磁干扰,而且还会干扰收音机和通信设备。车外无线电波的发射,同样会干扰汽车上的电子设备,导致其工作异常。因此,汽车上装用电子控制装置等电子设备,都应具有良好的电磁屏蔽措施,并防止其损坏。

2. 电磁干扰的特点

车辆内部的电磁干扰特点不同于车辆对外部的干扰。车内电磁干扰可以通过各种连接线缆传播,也会以耦合方式、空间辐射方式进行传播。典型的形式有:沿电源线传导干扰;人体静电放电对电子部件的干扰;干扰能量通过空间辐射等。

143

二、电磁干扰的危害

1. 发动机点火系统产生沿电源线传导的干扰

如图 5-2-16 所示为发动机点火系统的电路原理图。

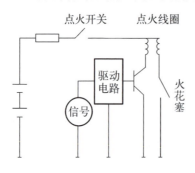
(a) 点火系统电路原理图

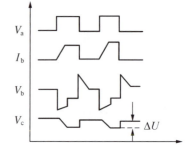
(b) 点火系统各部位信号时序图

图 5-2-16　发动机点火系统的电路框图

传感器获取点火信号 V_a，由驱动电路在点火线圈初级绕组内产生一通断的脉冲电流 I_b，次级线圈产生高压脉冲使火花塞放电，点燃发动机燃油混合气，混合气燃烧对外作功。当初级绕组内的电流通断变化时，初级绕组会产生瞬变电压，次级绕组产生高电压使火花塞放电，残余能量形成高频电磁波辐射到空间中。初级回路中的瞬变电压则沿电源线传到电源系统中，干扰电源系统，产生一波动电压 ΔV，如图 5-2-17 所示。一般情况下，实验测量得到 ΔV 为 2～4V。

汽车中的各种电子控制单元，要求有一个稳定的电源电压供电，才能正常工作。当供电系统中出现电压波动（如 ΔV），会对电子模块的正常工作产生影响。

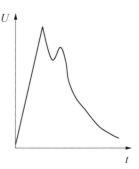

图 5-2-17　波动电压 ΔV

2. 感性负载产生沿电源线传导的干扰

汽车内使用的各种类型的电机都属于感性负载，如雨刮器电动机、启动机、暖风电机等，这类负载特性电路如图 5-2-18（a）所示。当感性负载（R_2）的供电被突然切断时，会产生反向瞬变电压 U_c，如图 5-2-18（b）所示。线圈初始储能越大，关断速度越快，瞬变过电压就越高。实测结果，一般 V_a 为 -100～300V；时间为 0.2～0.5s。

这种类型的干扰虽然不具有连续性，但是它的瞬变电压的幅值相当大，偶尔的出现会对电子模块造成严重影响，甚至损坏。后文中介绍的发电机调节器击穿损坏就是因这种反向瞬变电压造成的严重后果。

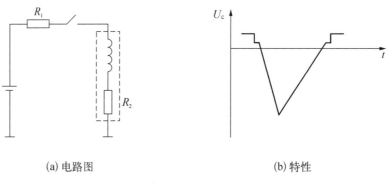

(a) 电路图　　　　　　　　　　(b) 特性

图 5-2-18　感性负载特性

3. 静电放电对车内电子部件的干扰

人体会产生静电，尤其在我国的北方地区，冬天气候干燥，人体容易产生静电。人体静电遇到一些导体就会释放出来，有直接放电，人们感觉不到，当静电储存到一定程度后，会通过空气放电，甚至会有火花产生，人们就会有强烈的放电感觉。人们在使用汽车时，这种静电放电现象是不可避免的。

静电的放电过程，既可能是正放电过程，也可能是负放电过程。放电电压 U 最高达 1.5～2.5kV；放电时间短（接触放电为 0.7～1ns，空气放电为 0.7～5ns）；放电电流很小，为 nA 级。

这种类型的干扰特点是：高电压；短时间；微小电流。其干扰影响程度是巨大的，会使一些电子控制单元产生误动作，严重的会损坏电子单元。

4. 部件或线缆间的相互耦合干扰

汽车中的各种线缆经常将它们捆绑成一束沿汽车内侧布置，电源线中的瞬变干扰会耦合到信号线或控制线中，形成差模信号，会对车内 ECU 等电子模块产生影响。这一点常被人们所忽视。

5. 辐射干扰

干扰能量的电磁波辐射形式，人们比较熟悉。人们关注的频率范围是 150kHz～1000MHz。其他频段的干扰也是存在的，人们正在进行研究。

三、电磁干扰的抑制措施

电磁干扰的抑制措施的选用。首先要考虑干扰源，要根据不同的干扰源的特点采取不同的抑制方式。如：点火系统的干扰；电源供电系统的干扰；电感性负载或开关性负载引起的干扰等。其次，考虑干扰的传播途径，这对采取有效地抑制措施非常重要。干扰的途径可以是：通过供电系统的电缆；通过天线或各种导线；通过耦合；通过空间直接辐射电磁波等方式。此外干扰抑制应该考虑抑制成本。一般的处理方式是限制干扰源产生的干扰噪声达到规定的合理范围内；同时，被干扰体应具有一定的抵抗干扰的能力，以达到相互共存、互不影响的状态。无限制地加大干扰抑制会成倍地增加抑制成本，这在实际应用中是非常不可取的做法。

汽车电子电气部件的干扰抑制方式，一般规定若干等级限值，不同部件根据其特点和使用方式的不同，选择一种合理的等级限值，以降低抑制成本。

对来自车内供电系统的干扰，一种简单而有效的方法是利用蓄电池作为一个极低阻抗、大容量的瞬变电压抑制器，吸收各种瞬变电压产生的干扰能量。最好的方式是保证蓄电池电缆接线良好。若负极搭铁，应保证搭铁电阻值最小。

对于线缆间耦合引起的干扰，一种节省成本的方法是在车内布线时充分考虑合理而有效地布置线缆。最好的方式为将 ECU 控制线或信号线与电源线分开布置，以减小因耦合而引起的干扰信号侵入。此外，采用屏蔽电缆的方式，也是避免外界电磁干扰侵入控制线和信号线的好方法。

对于电感性负载引起的干扰，抑制方式可以采用并联一个适当数值的电容器，以消除反向过电压。总体讲，干扰抑制措施的方式有很多种，可归纳整理为：屏蔽、滤波、接地、阻尼。

一、填空题

1. 汽车产生电磁干扰的源有_____；_____；_____；_____；甚至各种灯具、_____等。

2. 汽车内电磁干扰可以通过各种连接线缆传播，也会以耦合方式、空间辐射方式进行传播。典型的形式有：_____；_____；_____。

二、选择题

1. 不是汽车所造成的污染源的是（　　）。

　　A. 排放　　　　B. 噪声　　　　C. 电磁　　　　D. 废油

2. 不是抑制电磁干扰措施的是（　　）。

　　A. 屏蔽　　　　B. 滤波　　　　C. 接地　　　　D. 引流

三、判断题

1. 静电的放电过程，是正放电过程。　　　　　　　　　　　　　　　　　　（　　）

2. 静电的干扰特点是：低电压、短时间、微小电流。　　　　　　　　　　　（　　）

四、简答题

1. 电磁干扰的危害有哪些？

2. 简述汽车抑制电磁干扰的方法。

笔记

模块三　实验

模块介绍

本模块共有三个实验：汽车电磁喷油器的检测、汽车燃油继电器的检测和点火线圈的检测。

模块目标

1. 理解电磁喷油器的工作原理；
2. 掌握电磁喷油器的检测方法；
3. 理解汽车燃油继电器的工作原理；
4. 掌握汽车燃油继电器的检测方法；
5. 理解点火线圈的工作原理；
6. 掌握点火线圈的检测方法。

实验一　汽车电磁喷油器的检测

 任务布置

利用实训室工量具、器材及维修资料，搜集整理电磁喷油器的结构、电路识图等信息，小组协作完成任务：汽车电磁喷油器的检测。

 任务目标

1. 认知电磁喷油器的各组成部分；
2. 理解电磁喷油器的工作原理；
3. 会检测汽车电磁喷油器。

 任务要求

1. 教学组织
分组实训：全班＿＿＿＿＿人，分为＿＿＿＿＿组，每组小组长一名。
2. 职责分工
教师职责：课堂纪律与安全管理、实训器材管理、指导与巡查。
学生职责：班长协助教师对班级全面管理与监控；实训小组长负责指导组内学习和交流。
3. 环境要求
6S过程化管理：安全、整理、整顿、清扫、清洁、素养。

 任务准备

电控发动机实验台架、汽车电器实验台架、导线、万用表等。

任务步骤

1. 实验准备

教师指导学生课前准备好实验所用的仪表、工具、元器件。

2. 介绍汽车电磁喷油器的结构及原理

电磁喷油器，是一个电磁阀，ECU（行车电脑）通过传感器检测曲轴位置控制其电磁阀线圈的电流通断（接地线的通断）来控制喷油器的工作。电磁喷油器的结构如图5-3-1所示。

当喷油器电磁阀不通电时，电磁阀线圈和弹簧力共同作用在衔铁上将球阀压向出油量孔，出油量孔被关闭，喷油器不喷油；当电磁阀通电时，电磁阀产生磁力向上移动克服弹簧的弹力，球阀被打开，喷油器可以喷油。

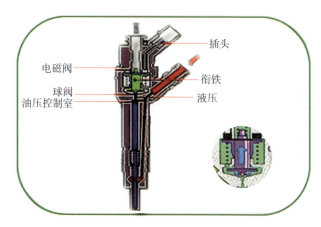

图 5-3-1　电磁喷油器的结构图

3. 汽车电磁喷油器的检修方法

① 在发动机运转中，把手指放在喷油器上，感到有振动为正常。

② 在发动机运转中，拔下某缸喷油器的控制线插头，如发动机转速下降或不稳，说明该缸喷油工作正常；否则该缸喷油器工作不良。

③ 检测喷油器电磁线圈电阻。低电阻值的喷油器，应用精度高的数字万用表检测。冷启动喷油器电阻值2～5Ω为正常，低电阻值喷油器1.5～3Ω为正常，高电阻值主喷油器约13Ω为正常。线圈不能有短路、断路、搭铁现象，否则应更换。

4. 实验注意事项

① 遵守实训室管理规程。

② 做好实验前的预习与准备工作。

③ 拔插喷油器应小心谨慎，以免损坏喷油器的插脚。

④ 测试喷油器的插脚时，严禁出现短路现象。

⑤ 正确使用万用表。

⑥ 不损坏台架上的电器总成。

5. 实验后设备、工具、仪表、材料、场地的整理

检查项目	结果与数据	检查项目	结果与数据	检查项目	结果与数据
工量具、器材完好情况		能否正确找出喷油器		能否规范使用万用表	
能否正确检测线圈阻值		是否能够判断喷油器好坏		6S管理是否到位	

笔记

汽车电磁喷油器的检测

任务评价

1. 评价与反馈

自评、组评和师评

考核项目	评分标准	分数	学生自评 20%	小组互评 60%	教师评价 20%	小计
仪容仪表	工作服、鞋、胸卡穿戴整洁	5				
	发型、指甲等符合工作要求	5				
	不佩戴首饰、钥匙、手表等	5				
教学过程	有无安全隐患	20				
	是否任务分配到人	5				
	是否积极主动	10				
	是否规范操作	10				
	是否完成任务	20				
职业素养	手机摆放是否到位	5				
	实训设备完好情况	5				
	认真执行6S过程化管理	10				
	总分	100				
教师签名：					年　月　日	

2. 撰写实验实训报告

实验二　汽车燃油继电器的检测

任务布置

用实训室工量具、器材及维修资料，搜集整理相关结构、电路识图等信息，小组协作完成任务：汽车燃油继电器的检测。

任务目标

1. 认识燃油泵电路中的各组成部分；
2. 识读发动机的电动燃油泵电路图；
3. 会检测燃油继电器。

1. 教学组织
分组实训：全班_____人，分为_____组，每组小组长一名。
2. 职责分工
教师职责：课堂纪律与安全管理、实训器材管理、指导与巡查。
学生职责：班长协助教师对班级全面管理与监控；实训小组长负责指导组内学习和交流。
3. 环境要求
6S 过程化管理：安全、整理、整顿、清扫、清洁、素养。

电控发动机实验台架、汽车电器实验台架、导线、万用表等。

1. 实验准备
教师指导学生课前准备好实验所用的仪表、工具、元器件。
2. 讲解电动汽油泵继电器控制电路
讲解常用的四脚电动汽油泵继电器控制电路，如图5-3-2所示是ECU控制电动汽油泵的控制系统电路图。
讲解常用的五脚电动汽油泵继电器控制电路，如图5-3-3所示是由开关和ECU共同控制的汽油喷射系统。

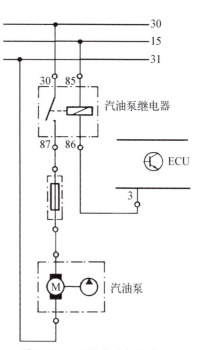

图 5-3-2　AFE 发动机的电动燃油泵系统电路图

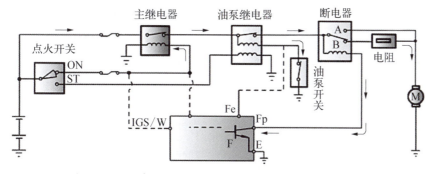

图 5-3-3　开关和 ECU 共同控制燃油泵系统电路图

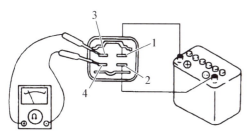

图 5-3-4　四脚电动汽油泵继电器的检测
1、2-电磁线圈接脚；3、4-常开触点接脚

3. 离车检测微机控制的燃油泵继电器
（1）四脚电动汽油泵继电器的检测　如图5-3-4所示，四脚电动汽油泵继电器中，有两脚是接继电器的电磁线圈，另外两脚接继电器常开触点。用万用表 Ω 挡测量，继电器电磁线圈两脚之间应能导通，常开触点两脚之间应不导通。在电磁线圈两接脚上施加12V电压，同时用万用表 Ω 挡测量常开触点两脚之间应能导通，若测量结果不符合要求，应更换电动汽油泵继电器。

（2）五脚电动汽油泵继电器的检查　如图5-3-5（a）所示，五脚电动汽油泵继电器内有两组电磁线圈，其中一组由启动开关控制，另一组由ECU或空气流量计内的汽油泵开关触点控制。用万用表 Ω 挡测量这两组线圈，均应导通；测量常开触点两端（+B 和 Fp），应不导通，如图5-3-5（b）所示；分别在两组线圈两端施加12V电压，同时测量常开触点两端，应导通，如

汽车燃油继电器的检测

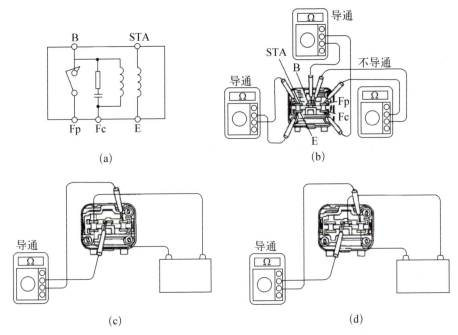

图 5-3-5 五脚电动汽油泵继电器的检查

图 5-3-5（c）、(d) 所示。否则，应更换电动汽油泵继电器。

4. 就车检测微机控制的燃油泵继电器

如图 5-3-2 所示为 AFE 发动机的燃油泵系统电路图。当点火开关 ON 时，ECU 通过 3 号脚导通燃油泵继电器 85 号、86 号脚，然后燃油泵继电器导通，蓄电池向燃油泵供 12V 电压，驱动燃油泵工作，同时燃油泵继电器向各喷油器供 12V 电压。

（1）燃油泵工作情况的检查

① 打开点火开关，不启动发动机，应能听到燃油泵工作约 2～3s。

② 若听不到燃油泵工作声音，应关闭点火开关，检查燃油泵熔断丝 F2。如果熔断丝熔断，则应更换。

③ 如果熔断丝正常，可拔出燃油泵继电器（中央线路板上的 2 号继电器），用跨接线短接燃油泵继电器插脚上的 30 号和 87 号脚。此时若燃油泵工作，则应检查、更换燃油泵继电器。

④ 若燃油泵仍不工作，则应检查控制电路、连接导线及燃油泵本身。

（2）燃油泵继电器的检查

① 将数字万用表设置在 20V 直流挡。

② 将万用表负极表笔连接到良好的接地处。

③ 将万用表正极表笔连接到输出端（到燃油泵电路），转动点火开关到 ON 位置，如果在端子上没测到电压，进行步骤④；如果万用表读数为 10.5V 或更高的电压，则断开控制电路，万用表读数应为零，则继电器是好的；万用表仍然有读数，则该继电器触点粘连，需要更换。

④ 把万用表正极表笔接供电输入端，万用表应至少指示出 10.5V，如果低于该值，蓄电池到继电器的电路有故障；如果电压值正确，则继续检测。

⑤ 把万用表正极表笔接到控制电路端，电压表应读到 10.5V 或更高的电压。若不是，检查蓄电池到继电器之间的电路（包括点火开关）；如果电压为 10.5V 或更高些，则继续检测。

⑥ 把万用表正极表笔接到继电器接地端，如果表上指示值高于 1V，则接地不良。

5. 实验注意事项

① 遵守实训室管理规程。

② 做好实验前的预习与准备工作。

③ 拔插继电器应小心谨慎，以免损坏继电器的插脚。

④ 测试继电器的插脚时，严禁出现短路现象。

⑤ 正确使用万用表。

⑥ 不损坏台架上的电器总成。

6. 实验后设备、工具、仪表、材料、场地的整理

 **任务检查**

检查项目	结果与数据	检查项目	结果与数据	检查项目	结果与数据
工量具、器材完好情况		能否正确找出继电器		四脚继电器绘制是否正确	
五脚继电器绘制是否正确		是否能够规范检测继电器		6S 管理是否到位	

 **任务评价**

1. 评价与反馈

自评、组评和师评

考核项目	评分标准	分数	学生自评 20%	小组互评 60%	教师评价 20%	小计
仪容仪表	工作服、鞋、胸卡穿戴整洁	5				
	发型、指甲等符合工作要求	5				
	不佩戴首饰、钥匙、手表等	5				
教学过程	有无安全隐患	20				
	是否任务分配到人	5				
	是否积极主动	10				
	是否规范操作	10				
	是否完成任务	20				
职业素养	手机摆放是否到位	5				
	实训设备完好情况	5				
	认真执行 6S 过程化管理	10				
	总分	100				
教师签名：				年	月	日

2. 撰写实验实训报告

实验三　点火线圈的检测

 **任务布置**

　　利用实训室工量具、器材及维修资料，搜集整理相关结构、电路识图等信息，小组协作完成任务：点火线圈的检测。

151

笔记

 任务目标

1. 理解点火线圈产生高压电的原理；
2. 了解汽车点火系统的组成及原理；
3. 掌握点火线圈的检测方法。

 任务要求

1. 教学组织
分组实训：全班_____人，分为_____组，每组小组长一名。
2. 职责分工
教师职责：课堂纪律与安全管理、实训器材管理、指导与巡查。
学生职责：班长协助教师对班级全面管理与监控；实训小组长负责指导组内学习和交流。
3. 环境要求
6S 过程化管理：安全、整理、整顿、清扫、清洁、素养。

 任务准备

电控发动机实验台架、汽车电器实验台架、万用表等。

 任务评价

1. 准备工作
教师指导学生课前准备好实验所用的仪表、工具、元器件。
2. 了解汽车点火系统的组成及原理
讲解传统汽车点火系统电路，如图 5-3-6 所示，并了解电路中各组成部分的作用。

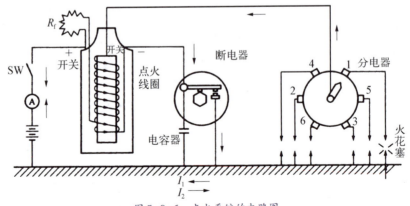

图 5-3-6　点火系统的电路图

3. 检测点火线圈的步骤

（1）点火线圈的外观检查　检查点火线圈的外表，若绝缘盖破裂或外壳碰裂，应予以更换。

（2）初级绕组断路、短路和搭铁检查　把万用表选定在 $R×1$ 挡，万用表表笔连接在初级绕组接线端上，测试初级绕组是否有断路或短路。即：读数为无穷大时，表明初级绕组有断路；读数低于规定值，表明初级绕组短路。大多数初级绕组电阻值为 $0.5 \sim 2\Omega$，必须把测得的读数与产品说明书提供的精确值相比较。

（3）次级绕组断路、短路和搭铁检查　把万用表选定在 $R×1k$ 挡，并把表笔连在线圈次级接线端和一个初级接线端上，测试次级绕组是否断路或短路。

点火线圈的检测

若读数低于规定值，表明次级绕组有短路；若读数为无穷大，则表明次级绕组有断路。大多数次级绕组的电阻值为 8～20kΩ。仪表上测得的读数必须与产品说明书提供的规定值相比较。

用万用表测出的点火线圈的初级绕组、次级绕组的电阻值，应符合技术标准，否则说明有故障，应予以更换。

用万用表测试初级和次级绕组，只能确定线圈是否存在故障，但不能判定故障部位和原因。

（4）点火线圈跳火能力的检查　在实验台上进行点火线圈跳火能力的检查，观察高压总线的跳火现象。

4. 实验注意事项

① 遵守实训室管理规程。
② 做好实验前的预习与准备工作。
③ 使用万用表检测电阻、电压时，应当注意挡位的选择。
④ 规范操作实验台，禁止损坏台架上的电器总成。
⑤ 观察跳火现象时，防止被点火线圈高压电击中。

5. 实验后设备、工具、仪表、材料、场地的整理

检查项目	结果与数据	检查项目	结果与数据	检查项目	结果与数据
工量具、器材完好情况		能否说出点火系统各组成部分的功用		能否理解点火系统工作原理	
是否能够规范检测点火线圈				6S 管理是否到位	

1. 评价与反馈

自评、组评和师评

考核项目	评分标准	分数	学生自评 20%	小组互评 60%	教师评价 20%	小计
仪容仪表	工作服、鞋、胸卡穿戴整洁	5				
	发型、指甲等符合工作要求	5				
	不佩戴首饰、钥匙、手表等	5				
教学过程	有无安全隐患	20				
	是否任务分配到人	5				
	是否积极主动	10				
	是否规范操作	10				
	是否完成任务	20				
职业素养	手机摆放是否到位	5				
	实训设备完好情况	5				
	认真执行 6S 过程化管理	10				
	总分	100				
教师签名：					年　月　日	

2. 撰写实验实训报告

单元六　汽车电子电路

模块一　模拟电路

模块介绍

随着汽车电子技术的发展，电子电路的维修在汽车修理中越来越重要。本模块主要介绍模拟电子电路的基础知识：整流电路、稳压电路、放大电路、开关电路及集成运算放大器等在汽车上的应用。

模块目标

1. 了解整流电路的种类、结构及特点；
2. 理解整流电路、稳压电路的作用及原理；
3. 了解共发射极单管放大电路、开关电路的结构；
4. 理解共发射极单管放大电路、运算放大器等的工作原理。

课题一　整流稳压电路

1. 了解汽车发电机充电电路的组成及特点；
2. 理解充电电路中整流、调压的原理；
3. 会检测车用整流器、调压器；
4. 了解电容滤波的原理。

现在汽车上使用的车载用电设备都是使用直流电，而发电机是汽车用电设备的主要电源，但输出的却是交流电，因此用电设备要想使用发电机发出的交流电，就必须通过整流电路将交流电转化为直流电，才能正常使用。本课题主要介绍汽车发电机充电电路的结构及工作原理。

汽车上的用电设备大多都是应用12V的直流电作电源，而汽车发电机运转所发出的电是交流电，在汽车正常运行期间，发电机向除启动机以外的其他用电设备供电，并向蓄电池充电，这就有必要把交流电变成所需要的直流电。如图6-1-1所示为汽车发电机充电电路图。

汽车上所用的发电机大多为三相交流发电机。交流发电机由转子、定子、电刷与滑环机构、整流器、轴承、风扇和前后端盖等组成。其中整流器（图中右虚线框）的作用就是将交流转换为直流。又因为汽车正常行驶时，发动机转速变化范围很大，对发电机输出电压的大小肯定会有很大影响，而电压调节器（图左虚线框）作为调节电压使电压保持一定范围有着非常重要的作用。

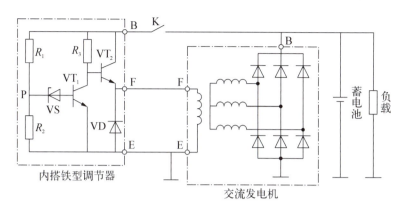

图 6-1-1 发电机充电电路图

一、整流电路

1. 单相半波整流电路

单相半波整流电路由整流变压器 T、整流二极管 VD 以及负载电阻 R_L 组成，电路如图 6-1-2（a）所示。

当 u_2 为正半周时，二极管 VD 承受正向电压而导通，此时有电流流过负载，并且和二极管上的电流相等，即 $I_0 = I_d$。忽略二极管的电压降，则负载两端的输出电压等于变压器副边电压，即 $u_0 = u_2$，输出电压 u_0 的波形与 u_2 相同。

当 u_2 为负半周时，二极管 VD 承受反向电压而截止。此时负载上无电流流过，输出电压 $u_0 = 0$，变压器副边电压 u_2 全部加在二极管 VD 上。

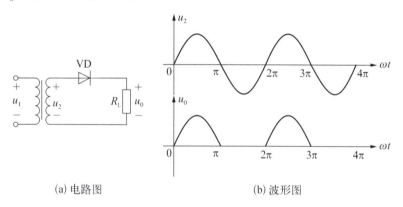

(a) 电路图　　　　　　　(b) 波形图

图 6-1-2　单相半波整流电路

（1）纯电阻负载时单相半波整流电路输出的直流电压和直流电流

$$U_{0(AV)} = 0.45 U_2 \qquad (6-1-1)$$

$$I_{0(AV)} = 0.45 \frac{U_2}{R_L} \qquad (6-1-2)$$

其中 U_2 为变压器次级线圈有效值。

（2）单相半波整流电路中的二极管

$$I_{D(AV)} = I_{0(AV)} = 0.45 \frac{U_2}{R_L} \qquad (6-1-3)$$

$$U_{RM} = \sqrt{2}\, U_2 \qquad (6-1-4)$$

在选择二极管的时候，二极管的额定整流电流应该大于 $I_{D(AV)}$，额定反相电压应大于 U_{RM}。单相半波整流电路的优点是结构简单，缺点是输出电压脉动大、利用率低，一般用于直流较小、脉动要求不高的场合。

2. 单相桥式整流电路

如图 6-1-3 所示，单相桥式整流电路由 4 个整流二极管按电桥的形式连接而成。

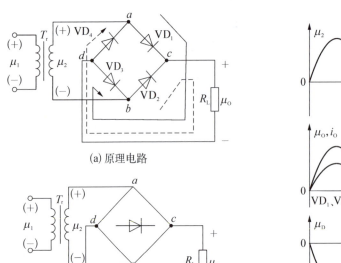

(a) 原理电路

(b) 简化画法

(c) 电路中电压与电流波形图

图 6-1-3 单相桥式整流电路

(1) 工作原理

负载获得的直流电压和电流：

该直流电路输出的直流电压的平均值为 $U_0 \approx 0.9 U_2$ （6-1-5）

负载电流的平均值为

$$I_0 = \frac{U_0}{R_L} = 0.9 \frac{U_2}{R_L} \quad (6\text{-}1\text{-}6)$$

式中 U_2——变压器次级电压的有效值。

(2) 整流二极管的选择原则

① 流过二极管的平均电流：

流经每个二极管的平均电流为

$$I_V = \frac{1}{2} I_0 = 0.45 \frac{U_2}{R_L} \quad (6\text{-}1\text{-}7)$$

② 最大反向电压 U_{RM}

$$U_{RM} = \sqrt{2} U_2 \quad (6\text{-}1\text{-}8)$$

3. 车用整流电路（整流器）

整流电路在汽车发电机中有着重要应用。汽车上装有蓄电池，但蓄电池存储的电能非常有限，远远不能满足汽车上不断增多的用电设备的需求。因此，发电机是汽车电气设备的主要电源，为了将发电机产生的交流电整流成直流电，汽车上普遍采用的是由六只硅二极管组成的车用整流器。实验室用 JF11A 型发电机整流器外形如图 6-1-4 所示。

图 6-1-4 JF11A 型交流发电机整流器外形图

车用整流器的二极管分为正极管和负极管两种类型，其外形和符号如图 6-1-5 所示，引线和外壳分别是它们的两个电极。其中，正极管的外壳为负极，引出极为正极，在管壳底上一般标有红色标记；负极管的外壳为正极，引出极为负极，在管壳底上一般标有黑色标记。

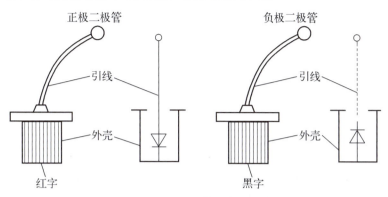

图 6-1-5　硅二极管的外形和符号

在负极搭铁的硅整流发电机中，3 个正极管的外壳压装在散热板的 3 个座孔内，共同组成发电机的正极，由一个与发电机后端盖绝缘的整流板固定螺栓通至机壳外，作为发电机的火线接线柱"B"（+，A 或电枢接线柱）。3 个负极管的外壳压装在后端盖的 3 个孔内，和发电机外壳一起成为发电机的负极。其安装示意图如图 6-1-6 所示。

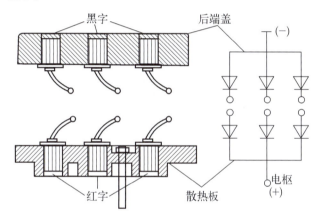

图 6-1-6　汽车交流发电机整流二极管安装图

3 个正极管和 3 个负极管构成的整流电路称为三相桥式整流电路，它将发电机的交流电整流成 12V 的直流电。整流电路及其整流波形如图 6-1-7 所示。

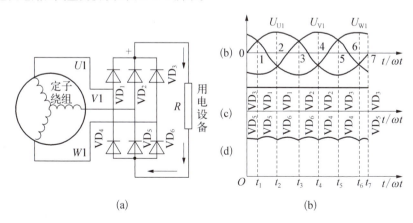

图 6-1-7　汽车发电机整流电路及波形图

在图 6-1-7（a）中，3 个正极管 VD_1、VD_2、VD_3 的正极分别接在发电机三相绕组的首端 U_1、V_1、W_1。VD_1、VD_2、VD_3 分别在三相交流电的正半周导通，哪相电压最高，该相绕组的正极管先导通，其余正极管截止；后端盖上 3 个负极管 VD_4、VD_5、VD_6 的负极分别接在发电机三相绕组的 U_1、V_1、W_1。

VD_4、VD_5、VD_6 分别在三相交流电的负半周导通，哪相电压最低，该相绕组的负极管先导通，其余负极管截止。由上面分析可知，同时导通的管子有两个（正、负管子各一个），它们总是将发电机的线电压加在负载（R）两端，使负载两端得到一个比较平稳的脉动直流电压 u，该电压一个周期内有 6 个波纹，如图 6-1-7（b）所示。

4. 整流器的检测

将二极管的引线与其他连接分离，用指针万用表的两个表笔分别接到二极管的引线与壳体上，测二极管的正向与反向电阻。二极管的正向电阻应符合标准值，反向电阻应在 $10k\Omega$ 以上。如图 6-1-8 所示，用万用表黑红表笔分别接正极管和负极管的两端，若指针偏转，然后再对调黑红表笔，指针不偏转，则可断定整流器是好的，且指针偏转时，黑表笔所接为正极，红表笔所接为负极。

(a) 检测正二极管的正向电阻

(b) 检测正二极管的反向电阻

(c) 检测负二极管的正向电阻

(d) 检测负二极管的反向电阻

图 6-1-8　整流器正负极管的检测

二、调压器

（一）电压调节器简介

当发电机转速改变时，自动调节发电机的输出电压来保持恒定，使其不因发电机转速高时电压过高烧坏用电器和导致蓄电池过充电；也不会因发电机转速低而电压不足，导致用电器工作失常。

电压调节器的类型较多，按元器件的性质来分，可分为触点式（也称电磁振动式）和电子式两大类。触点式按触点的数目又分单级触点式和双级触点式两种；按是否与其他继电器联动可分为单联式、双联式、三联式。电子式又分晶体管式、集成电路式两种类型。按搭铁形式分，可分为内搭铁式（与内搭铁式交流发电机配套使用）和外搭铁式（与外搭铁式交流发电机配套使用）。

电压调节器的型号编制如下：

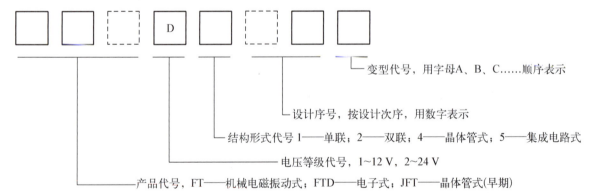

（二）电子电压调节器

电子式电压调节器包括晶体管调节器和集成电路调节器两种类型。其优点是结构简单、工作可靠、故障少。由于电子调节器没有触点，故不会产生触点火花，因而对无线电设备的干扰减小；使用寿命长。实验室常用电子调节器外形如图 6-1-9 所示。

1. 晶体管调节器

随着半导体技术的发展，采用了晶体管调节器。其优点是：三极管的开关频率高，且不产生火花，调节精度高，还具有重量轻、体积小、寿命长、可靠性高、电波干扰小

图 6-1-9　实验室常用电子调节器外形图

等优点,现广泛应用于东风、解放及多种中档车型。

目前,国内外生产的晶体管调节器一般都是由 2～4 个三极管,1～2 个稳压管和一些电阻、电容、二极管等组成,再由印刷电路板连接成电路,然后用轻而薄的铝合金外壳将其封闭。与机械式电压调节器相比,具有体积小、重量轻、调节反应敏捷、无触点、使用寿命长等优点。

当发电机电压高于规定的供电电压时,电子开关立即切断励磁电流,使发电机输出电压迅速下降,当其降至规定电压之后,电子开关又接通励磁电流,如此反复,控制发电机的输出电压,使之稳定不变。

JFT126、JFT246 型调节器的原理电路如图 6-1-10 所示。图中,右虚线框为调节器,调节器由左至右依次为信号检出部分、开关控制部分和电子开关部分。大功率三极管 VT_3 接在发电机的磁场电路中,VT_3 导通则磁场绕组中有电流通过,使发电机电压升高;当发电机电压高于规定值时,VT_3 截止,磁场电路断开使发电机电压下降。当电压下降到规定值后,VT_3 重新导通,磁场电路再次接通,使发电机电压重新升高。依次往复,发电机电压便被稳定在规定值。

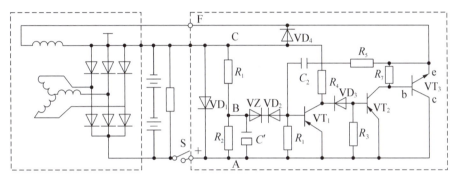

图 6-1-10 JFT126、JFT246 型晶体管调节器

工作过程如下:

合上点火开关(S)。蓄电池电压加在 R_1、R_2 组成的分压器 AC 两端,电阻 R_2 分得到电压 U_{AB},U_{AB} 通过 VT_1 管的发射极 e 和二极管 VD_2 加到稳压管 VZ 上,稳压管承受反向电压。由于该反向电压小于稳压管的击穿电压,所以稳压管截止,VT_1 由于无基极电流而处于截止状态。VT_2 在 R_4 的偏置作用下,有基极电流通过,所以 VT_2 导通,由于 VT_2 和 VT_3 是复合管,因此 VT_3 也导通,于是蓄电池通过 VT_3 供给励磁绕组电流。其电路为:蓄电池正极 S 调节器正极 VT_3(c, e) 调节器磁场接线柱 F 励磁绕组搭铁。于是,发电机产生电压。

当发电机电压随转速升高而超过规定值时,分压器加在稳压管 VZ 上的反向电压达到击穿电压,稳压管导通。于是,VT_1 由于有基极电流通过而导通,VT_2 被短路而截止,同时 VT_3 也截止,励磁电路被切断,使发电机电压下降。

当发电机电压下降到低于规定值时,由于加在稳压管 VZ 上的反向电压低于其击穿电压,于是稳压管 VZ 又重新截止,VT_1 截止,VT_2 导通,励磁电路被接通,发电机电压上升。如此反复,把发电机的电压稳定在规定值。

2. 集成电路电压(IC)调节器

集成电路电压调节器又称 IC 电压调节器。与分立元器件的晶体管电压调节器一样。所不同的是,在集成电路电压调节器上,所有的晶体管都集成在一块基片上,实现了调节器的小型化,并可将其装在发电机内部,减少了外部线,缩小了整个充电系统的体积,并且冷却效果得到了改善,现广泛应用于桑塔纳、奥迪等多种轿车车型上。

如图 6-1-11 所示为实验室常用集成电路调节器外形图。

图 6-1-11 实验室常用集成电路调节器外形图

笔记

如图 6-1-12 所示为夏利轿车单片 IC 调节器外形图。

该调节器有 6 个接线端子，F、P、E 三个端子用螺钉直接和发电机连接，B 端用螺母固定在发电机的输出端子"B"上，IG、L 两个端子用金属线引到调节器的外部接线插座上。其电路原理图如图 6-1-13 所示。工作过程如下：

磁场电流控制：

VT_1 是大功率三极管，与励磁电路串联，由集成片 IC 控制 VT_1 的导通和截止，从而控制磁场电路通断，使发电机电压得到控制。

充电指示灯：

充电指示灯串接在 VT_2 集电极上，VT_2 导通充电指示灯亮，VT_2 截止充电指示灯熄灭。当发电机输出电压低于蓄电池电压时，IC 控制电路使 VT_2 导通，充电指示灯亮；当发电机输出电压高于蓄电池电压时，IC 控制电路使 VT_2 截止，充电指示熄灭。

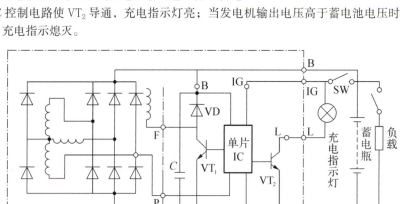

图 6-1-12　夏利轿车单片 IC 调节器外形图

图 6-1-13　夏利轿车电压调节电路原理图

（三）电压调节器的检测

1. 晶体管式电压调节器搭铁形式的检测

对 12V 系统的电压调节器，用一个 12V 的蓄电池和一个 12V、2W 的小灯泡按如图 6-1-14 所示连接好电路。

如果灯泡接在"F"与"－"接线柱之间发亮，则该调节器为内搭铁型，如图 6-1-14（a）所示；如果灯泡接在"F"与"＋"接线柱之间发亮，则该调节器为外搭铁型，如图 6-1-14（b）所示。

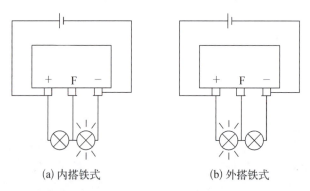

(a) 内搭铁式　　　　(b) 外搭铁式

图 6-1-14　晶体管式调节器的识别接线图

内搭铁型调节电路如图 6-1-15 所示。
外搭铁式型调节电路如图 6-1-16 所示。

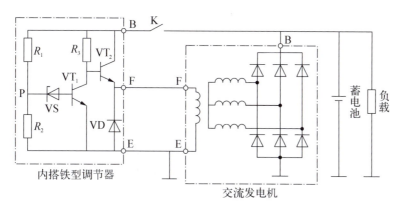

图 6-1-15 内搭铁型调节电路图

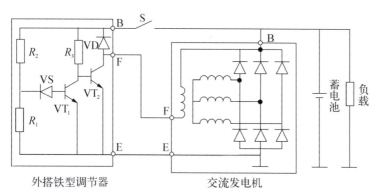

图 6-1-16 外搭铁型调节电路图

2. 晶体管电压调节器的性能检测

将可调直流电源与调节器按照 6-1-17 所示的电路接好。

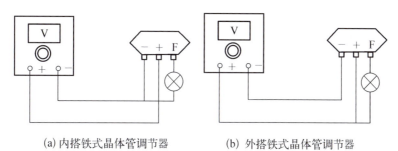

(a) 内搭铁式晶体管调节器　　(b) 外搭铁式晶体管调节器

图 6-1-17 晶体管式调节器性能测试接线图

调节直流稳压电源,使其输出电压从零逐渐增高,电压达 6V 左右时,灯泡点亮。随电压升高灯泡亮度逐渐增强,当电压升到调节器的调节电压达到 13.5～14.4V 时,灯泡应突然熄灭;再把电压逐渐降低时灯泡又点亮,并且亮度随电压减低而逐渐减弱。指示灯熄灭时的电压即为调节器的调节电压,与性能参数相比较,若电压超过调节电压值,灯泡仍不熄灭或灯泡不亮,都说明调节器有故障。

3. 集成电路电压调节器的性能检测

将可调直流电源与调节器、试灯、开关与蓄电池按照图 6-1-18 所示的电路接好。图 6-1-18（a）为 3 接线柱集成电路调节器接线图,图 6-1-18（b）为 4 接线柱集成电路调节器接线图。

试灯 1——替代充电指示灯；试灯 2——替代交流发电机励磁绕组；P 与 E 间的 6V 蓄电池——模拟交流发电机发电时的相电压。

开关 K_1 闭合时,试灯 1 和试灯 2 应均点亮;开关 K_2 闭合时,试灯 1 应熄灭;开关 K_2 断开时,试灯 1 应点亮。

可调直流电源电压调至 15.0～15.5V 以上时,试灯 2 应熄灭;调至 13.5V 以下时,试灯 2 应点亮。

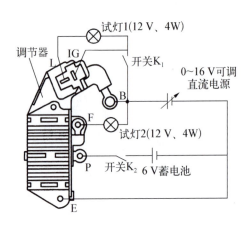

(a) 3接线柱集成电路调节器接线图

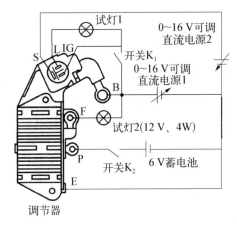

(b) 4接线柱集成电路调节器接线图

图 6-1-18　集成电路调节器接线图

交流电经过整流成直流电，但是其中含有多种脉动，为了减少这些脉动，需要在整流电路后面接上滤波电路，消除这些脉动。整流电路输出电压实际上含有多种频率的交流成分。为减少负载电压中的交流分量，一般在负载与整流电路之间接入滤波电路。滤波电路能滤除交流成分，使输出电压变得平稳。滤波电路通常由电容、电感元件组成。

一、电容滤波电路

电容滤波电路如图 6-1-19 所示，滤波电容 C 与负载 R_L 并联。设 u_2 的初始波形如图 6-1-20（a）所示，图 6-1-20（b）中的虚线波形为整流桥的全波整流波形。

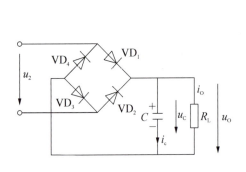

图 6-1-19　桥式整流滤波电路

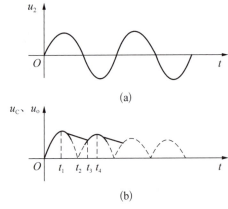

图 6-1-20　电容滤波电压波形图

1. 工作原理

当 u_2 正半波上升时，VD_1、VD_3 导通，电容 C 开始充电，电压逐渐上升，直至接近电源电压 u_2 的最大值。当 u_2 正半波开始下降时，$u_C > u_2$，VD_1、VD_3 截止，电容 C 向 R_L 放电。

同理，当 u_2 负半波时，在 $t_2 \sim t_3$ 期间，$u_C > u_2$，VD_2、VD_4 截止，电容 C 向 R_L 放电；在 $t_3 \sim t_4$ 期间，$u_2 > u_C$，VD_2、VD_4 导通，电容 C 充电，直至 $u_C > u_2$，VD_2、VD_4 截止，如此周而复始。由于二极管正向电阻小，电容充电快；而 R_L 则一般较大，电容放电较慢，所以在负载上得到一个脉动较小的电压 $u_o = u_C$。

2. 参数选择

（1）滤波电容　滤波电容越大，滤波效果越好。一般按下式选择：

$$C \geq (3 \sim 5) = \frac{T}{2R_L} \tag{6-1-9}$$

式中，T 为输入电压的周期。

（2）耐压值选择

空载时
$$U_0 = \sqrt{2}\, U_2 \tag{6-1-10}$$

负载为 R_L 时
$$U_0 = 1.2 U_2 \tag{6-1-11}$$

电容器耐压值应大于它实际工作时所承受的最大电压，一般取 $(1.5\sim2)U_2$。

3. 适用范围

电容滤波电路的优点是可以得到脉动很小的直流电压，其缺点是输出电压 u_0 受负载变化影响较大，负载电流增大，负载电压脉动程度就会增大。所以电容滤波电路只适用于负载电流较小的场合。

二、电感滤波电路

电感滤波电路如图 6-1-21 所示。

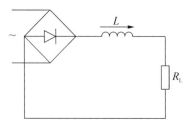

图 6-1-21　电感滤波电路

1. 工作原理

将电感线圈 L 与负载 R_L 串联，电流增大时，电感产生自感电动势阻止电流增加；电流减少时，电感产生自感电动势阻止电流减少，从而使负载电流变平滑。

2. 适用范围

电感滤波的缺点是由于铁芯的存在，使线圈笨重，体积大，而且容易引起电磁干扰，一般只适用于低电压大电流场合。

三、复式滤波电路

复式滤波电路是由电容和电感按一定的连接方式组成的，常见的有 T 形滤波、π 形 LC 滤波以及 π 形 RC 滤波等三种，如图 6-1-22 所示。

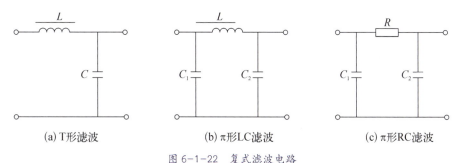

(a) T 形滤波　　　(b) π 形 LC 滤波　　　(c) π 形 RC 滤波

图 6-1-22　复式滤波电路

T 形滤波：优点是同时利用了电感阻止交流分量和电容旁路交流分量的作用，滤波效果好，接通瞬间由于电感作用，冲击电流小，输出电流大，负载能力强；其缺点是电感线圈体积大，成本高，因此适用于负载变动大或电流较大的场合。

π 形 LC 滤波：优点是多一个电容滤波，滤波效果好。

π 形 RC 滤波：在 π 形 LC 滤波的基础上用电阻 R 取代电感 L，使 C_2 通过的交流电流在 R 上产生电压降，减少了负载上的交流电压分量。其优点是滤波电路结构简单，经济实惠，能兼起限流降压作用，因而在许多电子设备中得到应用。其缺点是输出电流较小，带负载能力差，适用于负载电流较小的场合。

 学后测评

一、填空题

1. 单相半波整流电路由_____、_____以及_____组成。

2. 汽车交流发电机经常出现的故障之一是_____。

3. 车用整流器的二极管分为_____和_____两种类型。

4. 汽车电压调节电路按元器件的性质分为_____和_____，按搭铁形式分为_____和_____。

5. 晶体管调节器是利用三极管的_____作用达到调节发电机输出电压目的。

6. 在检测晶体管电压调节器搭铁形式时，电源电压应为_____V。

二、选择题

1. 单相整流电路包括（　　）。

　　A. 半波整流电路　B. 全波整流电路　　C. 桥式整流电路

2. 汽车上普遍使用的整流器是由（　　）只硅二极管组成的整流电路。

　　A. 6　　　　　　B. 8　　　　　　　C. 9

3. 单相半波整流电路中二极管能承受的最大反向电压是（　　）。

　　A. 与变压器电压相等

　　B. 与次级变压器输出电压有效值相等

　　C. 与次级变压器输出电压的$\sqrt{2}$倍有效值相等

4. 电压调节器型号中的字母 D 代表（　　）。

　　A. 产品序号　　　B. 电压等级代号　　C. 设计序号

5. 在进行集成电路电压调节器的性能检测时，电源电压应是（　　）。

　　A. 可调的　　　　B. 固定的　　　　　C. 任意值

6. 夏利轿车电压调节器有（　　）个接线柱。

　　A. 3　　　　　　B. 5　　　　　　　C. 6

7. 电容滤波电路只适用于（　　）的场合。

　　A. 负载电流较大　B. 负载电流较小　　C. 负载电流为零

8. 滤波电路通常由（　　）组成。

　　A. 电容元件　　　B. 电感元件　　　　C 电阻元件

9. 复式滤波电路是由电容和电感按一定的连接方式组成的，常见的有（　　）种类型。

　　A. 3　　　　　　B. 4　　　　　　　C 5

三、判断题

1. 单相半波整流电路的优点是结构简单，缺点是输出电压脉动大、利用率低，一般用于直流较小、脉动要求不高的场合。（　　）

2. 三相桥式整流电路将发电机的交流电整流成24V的直流电。（　　）

3. 正极管的外壳为负极，引出极为正极，在管壳底上一般标有红色标记；负极管的外壳为正极，引出极为负极，在管壳底上一般标有黑色标记。（　　）

4. 电子电压调节器可以认为是一个电子开关。　　　　　　　　　（　　）
5. 电压调节器只是在发电机的电压超过限额电压值才起作用，其他情况不工作。（　　）
6. 外搭铁型电压调节器和内搭铁型电压调节器电路内部结构一样，只是接线柱不同。
　　　　　　　　　　　　　　　　　　　　　　　　　　　　　　（　　）

四、简答题

1. 画出单相半波整流电路原理图，并说出其工作原理。
2. 车用整流器的二极管有哪几种类型？
3. 怎样用万用表检测整流器？
4. 简述 JFT126 型晶体管电压调节器的工作过程。
5. 画出晶体管电压调节器的性能检测电路图。

课题二　放大电路

学习目标

1. 了解共发射极单管放大电路的结构；
2. 理解共发射极单管放大电路的工作原理。

问题引导

放大电路也称放大器，是电子电路中一个极为重要的组成部分。其作用是将微弱的电信号（电流、电压等）转变为较强的电信号，然后送给下一级，以达到设定的功能。本课题主要介绍三极管基本放大电路的组态及工作原理。

一、放大电路简介

（一）放大电路的连接方式

放大电路有三种基本连接方式：共发射极、共基极和共集电极接法。连接方式如图 6-1-23 所示。其中最常用的是共发射极放大电路。

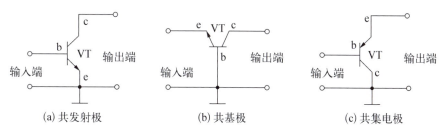

图 6-1-23　放大电路的三种连接方式

（二）放大电路的原理（以共发射极基本放大电路为例）

1. 组成

共发射极放大电路如图 6-1-24 所示。

165

VT：晶体三极管，起电流放大作用，用基极电流 I_B 控制集电极电流 I_C。

U_{CC}：直流供电电源，为电路提供工作电压和电流。U_{CC} 一般在几伏到十几伏之间。

R_B：基极偏置电阻，电源电压通过 R_B 向基极提供合适的偏置电流 I_B。

C_1、C_2：用来传递交流信号，起到耦合的作用。同时，又使放大电路和信号源及负载间直流相隔离，起隔直作用。为了减小传递信号的电压损失，C_1、C_2 应选得足够大，一般为几微法至几十微法，通常采用电解电容器。

R_C：集电极负载电阻，电源 U_{CC} 通过 R_C 为集电极供电，另外一个作用是将放大的电流 I_C 转换为放大的电压输出。

2. 工作原理

如图 6-1-25 所示为共发射极放大电路实用电路。

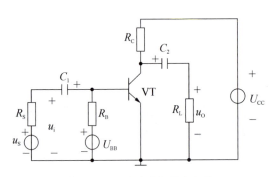

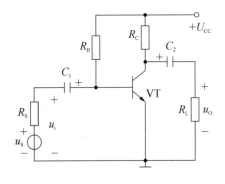

图 6-1-24　共发射极放大电路　　　图 6-1-25　共发射极放大电路实用电路

（1）静态　放大电路无信号输入时，电路中只有直流电流和电压，这时的工作状态，称为静态。静态时的直流电流和电压称为静态工作点 Q。记为 U_{BEQ}、U_{CEQ}、I_{BQ}、I_{CQ}。

我们把直流通过的路径叫直流通路，如图 6-1-26 所示。

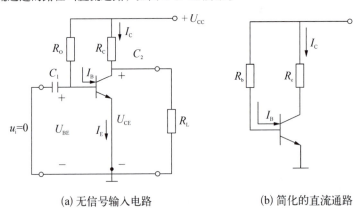

(a) 无信号输入电路　　　　(b) 简化的直流通路

图 6-1-26　静态电路

（2）静态工作点的估算　根据直流通路可以估算出放大器的静态工作点。以图 6-1-26（b）为例，先估算基极电流 I_B，再估算其他值。计算公式有：

$$I_B = \frac{U_{CC} - U_{BE}}{R_b} \qquad (6\text{-}1\text{-}12)$$

$$I_C = \beta I_B \qquad (6\text{-}1\text{-}13)$$

$$U_{CB} = U_{CC} - I_C \times R_C \qquad (6\text{-}1\text{-}14)$$

式中，对于 U_{BE} 的估算，硅管取 0.7V，锗管取 0.3V。近似计算 U_{BE} 可略去不计。

（3）动态　当放大电路输入端 u_i 有输入信号时，电路各处有交流电流，是单向脉动电流。交流电流通过的路径叫交流通路。

电容 C_1、C_2 对直流相当于"开路"，对交流信号可以看成"短路"。直流电源的内阻很小，对交流信号也可以看成短路。所以图 6-1-27（a）放大电路中的交流通路可等效成图 6-1-27（b）所示的通路。

综上所述，放大器在工作过程中，电路中同时并存着交流、直流两种分量的电流。直流分量 I_B、I_C、U_{BE}、U_{CE} 为放大建立条件，而交流分量 i_b、i_c、u_{be}、u_{ce} 则反映了交变信号的放大及传输过程。

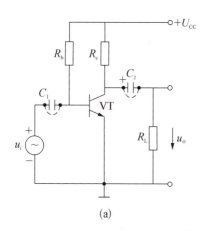
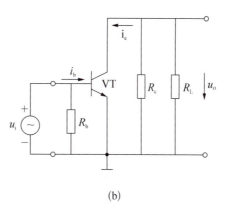

图 6-1-27 动态电路

3. 性能指标

（1）电压放大倍数

$$A_V = \frac{U_o}{U_i} \quad (6\text{-}1\text{-}15)$$

（2）放大电路的通频带

$$f_{BW} = f_H - f_L \quad (6\text{-}1\text{-}16)$$

（3）输入电阻　输入电阻是从放大器输入端看进去的电阻。

$$R_i = \frac{U_i}{i_i} \quad (6\text{-}1\text{-}17)$$

通常要求放大电路的输入电阻越大越好，以提高放大电路的净输入电压 U_i。

（4）输出电阻　从放大电路输出端看，放大电路对于负载 R_L 相当于一个信号源，该信号源的内阻就是放大电路的输出电阻，用 R_o 表示。

$$R_o = \frac{U_o}{I_o}\bigg|_{\substack{R_L = \infty \\ U_S = 0}} \quad (6\text{-}1\text{-}18)$$

（5）非线性失真　静态工作点的位置过高或过低，可能会导致输入输出波形的非线性失真。输入信号幅度过大，是引起非线性失真的另一个原因。

（6）最大输出功率　放大电路的输出功率是通过三极管的控制作用由电源的直流功率转化而来。放大电路的最大输出功率是指在输出信号基本不失真的情况下，能够向负载提供的最大功率，用 P_{OM} 表示。

$$\eta = \frac{P_{OM}}{P_E} \quad (6\text{-}1\text{-}19)$$

二、放大电路的多级放大

在实际应用中，一般的电路系统要求放大倍数高、输入电阻高、输出电阻低，有一定的功率输出能力等，靠单管组成的基本放大电路已无法同时满足这些要求，将多个放大电路级联，从而构成多级放大电路。多级放大电路中的每一级或每一部分有不同的特性和功能。

多级放大电路中各级之间的连接方式称为耦合。实现耦合的电路叫做级间耦合电路。常见的耦合电路有阻容耦合、变压器耦合和直接耦合等。

1. 阻容耦合方式

阻容耦合就是利用电容作为耦合和隔直流元件的电路，如图 6-1-28 所示。第一级的输出信号，通过电容 C_2 和第二级的输入电阻 r_{i2} 加到第二级的输入端。

阻容耦合的优点是：前后级直流通路彼此隔开，每一级的静态工作点都相互独立，便于

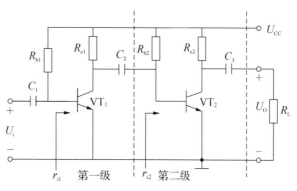

图 6-1-28　两级阻容耦合放大电路

分析、设计和应用；电路简单，造价便宜，性能稳定。缺点是：缓变信号在通过耦合电容加到下一级时会大幅度衰减。

2. 变压器耦合方式

变压器耦合是用变压器将前级的输出端与后级的输入端连接起来的方式，如图 6-1-29 所示。显而易见，前后级直流通路彼此隔开，每一级的静态工作点都相互独立，同样不适用于缓变信号。通常用于低频功率放大电路和中频调谐放大电路中。

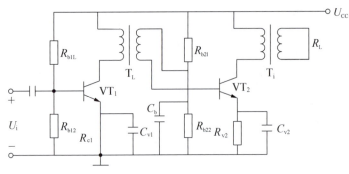

图 6-1-29 两级变压器耦合放大电路

3. 直接耦合方式

当需要对缓变信号或直流信号进行多级放大时，简单的办法是将前后级直接相连，即直接耦合，如图 6-1-30 所示。

三、多级放大电路的计算

分析级联放大器的性能指标，一般采用的方法是通过计算每一单级指标来分析多级指标。在级联放大器中，必须把前级看成是该级的信号源，或者是把后级看成是前级的负载。

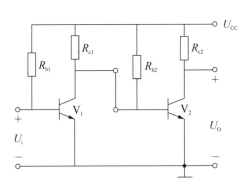

图 6-1-30 两级直接耦合放大电路

1. 电压放大倍数

在多级放大电路中，由于前一级的输出就是后一级的输入，所以其总的电压放大倍数等于各级电压放大倍数的乘积。即

$$A_V = A_{V1} \cdot \cdots \cdot A_{V2} \tag{6-1-20}$$

2. 输入电阻和输出电阻

多级放大电路的输入电阻就是输入级的输入电阻，而输出电阻就是输出级的输出电阻。

四、放大电路在汽车上的应用

图 6-1-31 所示为利用三极管的放大特性制作的汽车电气线路搭铁（短路）探测器。

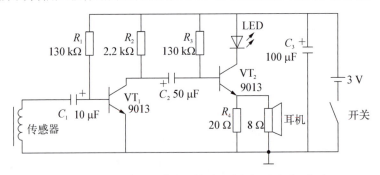

图 6-1-31 汽车电气线路搭铁（短路）探测器原理电路

汽车在行驶过程中，由于颠簸、振动等原因，电气线路与车体摩擦而损坏其绝缘层，发生搭铁（短路）故障。本探测器就是在不拆解导线的情况下，快速查出搭铁故障所发生的部位而制作的。

探测器工作原理为：当导线搭铁后，在搭铁点就会产生短路电流，短路点就会向周围发出高次谐波信号。这个信号就被由线圈和铁芯构成的传感器接收到，在传感器中产生交变的电信号。这个信号很微弱，经过三极管 VT_1 放大后，在 VT_1 的集电极就会得到放大了的交变信号，再送入 VT_2 的基极进行放大，使接在 VT_2 集电极的发光二极管闪烁发光，接在 VT_2 发射极的耳机发出声响。传感器越接近故障点，接收到的信号越强，经过放大后，发光二极管越亮，耳机发出的声响越强。根据发光二极管亮度变化和耳机声音变化，就能快速找到故障点。

汽车大灯电动切换装置——仪表放大电路原理见右边二维码。

一、填空题

1. 放大电路有三种连接方式：_____、_____和_____。

2. 在共发射极放大电路中，三极管的发射极是_____，信号由_____输入，从_____输出。

3. 三极管基本放大电路由_____、_____和_____组成。

4. 多级放大电路的耦合方式有_____、_____和_____。

5. 在汽车电子电路中，三极管主要用来对_____进行放大。

6. 汽车电气线路搭铁（短路）探测器是一个典型的_____级放大电路。

二、选择题

1. 在做共发射极放大电路实验时，调整滑动变阻器，从电流表读得 I_B 为 0.02mA，I_C 为 1.14mA，则 I_E 可能的值为（   ）。

   A. 1.14mA   B. 1.16μA   C. 1.16mA

2. 在放大电路中，电容 C_1、C_2 起到（   ）作用。

   A. 隔直流   B. 通交流   C. 隔直通交

3. 放大电路的静态是指（   ）。

   A. $V_{CC} = 0$ B. $u_i = 0$ C. $U_{BEQ} = 0$

4. 通常用于低频功率放大电路和中频调谐放大电路中的多级放大电路是（   ）。

   A. 多级阻容耦合放大电路

   B. 多级变压器耦合放大电路

   C. 多级直接耦合放大电路

5. 已知三级放大电路中，第一级电压放大倍数为10，第二级为100，第三级为1000，则这个放大电路总的电压放大倍数为（   ）。

   A. 110   B. 10000   C. 1000000

6. 阻容耦合就是利用（   ）作为耦合和隔直流元件的电路。

   A. 电阻和电容   B. 电阻   C. 电容

三、判断题

1. 当电路处于静态时，三极管无能量供应，所以此时截止，电路处于断路状态。（   ）

2. 放大电路的动态分析可用小信号电流分析法，也称微变等效电路法。（   ）

3. 三极管电压放大电路只能放大电路的输入电压。（   ）

4. 多级放大电路的放大倍数一定比单级放大倍数高很多。（   ）

5. 多级放大电路的输入电阻和输出电阻就是第一级放大电路的输入电阻和输出电阻。（   ）

6. 汽车电气线路搭铁（短路）探测器可以在不拆解导线的情况下，查出故障点。（   ）

四、简答题

1. 画出基本电压放大电路图，并画出其直流通路和交流通路。
2. 写出静态工作点估算的三个公式。
3. 简述探测器的工作原理。
4. 两级放大电路中，已知第一级放大电路放大倍数为50，输入电阻为100kΩ，第二级放大电路放大倍数为500，输出电阻为3.3kΩ，求此两级放大电路的放大倍数、输入电阻和输出电阻。

课题三　开关电路

1. 了解半导体三极管的开关作用；
2. 能区分三极管的放大作用和开关作用电路图。

晶体三极管（又称为晶体管或三极管）是电子线路中的重要元件，它是三层半导体，作用如同高速开关。本课题主要介绍三极管的开关特性及开关电路原理。

一、三极管的开关特性

三极管具有三种工作状态：放大状态、饱和状态和截止状态。

在放大电路中，三极管主要工作在放大状态，因此，偏置电路及其参数的设置要令电路的工作点处于合适的位置。而在脉冲电路中，三极管主要工作在饱和状态和截止状态，并且经常在这两种状态之间快速转换，只有在转换时才以极短的时间迅速通过放大区，三极管的这种工作状态通常称为开关状态。

二、三极管的开关电路

1. NPN三极管开关电路

当基极b输入一个高电位控制信号时三极管VT饱和导通，c、e间相当于闭合的开关，如图6-1-32（a）所示。当基极b高电位控制信号撤离后（输入低电位），管子截止，c、e间相当于断开的开关，如图6-1-32（b）所示。

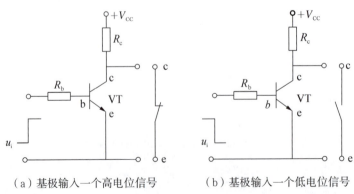

（a）基极输入一个高电位信号　　（b）基极输入一个低电位信号

图6-1-32　NPN三极管的开关状态

PNP 三极管的开关电路与 NPN 三极管的开关电路组成类似，这里就不再累述。

2. 多级开关电路

有时在电路中为了控制的需要，要用到两级或三级开关电路，这些电路在汽车发电机电子调压器电路中经常用到。如图 6-1-33（a）所示为两级开关电路，图 6-1-33（b）所示为三级开关电路。

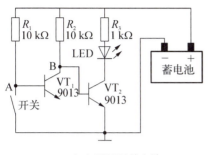
（a）两级开关电路

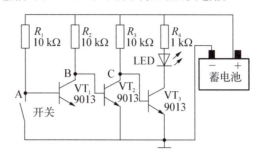
（b）三级开关电路

图 6-1-33　三极管多级开关电路

两级开关电路的工作原理如下：开关断开时，蓄电池电压经过 R_1 加到三极管 VT_1 上，VT_1 基极得到电流导通，B 点电位几乎为零，三极管 VT_2 基极没有电流截止，发光二极管不发光。开关闭合时，A 点电位为零，VT_1 的基极没有电流，VT_1 截止，电源电压 12V 经过 R_2 加到三极管 VT_2 的基极，VT_2 基极得到电流，VT_2 饱和导通，发光二极管发光。这时 B 点电位等于 VT_2 管 be 之间的电压，约为 0.7V。

3. 达林顿管（复合管）

三极管的基极电流 I_B 和集电极 I_C 有电流放大关系，如果把前一级三极管的集电极电流接到后一级三极管的基极（图 6-1-34），将电流继续放大——驱动负载元件，这样连接在一起的两个三极管称为复合管。复合管当作一个三极管用，因为这种接法是由达林顿（Darlington）首先提出的，所以也称为达林顿管。它的放大系数为：

$$\beta = \beta_1 \times \beta_2 \qquad (6\text{-}1\text{-}21)$$

图 6-1-34　复合管的几种接法及等效类型

上述情况中，如果加接一只放大系数为 50 的三极管，要实现所需的功率放大，只需一个 2mA 的基极电流即可，这样就比较现实可行。汽车电子点火系统的点火控制模块大多采用达林顿管作为输出端，达林顿管与负载的连接如图 6-1-35 所示。

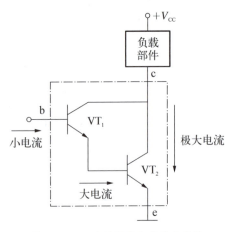

图 6-1-35　达林顿管与负载的连接

三、开关电路在汽车上的应用

图 6-1-36 所示是汽车光电式电子点火控制器电路，发动机工作时，遮光盘随分电器转动，当遮光盘缺口通过光源时，红外光照射到光敏三极管 VT_2 上，使其产生基极电流而导通，三极管 VT_3 也随之导通，VT_3 导通后，通过 R_4 给 VT_4 提供基极电流使 VT_4 导通，VT_5 基极电位接近零而截止，此时 VT_6 通过 R_6 和 R_7 的分压获得基极电流而导通，于是接通了点火线圈初级电路，点火线圈铁芯中产生磁场；当遮光盘挡住光线时，VT_2、VT_3、VT_4 截止，VT_5 导通，VT_6 截止，将点火线圈初级绕组切断，磁场迅速消失，点火线圈次级绕组产生高压电。C_1 的作用是抗自激干扰。

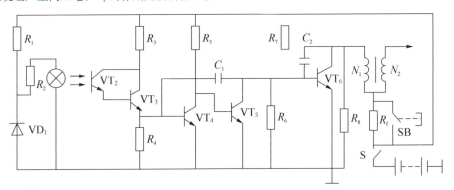

图 6-1-36　汽车光电式电子点火控制器电路

汽车制动灯状况的好坏，直接影响到尾随车辆的安全。为了减少交通事故，保证行车安全，制动灯故障监视器可以给司机及时提醒。图 6-1-37 所示是汽车制动灯故障监视器，电路原理如下：常态情况下，制动灯开关是断开的。由于 1.5kΩ 电阻大，制动灯内阻很小，三极管 VT_1 和 VT_2 的基极电位偏低，VT_1 和 VT_2 管截止，指示灯不亮。若此时指示灯发亮，表明制动灯烧断或灯头有故障。汽车制动时，制动灯开关接通，三极管 VT_1 和 VT_2 的基极电位升高，VT_1 和 VT_2 管导通，指示灯亮，表示正常，如果制动时指示灯不亮，则说明制动灯烧断或灯头有故障或电路有搭铁等故障。

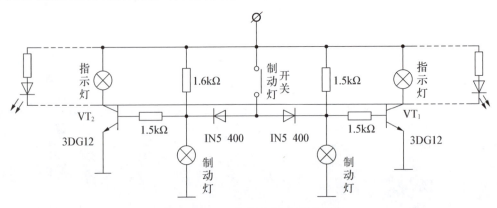

图 6-1-37　汽车制动灯故障监视器

 **学后测评**

一、填空题

1. 三极管有三种工作状态：_____、_____ 和_____。
2. 复合管有_____种接法。
3. 多级开关电路是指由_____开关电路耦合在一起构成的。
4. 汽车制动灯故障监视器，常态情况下，制动灯开关是_____。
5. 汽车制动灯故障监视器中，有_____个制动灯。
6. 汽车光电式电子点火控制器电路中，三极管 VT$_2$ 是_____三极管。

二、选择题

1. 三极管的开关状态是指（　　）。
   A. 截止状态　　B. 放大状态　　C. 饱和状态
2. 复合管又称（　　）。
   A. 达林顿管　　B. 级管　　　　C. 三极管
3. 汽车电子点火系统的点火控制模块采用（　　）作为输出端。
   A. 达林顿管　　B. 级管　　　　C. 三极管
4. 在汽车光电式电子点火控制器电路中，C$_1$ 的作用是（　　）。
   A. 隔直通交　　B. 抗自激干扰　C. 充电作用
5. 汽车制动灯故障监视器中，当汽车制动时，VT$_1$ 和 VT$_2$ 管（　　）。
   A. 导通　　　　B. 截止　　　　C. 饱和

三、判断题

1. 复合管就是两个三极管随便并在一起构成的。（　　）
2. 三极管的开关特性是指三极管可以当作开关使用。（　　）
3. 具有电流放大作用的三极管与具有开关特性的三极管是不同型号的三极管。（　　）
4. 汽车制动灯故障监视器中有两个制动灯，所以应该有两个制动开关。（　　）
5. 三极管的开关特性是指三极管就是开关。（　　）

四、简答题

1. 简述两级开关电路的工作原理。
2. 简述汽车制动灯故障监视器的电路原理。

课题四　集成运算放大电路

 **学习目标**

1. 了解集成运放的结构及应用；
2. 会画集成运放的电路符号；

3. 了解汽车电子电路中常用的集成芯片；
4. 能说出简单电压比较器的工作过程。

集成运放放大器简称集成运放，它最初是作为电子模拟计算机的基本运算单元，完成加减、积分、微分、乘除等数学运算，因此称为运算放大器。本课题主要介绍集成运放的组成及结构。

一、集成运算放大器简介

（一）结构组成

如图 6-1-38 所示，集成运放的结构通常包括以下四个组成部分：

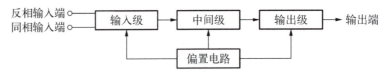

图 6-1-38　集成运算放大器的组成框图

① 输入级：输入级作用是提高电阻，减小零点漂移，提高整个电路的共模抑制比，一般都采用差动放大电路。
② 中间级：中间级主要用于电压放大，要求电压放大倍数要高，一般由共发射极放大电路组成。
③ 输出级：输出级直接与负载相连，要求它有足够大的功率输出，为减少输出电阻，提高电路的带负载能力，通常采用互补对称式功放电路。
④ 偏置电路：偏置电路作用是向各级放大电路提供偏置电流，以设置合适的静态工作点和提高恒流源。此外，通常根据实际需要还可以设置一些辅助电路，如过电流、过电压、过热保护等电路。

（二）外形和电路符号

集成运放的外形有双列直插式、扁平式、金属圆壳式三种，其引脚排列如图 6-1-39 所示。
电路符号，如图 6-1-40 所示。

(a) 圆壳式　　　　(b) 双列直插式　　　　(c) 扁平式

图 6-1-39　集成运放的外形

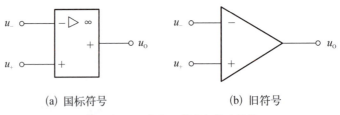

(a) 国标符号　　　　　　(b) 旧符号

图 6-1-40　集成运算放大器的符号

（三）理想运算放大器

理想化的运算放大器被称为理想运算放大器，其理想化条件有以下几点。
① 开环电压放大倍数为无穷大，即 $A_0 = \infty$。
② 输入电阻为无穷大，即 $r_i = \infty$。
③ 输出电阻为零，即 $r_o = 0$。
实际运放工作在线性状态时，与理想运放相差不大，为了简化分析，可将实际运放看作理想运放。

集成运放工作在线性区时，有 $u_o = A_o(u_+ - u_-)$，因 $A_o = \infty$，u_o 为有限制（绝对值小于电源电压值），所以 $(u_+ - u_-) \approx 0$，即 $u_+ \approx u_-$。

由于 $u_+ \approx u_-$，反向端与同相端之间可视为短路。但事实上 A_o 不可能无穷大，两输入端又不可能短接，所以不是真正短路，而是"虚假短路"，简称虚短。

由于理想运算放大器的输入电阻 $r_i = \infty$，相当于两输入端不取用电流，即 $i_+ = i_- = 0$。实际上 r_i 不可能无限大，u_+ 和 u_- 也不可能完全相等，i_i 只能是近似为零，称为"虚假断路"，简称虚断。运用以上两个结论，可大大简化运算放大器应用电路的分析。

二、集成运放的线性应用

集成运放作为电子模拟计算机的基本运算单元，完成加减、积分、微分、乘除等数学运算，本课题主要介绍由集成运放组成的一些数学运算的电路原理。

（一）反馈的概念

反馈就是将放大电路输出量（电压或电流）的一部分或全部，通过一定的电路（称为反馈电路或反馈网络）以一定的方式送回到放大电路的输入端，并同输入信号一起参与控制作用，以使放大电路某些性能获得改善的过程。引入反馈后的放大电路称为反馈放大电路，也称为闭环控制，其方框图如图6-1-41所示。

按照反馈对放大电路性能影响的效果可将反馈分为：正反馈和负反馈。

若反馈信号 X_F 与输入信号 X_i 相位相反，反馈使净输入信号 X_B（也叫有效输入信号）小于输入信号 X_i，从而使放大电路的放大倍数降低，这种反馈叫负反馈。

凡是引入反馈信号 X_F 后，$X_B > X_i$，使放大电路的放大倍数升高，这种反馈叫正反馈。

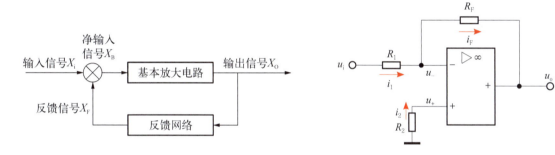

图 6-1-41 反馈放大电路框图　　　　图 6-1-42 反相比例运算电路

（二）几种运算电路

1. 反相比例运算电路

其电路图如图6-1-42所示。输入信号 u_i 经 R_1 加到反相输入端上，输出信号与输入信号的相位相反，因此，该电路也称为反相放大器。图中 R_2 为平衡电阻，取 $R_2 = R_1 // R_f$。

运用虚短和虚断的概念，由图6-1-42可得 $i_i = i_F$

而
$$i_i = \frac{u_i - u_-}{R_1} = \frac{u_i}{R_1} \tag{6-1-22}$$

$$i_F = \frac{u_- - u_o}{R_F} = \frac{u_o}{R_F} \tag{6-1-23}$$

整理得闭环（有反馈）输出电压 u_o 为：

$$u_o = -\frac{R_F}{R_1} \times u_i \tag{6-1-24}$$

式中的"－"号表示输出电压与输入电压相位相反，并且成比例，比例系数为 $\frac{R_F}{R_1}$。

这也说明放大倍数只与 R_F、R_1 有关，与放大器本身无关。

当 $R_F = R_1$ 时，$u_o = -u_i$，该比例运放就是一个反相器或称反号器（即"非门"）。

2. 同相比例运算电路

其电路图如图6-1-43所示，输入信号 u_i 经 R_2 加到同相输入端上，输出信号与输入信号的相位相同，因此该电路也称为同相放大器。图中 R_2 为平衡电阻，取 $R_2=R_1//R_F$。

根据分析集成运放的两个重要依据：虚短和虚断，可知 $u_i=u_-=u_+$，$i_+=i_-=0$，$i_i=i_F$。由于

$$i_i = -\frac{u_-}{R_1} = -\frac{u_i}{R_1} \quad (6\text{-}1\text{-}25)$$

$$i_F = \frac{u_- - u_o}{R_F} = \frac{u_i - u_o}{R_F} \quad (6\text{-}1\text{-}26)$$

整理可得

$$u_o = \left(1 + \frac{R_F}{R_1}\right) \times u_i \quad (6\text{-}1\text{-}27)$$

上式表明：输出电压 u_o 与输入电压 u_i 为比例运算关系，比例系数仅由 R_F 和 R_1 的比值确定，与集成运放的参数无关，改变 R_F 和 R_1 的值，即可改变 u_o 与 u_i 的比例，式中的正号表示 u_o 与 u_i 同相。

如当 R_1 开路时（R_1 为 ∞）或取 $R_F=0$ 时，该比例运放的放大倍数 $A_f=1$，$u_o=u_i$，这时的同相比例集成运放就是一个电压跟随器或称同相器。其电路图如图 6-1-44 所示。

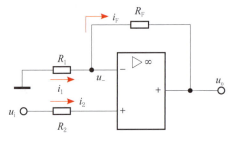

图 6-1-43 同相比例运算电路

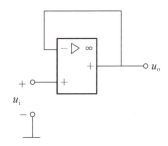

图 6-1-44 电压跟随器

3. 减法运算电路

减法运算电路是实现若干个输入信号相减功能的电路，如图 6-1-45 所示。
由图可知：

$$u_- = u_{i1} - R_1 i_1 = u_{i1} - \frac{R_1}{R_1+R_F}(u_{i1}-u_o) \quad (6\text{-}1\text{-}28)$$

$$u_+ = \frac{R_3}{R_3+R_2} u_{i2} \quad (6\text{-}1\text{-}29)$$

$$u_o = \left(1+\frac{R_F}{R_1}\right)\frac{R_3}{R_3+R_2}u_{i2} - \frac{R_F}{R_1}u_{i1} \quad (6\text{-}1\text{-}30)$$

当 $R_F=R_1=R_2=R_3$ 时，则 $u_o=u_{i2}-u_{i1}$。
$u_o=u_{i2}-u_{i1}$，即输出信号电压等于两个输入信号电压之差。

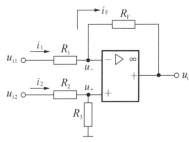

图 6-1-45 减法运算电路

4. 加法运算电路

加法运算电路是实现若干个输入信号求和功能的电路，在反相比例运算电路中增加若干个输入端，就构成了反相加法电路。如图 6-1-46 所示，图中 R_3 为平衡电阻，$R_3=R_1//R_2//R_F$。

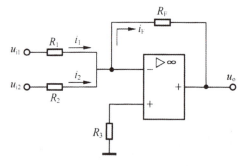

图 6-1-46 加法运算电路

运用集成运放虚断的特性，根据基尔霍夫定律 $i_F=i_1-i_2$ 可得

$$-\frac{u_o}{R_F} = \frac{u_{i1}}{R_1} + \frac{u_{i2}}{R_2} \quad (6\text{-}1\text{-}31)$$

$$u_o = -\left(\frac{R_F}{R_1}u_{i1} + \frac{R_F}{R_2}u_{i2}\right) \quad (6-1-32)$$

当 $R_1 = R_2 = R_F$ 时，则有 $u_o = -(u_{i1} - u_{i2})$。

三、集成运放的非线性应用

集成运放可实现加减乘除等线性运算，也可以实现非线性运算，其中最典型的应用之一就是用作电压比较器，可以产生波形，也可以变换电路，本课题主要介绍常用的三种电压比较器的结构和特点。

（一）电压比较器

汽车电子电路中常用的电压比较器有 LM741、LM324 和 LM339 等。

1. LM741

LM741 双电源单集成运放是美国国家半导体公司的产品，为 8 个引脚的双列直插式封装。LM741 的外形图和引脚排列如图 6-1-47 所示。2 脚是放大器的反相输入端；3 脚是同相输入端；6 脚是输出端；1 脚、5 脚是放大交流信号时的电路调零端，汽车中不用；8 脚是空脚；7 脚接正电源；4 脚接负电源，在汽车中用作比较器时直接接搭铁。

2. LM324

LM324 双电源 4 集成运放是美国国家半导体公司的产品，为 14 个引脚的双列直插式封装。LM324 内部有 4 个独立的集成运放，其引脚如图 6-1-48 所示。4 脚接正电源；11 脚接负电源，在汽车中用作比较器时直接接搭铁。

3. LM339

LM339 单电源 4 集成运放是美国国家半导体公司的产品，为 14 个引脚的双列直插式封装。LM339 在汽车中专门用作比较器，其内部有 4 个可以独立使用的比较器，其引脚排列图如图 6-1-49 所示。使用时只需接单电源，3 脚接正电源，12 脚接搭铁。

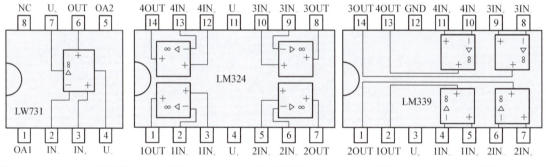

图 6-1-47 LM741 引脚图　　图 6-1-48 LM324 引脚图　　图 6-1-49 LM339 引脚图

（二）简单电压比较器

简单电压比较器的电路如图 6-1-50（a）所示，输入信号加在反相端，是一个反相输入电压比较器。U_{TH} 是基准电压，$u_i = u_-$，$U_{TH} = u_+$。当 $u_i > U_{TH}$ 时，即 $u_- > u_+$，比较器输出等于零，即 $u_O = 0$；当 $u_i < U_{TH}$ 时，即 $u_+ > u_-$，比较器输出 $u_O = +V_{CC}$，其传输特性如图 6-1-50（b）所示。

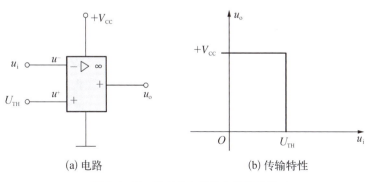

(a) 电路　　　　　　　　(b) 传输特性

图 6-1-50 反相输入简单电压比较器

比较器的输出发生跳变的条件是：$u_i = U_{TH}$，通常将 U_{TH} 称为阈值电压（或门槛电压）。简单电压比较器的特点就是只有一个阈值电压，当输入电压在阈值电压附近变化时，输出信号就会发生跳变。

如果基准电压 $U_{TH} = 0V$，那么当输入信号等于零时，输出电压就会发生跳变，这种比较器又称为过零比较器，其电路和传输特性如图 6-1-51（a）所示。

当输入信号从集成运放的同相端输入，基准信号从反相端输入时，就构成了一个同相输入电压比较器，其传输特性与反相输入电压比较器正好相反，如图 6-1-51（b）所示。

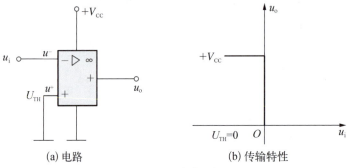

图 6-1-51　过零比较器

（三）滞回电压比较器

在简单电压比较器的基础上加正反馈就构成了滞回电压比较器，电路结构如图 6-1-52（a）所示。图中输入信号从反相端输入，反馈信号作用于同相端，为反相滞回比较器。

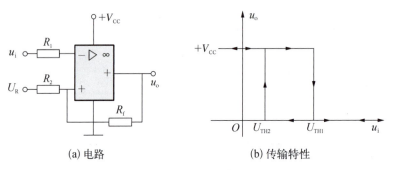

图 6-1-52　反相滞回比较器

滞回比较器有两个阈值电压

$$U_{TH1} = \frac{R_f U_R + R_2 V_{CC}}{R_2 + R_F} \tag{6-1-33}$$

$$U_{TH2} = \frac{R_f U_R}{R_2 + R_F} \tag{6-1-34}$$

当输入电压 $U_{TH2} < u_i < U_{TH1}$ 时，输出电压 u_o 保持原来状态不变。传输特性如图 6-1-52（b）所示。

四、集成运放在汽车上的应用

汽车上有些传感器测得的信号比较小，加上线路的损耗，ECU 得到的信号更为弱小，ECU 很难实现精确控制。为此，汽车 ECU 上都要设置放大器对输入信号进行放大。

（一）集成运放在汽车电子电路中的应用

1. 电桥信号放大电路

如果需要对温度、压力或形变等进行检测，可采用图 6-1-53 所示的电桥信号放大电路。图中电桥的一个臂是由传感器构成的。

当传感器的阻值没有变化时，即 $\Delta R = 0$ 时，电桥平衡，电路输出电压 $u_o = 0$；当传感器因温度、压力或其他变化而使传感元件的电阻值发生变化时（用 ΔR 表示），电桥就失去平衡，变化量变成了电信号而产生输

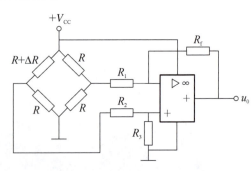

图 6-1-53　电桥信号放大电路

出电压 u_o，输出电压 u_o 一般很小，需要经过放大器进行放大。

汽车电喷发动机中，用来测量进气量的进气压力传感器就是由压敏电阻和集成运放制成的。这种传感器被美国通用汽车公司、日本丰田汽车公司等汽车公司广泛采用，捷达型轿车也采用了该传感器。图 6-1-54 所示为压敏电阻式进气压力传感器的结构示意图和工作原理。

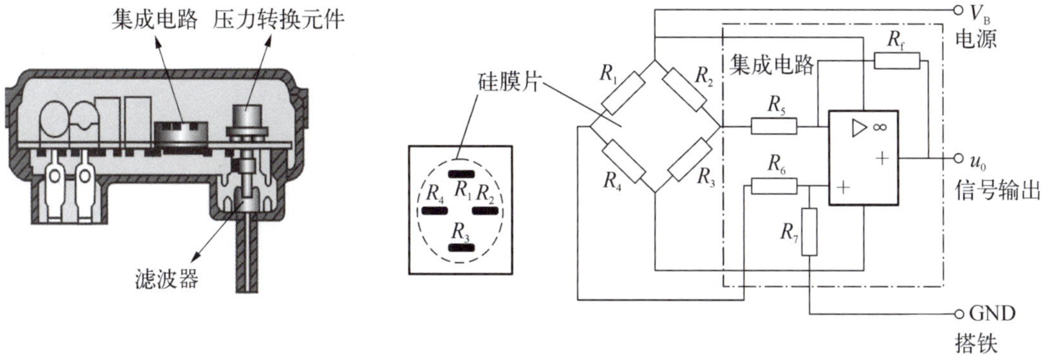

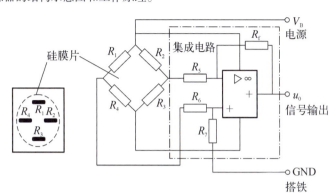

(a) 结构示意图　　　　　　　　(b) 工作原理示意图

图 6-1-54　压敏电阻式进气压力传感器

该传感器有一个通气口与进气管相通，进气压力通过该口加到压力转换元件上。压力转换元件是由四个压敏电阻构成的硅膜片。硅膜片受压力变形后，电桥输出信号，压力越大，输出信号越强。该信号经集成运放放大后传送给ECU，该进气压力传感器与进气温度传感器制成一体，它的外形如图 6-1-55 所示。

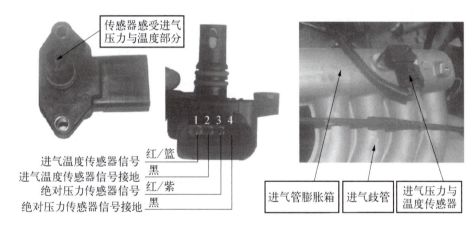

图 6-1-55　进气压力与温度传感器实物与位置图

2. 光电测量电路

光电二极管、光电三极管或其他光电器件能够将光信号转变为电信号。图 6-1-56 所示为一种最简单的光电测量电路。

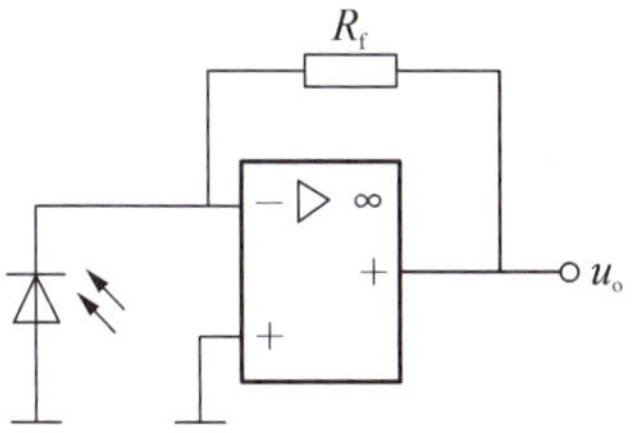

无光照时，光电二极管的反向电流很小。有光照时，二极管有光电流流过，光的照度越大，光电流越大，经过集成运放后，输出电压 $u_O = i_R r_f$。

图 6-1-56　光电测量电路

汽车自动空调控制系统中，用作检测日照量的传感器就是经过设置在ECU内部的上述电路进行信号放大的。

（二）电压比较器在汽车上的应用

1. 蓄电池电压过低报警电路

如图 6-1-57 所示为蓄电池电压过低报警电路。该电路由集成运放LM741、稳压管、发光二极管及一些电阻组

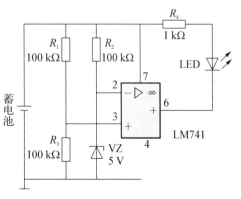

图 6-1-57　蓄电池电压过低报警电路

成。电路中，电阻 R_2 与稳压管 VZ 组成电压基准电路，向比较器提供 5V 的基准电压，R_1、R_3 组成分压电路，中间点作为电压检测点。当蓄电池电压高于 20V 时，比较器输出电压为 12V，发光二极管不发光，指示电压正常；当蓄电池电压低于 10V 时，比较器输出电压为零，发光二极管发光，指示电压过低。

2. 霍尔轮速传感器

在汽车 ABS（电控防抱死）系统中，车轮的速度是靠轮速传感器来传递给 ECU 的。霍尔轮速传感器就是轮速传感器的一种。它的结构如图 6-1-58 所示，主要由与车轮或传动系统连接在一起的触发齿圈、霍尔元件、永久磁铁和电子电路等组成。

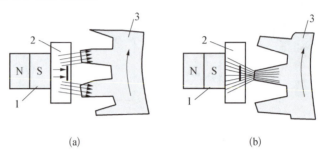

图 6-1-58 霍尔轮速传感器结构图
1- 磁体；2- 霍尔元件；3- 齿圈

当齿轮位于图 6-1-58（a）所示位置时，穿过霍尔元件的磁力线分散，磁场相对较弱。当齿轮位于图 6-1-58（b）所示位置时，穿过霍尔元件的磁力线集中，磁场相对较强。齿轮转动时，使得穿过霍尔元件的磁力线密度发生变化，因此引起霍尔电压的变化，霍尔元件将输出一个 mV 级的正弦波电压。将霍尔元件产生的微弱的正弦波信号放大整形为 11.5～12V 的标准脉冲信号，就是通过由集成运放构成的电子电路来实现的。电路原理如图 6-1-59 所示。

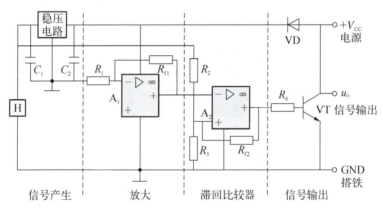

图 6-1-59 霍尔轮速传感器电子电路原理图

电路分四个部分，如图 6-1-59 所示：霍尔元件产生信号的部分；由 A_1、R_1、R_{f1} 组成的放大部分；由 A_2、R_2、R_3、R_{f2} 组成的滞回比较器和三极管 VT 构成的输出级。稳压电路保证霍尔元件和比较器基准电压的稳定不变。霍尔元件感受触发齿轮转动带来的磁场变化而产生微弱的正弦波信号（图 6-1-60），该信号经 A_1 放大器放大后，送到比较器 A_2，电阻 R_2、R_3 向比较器 A_2 提供了基准电压，A_2 输出经过滞回整形的脉冲信号（图 6-1-60）。U_{A2} 控制输出开关三极管，向外传输幅值达 11.5～12V 的脉冲信号。二极管 VD 的作用是电源反接时，起保护作用。电容 C_1、C_2 是稳压电路的滤波电容。

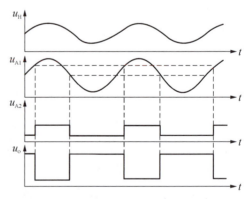

图 6-1-60 霍尔轮速传感器电路各级波形

3. 汽车充电系统电压监视器

在汽车充电系统电路中，当电压过低或过高时，报警器发出警报，这就是汽车充电系统电压监视器电路。电路如图 6-1-61 所示。

当充电系统电压大于14.5V时，A_1反相端检测到的电压和同相端检测到的电压都大于基准电压，比较器A_1输出电压为零，三极管VT_1不能导通，LED_1（黄色）不亮；比较器A_2输出电压为电源电压，驱动三极管VT_2导通，发光二极管LED_2（红色）发光，指示电压过高。

当充电系统电压小于12V时，A_1反相端检测到的电压和A_2同相端检测到的电压都小于基准电压，比较器A_2输出电压为零，三极管VT_2不能导通，LED_2（红色）不亮；比较器A_1输出电压为电源电压，驱动三极管VT_1导通，发光二极管LED_1（黄色）发光，指示电压过低。

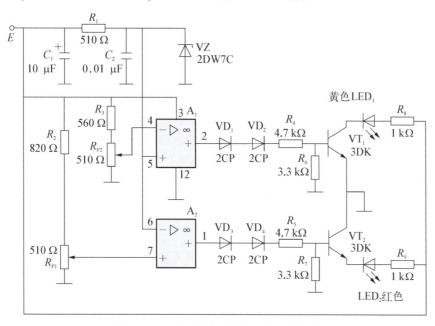

图6-1-61　汽车充电系统电压监视器电路

当电压介于12～14.5V之间时，A_1反相端检测到的电压大于基准电压，比较器A_1输出电压为零，三极管VT_1不能导通。A_2同相端检测到的电压小于基准电压，比较器A_2输出电压为零，三极管VT_2不能导通。LED_1（黄色）和LED_2（红色）都不亮，指示电压正常。

 学后测评

一、填空题

1. 集成运放由_____、_____、_____和_____四部分组成。

2. 集成运放的外形有_____、_____、_____三种。

3. 集成运放的输出电路采用_____功放电路。

4. 同相比例和反相比例运算电路都是用来实现_____运算的。

5. 引入反馈后的放大电路称为_____反馈放大电路，也称为_____。

6. 按照反馈对放大电路性能影响的效果可将反馈分为_____和_____。

7. 汽车电子电路中常用的比较器有LM741、_____和_____等。

8. LM741是_____电源供电，有_____引脚。

9. 若从简单电压比较器变为过零比较器，那么条件是_____。

10. 在汽车电控防抱死系统中，车轮的速度是靠_____来传递给ECU的。

11. 在蓄电池电压过低报警电路中，当电压低于_____时指示灯会亮。

12. 电桥信号放大电路中电桥的一个臂是由_____构成的。

二、选择题

1. 一般情况下，集成运算放大器的开环差模电压放大倍数为（　　）。
   A. 60～80　　B. 100～120　　C. 80～140

2. 集成运算放大器的（　　）越小，其带负载能力越强。
   A. 输入电阻　　B. 输出电阻　　C. 动态电阻

3. 集成运放的中间级主要用于（　　）。
   A. 电流放大　　B. 中间过渡　　C. 电压放大

4. 集成运放的输入电路一般都采用（　　）。
   A. 共基极放大电路　　B. 共模放大电路　　C. 差动放大电路

5. 在反相比例运算电路中，"－"号表示输出电压与输入电压（　　）。
   A. 放大倍数小于0　　B. 输出电压小于0　　C. 相位相反

6. 集成运放的放大倍数与放大器本身（　　）。
   A. 有关　　B. 无关　　C. 说不清楚

7. 集成运放双端输入信号可以实现（　　）运算。
   A. 加法　　B. 减法　　C. 乘法

8. LM324有（　　）个引脚。
   A. 8　　B. 14　　C. 24

9. 简单电压比较器中，当输入电压在阈值电压附近变化时，输出信号就（　　）。
   A. 变为正　　B. 变为负　　C. 发生跳变

10. 滞回比较器经常被用来进行不规则信号的整形，将正弦波整形为（　　）。
    A. 三角波　　B. 方波　　C. 矩形波

11. 若要判断输入信号是否在两个电平之间，应该采用（　　）。
    A. 简单比较器　　B. 滞回比较器　　C. 窗口比较器

12. 在汽车充电系统电路中，当充电电压大于（　　）V时，红灯亮，指示电压过高。
    A. 14.5　　B. 14　　C. 12

13. 电桥信号放大电路可以对（　　）进行检测。
    A. 温度　　B. 压力　　C. 形变

14. 光电测量电路主要是把光信号转变为（　　）。
    A. 电信号　　B. 电压信号　　C. 电流信号

三、判断题

1. 集成运算放大器和三极管一样，都可以放大电流。　　（　　）
2. 集成运放具有开环电压放大倍数高、输入电阻高、带负载能力强、漂移小、可靠性高、体积小等优点。　　（　　）
3. 同相比例运算电路也可称为电压跟随器。　　（　　）
4. 差动输入放大电路就是差分放大器。　　（　　）
5. 只要放大电路引入反馈，就可以使放大倍数增大。　　（　　）
6. LM339有39个引脚。　　（　　）

7. 电压比较器的作用就是比较两个输入电压大小的。　　　　　　　　（　）

8. 过零比较器是简单比较器的一个特例。　　　　　　　　　　　　　（　）

9. 蓄电池电压过低报警电路中，当电压过高也会报警。　　　　　　　（　）

10. 霍尔轮速传感器就是霍尔传感器。　　　　　　　　　　　　　　（　）

11. 在汽车充电系统电路中，当电压过低或过高时，报警器都会发出警报。（　）

四、简答题

1. 在反相比例运算电路中，已知输入信号为2V，R_1为10kΩ，R_f为500kΩ，求此电路的输出信号电压。若$R_f = R_1$时，求此电路的输出电压。

2. 画出集成运算放大器的符号。

3. 什么是电压比较器？它有几种输入方式？

4. 画出LM741引脚图。

5. 简述蓄电池电压过低报警电路的工作原理。

模块二 数字电路

模块介绍

一直以来，汽车都在不断地向信息化与智能化方向发展，而汽车的信息化与智能化离不开各种数字电路的应用。本模块主要介绍逻辑电路和集成电路。

模块目标

1. 理解数制、码制和逻辑门电路概念；
2. 简单叙述逻辑符号、逻辑表达式、真值表的含义，并说明其使用方法；
3. 会进行常用集成门电路的逻辑功能分析，应用管脚排列、识别；
4. 能简单分析、解决一些实际数字电路问题。

课题一 逻辑电路

学习目标

1. 理解模拟信号与数字信号的基本概念及其区别；
2. 掌握数制的基本知识，掌握数制之间的转换方法；
3. 理解基本逻辑电路的知识；
4. 掌握基本门电路的逻辑功能、逻辑符号、真值表和逻辑表达式；
5. 掌握组合门电路组成、逻辑符号、逻辑表达式、真值表的含义；
6. 能简单分析电路和解决一些实际问题。

问题引导

数字电路也称为逻辑电路。逻辑电路包括基本逻辑门电路、组合逻辑门电路和时序逻辑电路，本课题主要介绍基本逻辑门电路和组合逻辑门电路。

一、模拟与数字

（一）模拟信号

所谓模拟，是指某一时间范围内的连续性变化，如果信号是连续变化的信号，这类信号被称为模拟信号。如图6-2-1所示。

例如，图6-2-2所示为汽车上的热敏电阻式水温传感器，水温传感器向水温指示表输入的信号是随着水温度变化而连续变化的，此信号为模拟信号。

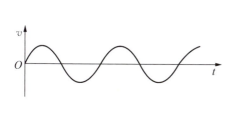

图 6-2-1 模拟信号

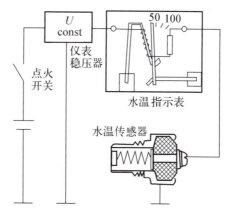

图 6-2-2 热敏电阻传感式水温表

（二）数字信号

如果电压和电流信号在时间上和幅度上都是不连续变化的脉冲信号，这类信号被称为数字信号，数字信号则只会在高、低两种状态之间变换，如图 6-2-3 所示。

如汽车上的光电式信号发生器，输出的信号是遮光盘不断通过光电耦合器而产生的"有"或"无"（透光或遮光）的规律变化的脉冲信号（图 6-2-4），可以用二进制中的 0 代表"无"，1 代表"有"来表示这类数字信号。

数字信号与模拟信号不同，它的电压幅值本身没有什么意义，而我们关心的只是有无电压（脉冲）、间隔电压出现的次数（脉冲数量）、高电压或低电压维持的时间（脉冲宽度）等。

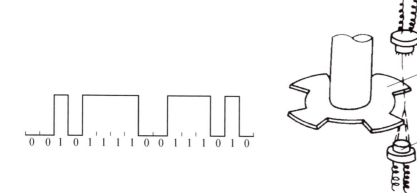

图 6-2-3 数字信号

图 6-2-4 光电式点火信号发生器示意图

二、数制与码制

（一）数制

数制是指数的表示方法，常用的数制有十进制和二进制两种。

1. 十进制

十进制数是在日常生活中人们最熟悉的一种数制，它有 0、1、2、3、4、5、6、7、8、9 十个数，在数量上满 9 之后便归回 0，且往前进一位，这就是归零与进位（10 为基数）。即是"逢十进一"或"借一当十"。

每一位数码根据它在数中的位置不同，代表不同的值。n 位十进制数中，数字是各项系数与基数 10 的次幂的乘积的和。从图 6-2-5 可知，十进制正整数 658 可表示为：

$$658 = 6 \times 10^2 + 5 \times 10^1 + 8 \times 10^0$$

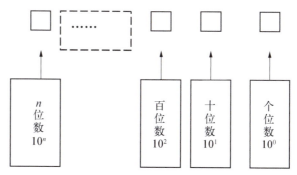

图 6-2-5 十进制数的排列意义

十进制的发明除了带给我们方便之外，更在科学计算上给予了一种共同的标准，这就是现今国际标准。

2. 二进制

既然十进制数如此方便，为什么还要使用二进制呢？

电脑虽然拥有超强的记忆力和高速计算能力，但是它无法了解人类的语言（十进制），它使用的语言是只含有 0、1 两个数的演算方式的二进制数，其基数为 2，计数规则是"逢二进一"或"借一当二"。

例如：$(1101)_2 = 1 \times 2^3 + 1 \times 2^2 + 0 \times 2^1 + 1 \times 2^0 = 13$

以汽车电脑为例，汽车传感器传送的信号，不论是模拟信号还是数字信号，都经过电脑转换成二进制数据后，再做计算、处理。

在数字电路中，电路设计多以双态为设计基础，双态指的是：yes 或 no、高电位或低电位、1 或 0。以晶体管应用在二进制数系统上为例，晶体管的工作状态只有两个：饱和、截止，而不是其正常的工作范围（放大状态）。因此，晶体管的工作非常稳定，而在线性电路中，易受特性变化及温度变化的影响。

如图 6-2-6 所示，当晶体管 VT_1 的基极输入电压为 0V（低电位）时，晶体管处于截止状态，其集电极的输出电压为电源电压 5V，晶体管 VT_2 就处于饱和状态，VT_2 的输出电压为 0V（低电位）。反之，晶体管 VT_1 的基极输入电压为 5V（高电位）时，VT_1 饱和，VT_2 截止，VT_2 的输出电压为 5V（高电位），如表 6-2-1 晶体管状态值。故晶体管的工作状态不是截止就是饱和，这就是双态的含义。

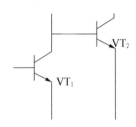

图 6-2-6　晶体管的双态操作

表 6-2-1　晶体管状态值

	输入端	输出端
VT_1	0	0
VT_2	1	1

电脑为什么采用二进制计算呢？

（1）易于集成化　电路的输入、输出只有两种状态；低电平 0 和高电平 1。在数字电路中工作的晶体管多数处于开关状态，即工作在饱和区和截止区。因此，对晶体管元器件参数的要求远低于模拟电路，更易于集成化和大规模生产，且生产成本低。

（2）运算简单且快速　因为只有 0、1 两个数字，不如其他进制复杂，故计算容易且快速。其加法和乘法如表 6-2-2 和表 6-2-3 所示。

表 6-2-2　二进制加法

+	0	1
0	0	1
1	1	10

表 6-2-3　二进制乘法

×	0	1
0	0	0
1	0	1

（3）便于逻辑推理　电脑不仅做加法、乘法运算，更能够依据已知条件来处理逻辑性（真假）的问题。将各项数据输入电脑后，再编成二进制数形式，与逻辑电路的 0 和 1 兼容。

3. 二进制与十进制的转换

二进制转换成十进制的方法：将非十进制数按展开式展开，然后相加，就可以得出结果。

【例 6-2-1】$(11011)_2 = ($　　$)_{10}$

解：$(11011)_2 = 1 \times 2^4 + 1 \times 2^3 + 0 \times 2^2 + 1 \times 2^1 + 1 \times 2^0$
$= 2^4 + 2^3 + 2^1 + 2^0$
$= (27)_{10}$

接着，看看如何将十进制数转换成二进制数。较常用的方法是"2 的连续除法"，也就是将十进制数连续除以 2，然后保留每一次的余数，如此重复，直到商为 0 为止。余数所代表的数列便是二进制数。现以 18 为例，其转换过程如下：

2 ⌊ 18 ……余数 0——a0
2 ⌊ 9 ……余数 1——a1
2 ⌊ 4 ……余数 0——a2

```
2 ⌊ 2 ……余数 0——a3
2 ⌊ 1 ……余数 1——a4
    0
```
由下往上读出二进制数。
所以（18）$_{10}$ =（10010）$_2$

（二）码制

数字电路中的二进制数码不仅可以用来表示数字的大小，还可以用来表示各种文字、符号、图形等非数值信息，称为代码，如 110。建立这种代码与文字、符号或其他特定对象之间的对应关系的过程称为编码。编码的表示方法称为码制。

在数字电路中，经常用到二进制数码，而人们更习惯于使用十进制数码，所以常用 4 位二进制数码来表示 1 位十进制数码，称为二－十进制编码，简称 BCD 码。最常用的二进制代码是 8421BCD 码，其含义如表 6-2-4 所示。

表 6-2-4　8421BCD 码编码表

十进制数码	二进制数码			
	位权 8	位权 4	位权 2	位权 1
0	0	0	0	0
1	0	0	0	1
2	0	0	1	0
3	0	0	1	1
4	0	1	0	0
5	0	1	0	1
6	0	1	1	0
7	0	1	1	1
8	1	0	0	0
9	1	0	0	1

三、基本逻辑门电路

所谓门就是一种开关，它能按照一定的条件去控制信号的通过或不通过。门电路的输入和输出之间存在一定的逻辑关系（因果关系），所以门电路又称为逻辑门电路。在汽车控制电路中，常用到基本逻辑门电路。例如，由非门（反相器）构成的多谐震荡电路，常被用来产生震荡信号。下面我们一起学习基本逻辑电路。

数字电路的输出状态与各输入状态之间的关系称为逻辑关系，因此数字电路又称为逻辑电路。本书介绍这些逻辑门时，以"1"代表逻辑上的"真"，以"0"代表逻辑上的"假"。基本的逻辑关系仅有三种，即：与、或、非。

（一）"与"逻辑和"与"门电路

1. "与"逻辑

当决定某一事件的所有条件都具备时该事件才会发生，这种因果关系称为"与"逻辑关系。如图 6-2-7 所示电路，用两个开关 S_1、S_2 串联控制照明灯。只有当 S_1、S_2 都闭合时，照明灯才会亮，若有一个开关不闭合，灯都不会亮。这种因果关系就是符合"与"逻辑关系。

2. 与门电路

图 6-2-8 为二极管组成的与门电路及逻辑符号。它有两个输

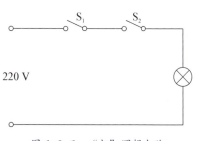

图 6-2-7　"与"逻辑电路

入端 A、B，一个输出端 L。假定输入信号的高电平为 +5V，低电平为 0V，则按输入信号的不同可分为以下情况：

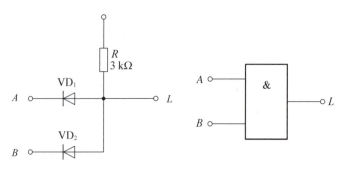

图 6-2-8　二极管与门电路和逻辑符号

① 输入端 A、B 都处于低电平 0V（即 $A = B = 0$），这时 VD_1、VD_2 都处于正向导通状态。如果忽略二极管的导通压降，则输出 $L = 0$。

② 输入端 A、B 只有一个处于低电平 0V，这时处于低电平的二极管 VD 优先导通，输出 L 仍为低电平。

③ 输入端 A 和 B 全处于高电平，这时二极管 VD_1、VD_2 都截止，则输出端 L 的电位基本上与输入端相等，L 为高电平。如表 6-2-5 所示。

表 6-2-5　"与门电平表"

输入		输出
A	B	L
0	0	0
0	1	0
1	0	0
1	1	1

表 6-2-6　"与门"真值表

输入		输出
A	B	L
0	0	0
0	1	0
1	0	0
1	1	1

分析结果：

对应的"与"门真值表如表 6-2-6 所示。只有输入端都是高电位 1 时，输出 L 才是高电位 1，否则为低电平 0。

与门逻辑关系可概括为："有 0 出 0，全 1 出 1"，其逻辑表达式为：

$$L = A \cdot B = AB$$

上式读作：L 等于 A 与 B。

（二）"或"逻辑和"或"门电路

1. "或"逻辑

"在决定一件事情的诸条件中，只要具备一个或一个以上的条件，这件事就会发生"这种逻辑关系称为"或"逻辑。

图 6-2-9 电路的特点：只要电路中有一个或一个以上的开关接通，灯泡就会发亮。

2. "或"门电路

具有"或"逻辑的电路，称为"或"门电路，简称"或"门，如图 6-2-10（a）所示，图 6-2-10（b）是或门的符号。当一个或一个以上的输入端为高电平（+5V）时，相应的二极管导通，如果忽略二极管的导通压降，则输出端也为高电平（+5V）；当两个输入端都为低电平（0V）时，所有二极管截止，输出端 L 才为低电平（0V）。

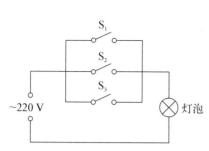
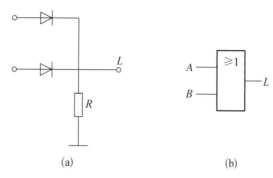

图 6-2-9 "或"逻辑电路　　　　图 6-2-10 二极管或门电路和逻辑符号

分析结果：

如表 6-2-7 所示为或门真值表，只要输入端有一个是高电位 1，输出 L 就是高电位 1。

"或"门逻辑关系可概括为："有 1 出 1，全 0 出 0"。其逻辑表达式为：

$$L = A + B$$

上式读作：L 等于 A 或 B。

表 6-2-7　或门真值表

输入		输出
A	B	L
0	0	0
0	1	1
1	0	1
1	1	1

（三）"非"逻辑和"非"门电路

1. "非"逻辑

"非"逻辑关系就是输出的状态与输入的状态永远相反，"非"在逻辑上就是否定的意思。

2. "非"门电路

具有"非"逻辑功能的电路叫做"非"门电路，简称"非"门，又称反相器。图 6-2-11（a）是三极管组成的"非"门电路，图 6-2-11（b）是非门电路的逻辑符号。当输入 A 为高电平（5V）时，三极管 VT 饱和导通，输出低电平（0V）。反之，当输入 A 为低电平（0V）时，三极管 VT 截止，输出高电平（5V），输出与输入相反，实现了"非"的逻辑功能。

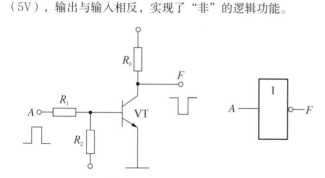

图 6-2-11 二极管非门电路和逻辑符号

表 6-2-8　"非"门真值表

A	F
0	1
1	0

分析结果：

表 6-2-8 为非门真值表，"非"门逻辑关系可概括为："入 0 出 1，入 1 出 0"。其逻辑表达式为：

$$F = \overline{A}$$

上式读作：F 等于 A 非（或 A 反）。

3. 缓冲器

若将两个"非门"串联，可得到一个非非门，又称缓冲器。

缓冲器的作用相当于一个射极跟随器，可以增加输入阻抗的值。低电平输入产生一个低电平输出；高电平输入产生高电平输出。当电路中因为低阻抗而使逻辑电路过载时，可在逻辑电路和阻抗之间串联一个缓冲器，以增加逻辑电路的负载阻抗，而不会改变信号的相位。

四、组合逻辑门电路

汽车上的各种控制电路中，往往将上述的基本门电路组合起来，构成常用的组合逻辑电路，以实现各种控制功能。如将与门、或门、非门经过简单组合，可构成另一些复合逻辑门。

利用基本逻辑门电路可以组合成与非门、或非门、异或门等。这些复合门电路具有带负载能力，工作速度和可靠性方面都得到了很大提高，因此成为逻辑电路中最常用的基本电路。

（一）与非门

图 6-2-12 是典型的"与非门"电路及符号。它由二极管"与"门和三极管"非"门串接而成，故输入与输出之间的关系是"与非"关系。

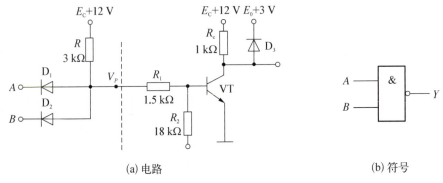

图 6-2-12 与非门电路和符号

"与非门"具有两个或两个以上的输入端，必须所有输入信号都为高电平时，才能输出低电平。从与非门的真值表可以看出，其值恰好与"与"门相反，故称"与非门"。与非门是与和非门的组合。

其逻辑表达式为：

常见的"与非"门电路有74LS00，它内部有四个二输入"与非"门电路。它的外引脚如图6-2-13所示，真值表如表6-2-9所示。

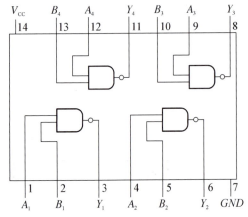

图 6-2-13 四个二输入"与非"门

表 6-2-9　74LS00 真值表

输入		输出
A	B	Y
L	L	H
L	H	H
H	L	H
H	H	L

H—高逻辑电平；L—低逻辑电平

（二）或非门

图 6-2-14 是一个"或非门"电路及其符号，它由一个二极管或门和一个非门组成，相当于或门和非

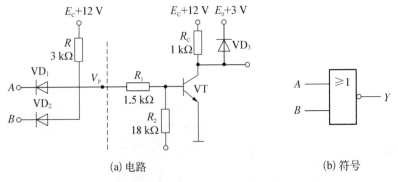

图 6-2-14 或非门电路和符号

门的组合，因此输入输出之间是"或非"关系，其特点是：只要输入有"1"，输出就为"0"，只有输入全为"0"时，输出才为"1"。也就是说，或非门只辨认所有输入信号均为 0 的信号。表 6-2-10 为或非门真表。

表 6-2-10 或非门真值表

输入		输出
A	B	Y
0	0	1
0	1	0
1	0	0
1	1	0

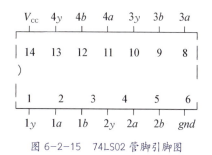

图 6-2-15 74LS02 管脚引脚图

其逻辑表达式为：

$$L = \overline{A + B}$$

常用的集成"或非"门电路有 74LS02，引脚图如图 6-2-15 所示，逻辑表达式为：

$$y = \overline{a + b}$$

随着电子集成工艺的改进与提高，数字集成电路得到了广泛的应用，数字集成电路只有电源、输入、输出和控制线等少部分引线，克服了传统分立元件带来的连线、焊点多、体积大、可靠性差等缺点，因此数字集成电路成本低、可靠性高便于安装调试。目前使用的门电路均是集成逻辑门电路。

五、时序逻辑电路

时序逻辑电路一般都是由触发器组成的，如计数器、寄存器等。触发器是一种具有记忆功能的逻辑元件，它有两种相反的稳定输出状态。按逻辑功能的不同，可分为 R-S 触发器、J-K 触发器、D 触发器和 T 触发器。

（一）R-S 触发器

图 6-2-16 所示为由两个与非门组成的基本 RS 触发器的电路及逻辑符号。该电路由两个与非门交叉耦合组成。

为了便于区别，通常将触发器接收输入信号之前的状态称为触发器的现态，用 Q_n 表示；将触发器接收输入信号之后的状态称为触发器的次态，用 Q_{n+1} 表示。描述触发器的逻辑功能就是要找出触发器的次态与现态及输入信号之间的关系。

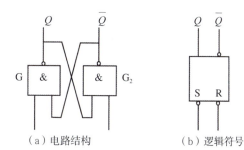

图 6-2-16 由两个与非门组成的 R-S 触发器的电路及逻辑符号

用于描述触发器次态 Q_{n+1} 与现态 Q_n 及输入信号之间的真值表，称为特性表。见表 6-2-11。

表 6-2-11 由与非门组成的基本 RS 触发器状态转换真值表

信号输入端		信号输出端		状态说明
$\overline{RD}$	$\overline{SD}$	Q_n	Q_{n+1}	
0	0	0	随机状态	不定状态
0	0	1	随机状态	
0	1	0	0	置0
0	1	1	0	
1	0	0	1	置1
1	0	1	1	
1	1	0	0	保持
1	1	1	1	

笔记

（二）J-K 触发器

如图 6-2-17 所示为边沿 JK 触发器的电路图及逻辑符号，它有两个与或非门和两个与非门组成，上面是一个基本 RS 触发器，下面是 G_7、G_8 两个与非门，负责输入信号与输出端交叉反馈信号的接收。

JK 触发器的特性表如表 6-2-12。

（三）D 触发器

D 触发器按照触发方式的不同分为同步 D 触发器和维持阻塞（边沿）D 触发器。

同步 RS 触发器的 R 经过一个非门与 S 相接，形成了只有一个输入端的 D 触发器。其电路构成如图 6-2-18 所示，它只有一个触发输入端 D 和一个时钟 CP 输入端。

D 触发器的功能表如表 6-2-13。

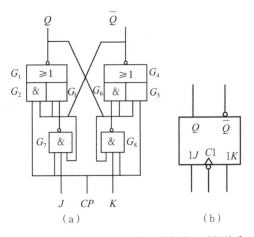

图 6-2-17　J-K 触发器的电路及逻辑符号

表 6-2-12　JK 触发器的特性表

信号输入端			信号输出端		状态说明
CP	J	K	Q_n	Q_{n+1}	
1	0	0	0	0	触发器保持原态
1	0	0	1	1	
1	0	1	0	0	触发器置 0
1	0	1	1	0	
1	1	0	0	1	触发器置 1
1	1	0	1	1	
1	1	1	0	1	触发器翻转
1	1	1	1	0	

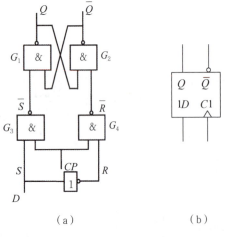

图 6-2-18　D 触发器的电路及逻辑符号

表 6-2-13　D 触发器的功能表

D	Q_n	Q_{n+1}	功能说明
1	0	1	置 1
1	1	1	
0	0	0	置 0
0	1	0	

学后测评

一、填空题

1. 将13转换成二进制数是_____。

2. 数字信号的特点是在_____上和_____上都是断续变化的,其高电平和低电平常用_____和_____。

3. 正逻辑用"_____"表示高电平,用"_____"表示低电平。

4. 最基本的逻辑门电路_____、_____、_____。

5. "或"门逻辑关系可概括为:"有_____出_____,全_____出_____"。

6. 某资料室由三人共同负责各有一把挂锁,现令锁的开、闭作为逻辑输入,门的开、闭作为逻辑输出,若把3把锁并起来锁在一起,则构成逻辑关系_____;若将3把锁一把套一把地锁起来,则构成逻辑关系_____。

二、选择题

1. 与模拟电路相比,数字电路主要的优点有( )。
   A. 容易设计   B. 通用性强
   C. 保密性好   D. 抗干扰能力

2. 模拟电路与数字电路的不同在于( )。
   A. 模拟电路的晶体管多工作在开关状态,数字电路的晶体管多工作在放大状态。
   B. 模拟电路的晶体管多工作在放大状态,数字电路的晶体管多工作在开关状态。
   C. 模拟电路的晶体管多工作在截止状态,数字电路的晶体管多工作在饱和状态。
   D. 模拟电路的晶体管多工作在饱和状态,数字电路的晶体管多工作在截止状态。

3. 1010代表十进制数是( )。
   A. 13   B. 10   C. 15

4. 反相器是( )。
   A. 与门   B. 非门   C. 或门

5. 与门的逻辑表达式:( )。
   A. $L = AB$ B. $L = A + B$ C. $F = \overline{A}$

6. 符合"有0则0,全1才1"的是( )。
   A. 与逻辑   B. 或逻辑   C. 非逻辑

7. 符合"或"逻辑关系的表达方式是( )。
   A. $1 + 1 = 2$ B. $1 + 1 = 10$
   C. $1 + 1 = 1$ D. $1 + 1 = 11$

8. 在( )输入情况下"与非"运算的结果是逻辑0。
   A. 全部输入是0   B. 任一输入是0
   C. 仅一输入是0   D. 全部输入是1

9. 逻辑表达式 $L = AB$,可以用( )实现。
   A. 或门   B. 非门   C. 与门

193

三、判断题

1. 逻辑变量的取值，1比0大。　　　　　　　　　　　　　　　　　　　　（　　）
2. 在逻辑代数中，$A + A = 2A$。　　　　　　　　　　　　　　　　　　（　　）
3. 数字电路中，稳态时三极管一般工作在放大状态。　　　　　　　　　　（　　）
4. 小轿车的车厢内灯的控制电路。打开车门时，装在门的一角的推杆弹出，使得开关断开而点亮车内灯。关门时，开关闭合而使车内灯熄灭。此控制电路是应用逻辑非电路。（　　）
5. 或非门只辨认所有输入为0的信号。　　　　　　　　　　　　　　　　（　　）
6. 真值表、逻辑表达式、逻辑电路图是同一个逻辑关系的3种不同的表达方式，只要知道其中一种，便可推出其他两种。　　　　　　　　　　　　　　　　　　　　　　（　　）

四、简答题

1. 数字电路中，为什么采用二进制？
2. 列出函数 $Y = A + B$ 的真值表。
3. 简述集成逻辑门电路的优点。

课题二　集成电路

1. 了解汽车专用集成电路的类型和型号；
2. 会进行常用集成门电路的逻辑功能分析和应用管脚排列、识别。

用分立元件构成的门电路在应用时有很多缺点，连线和焊点太多，电路的体积很大，造成电路的可靠性很差。一般只在电子电路中作为补充电路时使用。目前，在数字电路中广泛采用的是集成门电路。数字集成电路只有电源、输入、输出和控制等引线，因此与分立电路相比，数字集成电路成本低、可靠性高且便于安装调试。

一、认识集成电路

集成电路是利用半导体制作工艺，将晶体管、电阻、电容器等原件和连线一起制作在一块半导体基片上，并封装在一个外壳内组成不可分割的电路单元，是一种半导体器件，在电路中用字母"IC"表示。集成电路具有体积小、耐震动、耐潮湿、稳定性高等优点，广泛应用于计算机、测量仪器及汽车电子控制系统中。

集成电路的外形如图6-2-19所示。

 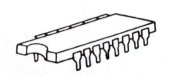 

(a) 圆形金属外壳封装　　　　(b) 双列直插式封装　　　　(c) 陶瓷扁平封装图

图6-2-19　部分集成电路外形

集成电路的分类方法如下：

① 按其功能、结构的不同，可以分为模拟集成电路、数字集成电路和数/模混合集成电路三大类。模拟集成电路又称线性电路，用来产生、放大和处理各种模拟信号（例如半导体收音机的音频信号、录放机的磁带信号等），其输入信号和输出信号成比例关系。数字集成电路用来产生、放大和处理各种数字信号（3G 手机、数码相机、电脑 CPU 等）。

② 按集成电路的制作工艺可分为半导体集成电路、膜集成电路（还可分为薄膜或厚膜集成电路）和混合集成电路 3 种。

③ 按功能可分为模拟集成电路（或称线性集成电路）和数字集成电路两种。

④ 按其晶体管的性质可分为双极型晶体管（TTL 系列）和单极型集成电路（绝缘栅场效应管，简称 CMOS 系列）。

数字集成门电路主要有两大类：一类是采用三极管构成的，如 TTL 集成逻辑门电路；另一类是由 CMOS 管构成的，如 CMOS 集成逻辑门电路。

（一）TTL 集成逻辑门电路

1. 类别

TTL 是"晶体管—晶体管逻辑电路"的简称。TTL 系列集成电路有：

① 74：标准系列，前面介绍的 TTL 门电路都属于 74 系列，其典型电路与非门的平均传输时间 t_{pd} = 10ns，平均功耗 P = 10mW。

② 74H：高速系列，是在 74 系列基础上改进得到的，其典型电路与非门的平均传输时间 t_{pd} = 6ns，平均功耗 P = 22mW。

③ 74S：肖特基系列，是在 74H 系列基础上改进得到的，其典型电路与非门的平均传输时间 t_{pd} = 3ns，平均功耗 P = 19mW。

④ 74LS：低功耗肖特基系列，是在 74S 系列基础上改进得到的，其典型电路与非门的平均传输时间 t_{pd} = 9ns，平均功耗 P = 2mW。74LS 系列产品具有最佳的综合性能，是 TTL 集成电路的主流，是应用最广的系列。

图 6-2-20 是典型的 74LS 集成门电路。

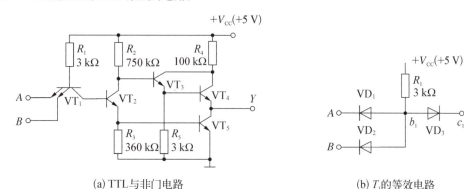

图 6-2-20 TTL 与非门电路

2. TTL 与非门电路结构特点

TTL 与非门电路由输入级（实现"与"功能）、中间级（倒相级）、输出级组成。

其特点：输入为低电平，输出为高电平；输入全高电平，输出为低电平。

$$逻辑表达式：Y = \overline{AB}$$

3. 集成电路引脚识别与判断

（1）按外形识别　通常有圆形金属外壳封装、扁平型陶瓷或塑料外壳封装、双列直插型陶瓷或塑料封装三种，如图 6-2-19 所示。引脚排列顺序的标志，一般有色点、管键、凹槽及封装时压出的圆形标志。

（2）引脚排列识别　扁平型或双列直插型集成块引脚的识别方法是：将集成电路水平放置，引出脚向下，标志对着自己身体一边，靠近身体右面的第一个脚即为第一引线脚，便可按逆时针方向依次编排引脚号，如图 6-2-21 所示。

（3）故障诊断方法

① 测量法：分为电阻测量法、电压测量法。

电阻法：用万用表测集成电路各脚对地之间的电阻，与标准值进行比较，从中发现问题。

电压法：用万用表电压挡测各脚对地电压，与标准电压比较，应符合规定，如有不符标准电压值的引线脚，再查其外围元件，若外围元件无失效或损坏，则可认为是集成电路的问题。

② 波形法：用示波器看其波形与标准波形进行对比，从中发现集成块的问题。

③ 替代法：用型号完全相同的集成块进行替换试验，但拆焊时注意外围电路不得有短路现象。

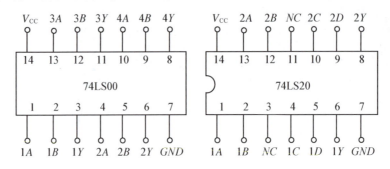

(a) 74LS00的引脚排列图　　(b) 74LS20的引脚排列图

图 6-2-21　集成块引脚排列图

（二）CMOS 逻辑门电路

CMOS 逻辑门电路是在 TTL 电路问世之后，所开发出的第二种广泛应用的数字集成器件，从发展趋势来看，由于制造工艺的改进，CMOS 电路的性能有可能超越 TTL 而成为占主导地位的逻辑器件。CMOS 电路的工作速度可与 TTL 相比较，而它的功耗和抗干扰能力则远优于 TTL。几乎所有的超大规模存储器件，都采用 CMOS 艺制造，且费用较低。早期生产的 CMOS 门电路为 4000 系列，随后发展为 4000B 系列。当前与 TTL 兼容的 CMOS 器件，如 74HCT 系列等可与 TTL 器件交换使用。

二、集成电路在汽车上应用

汽车水箱中水量的减少，直接影响发动机的冷却，也影响汽车的正常行驶。图 6-2-22 所示电路为汽车水箱水位过低报警电路，能在水箱水位低于最低水位时发出声光报警，提醒驾驶员加水。

将铜棒探测器下端置于水箱最低水位出，注意不能与接地的水箱体接触。

当水箱水位处于最低水位以下时，探测器与水箱体之间成开路状态，使反相器 G_1 的输入端为高电平，相应 G_3 的输出端为低电平，LED 中的红灯亮，指示水箱水位已处于最低水位以下。同时 G_4 输出高电平，使二极管 VD 截止，G_5 和 G_6 组成的振荡器工作，其输出信号促使 HTD 发出声响报警。

当水箱内水位正常（最低水位以上）时，探测器与水箱体之间的电阻较小，结果 G_1 的输入端为低电平，G_3 输出高电平，LED 中的绿灯亮，指示水位正常。同时 G_4 输出低电平，使二极管 VD 导通，相应 G_5 和 G_6 组成的振荡器停振，HTD 不发声，电路不发生报警。

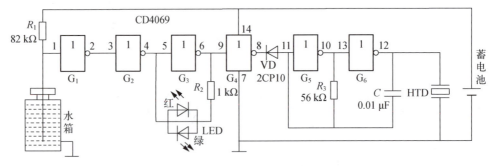

图 6-2-22　汽车水箱水位过低报警电路

 学后测评

一、填空题

1. TTL 集成门电路满足_____门的输入、输出逻辑关系。

2. 集成电路的故障诊断方法有_____、_____、_____三种。

二、选择题

1. 符合"有 1 则 1，全 0 才 0"的是（　　）。

　　A. 与逻辑　　　　B. 或逻辑　　　C. 非逻辑

2. 国产 TTL 电路产品中 74LS 系列综合性能最优，应用最广泛，LS 系列是指（　　）。

　　A. 肖特基　　　　B. 高速　　　　C. 低功耗肖特基

三、判断题

1. $Y = A + B + C$ 是"与"逻辑关系的函数表达式。　　　　　　　　（　　）

2. TTL 集成门电路的输入信号全部高电平，其输出低电平。　　　　（　　）

四、简答题

集成电路引脚是如何识别的？

模块三 实验

模块介绍

本模块共有三个实验：汽车发电机充电电路的检测，汽车照明顶灯调光器电路安装调试和水箱水位过低报警电路安装调试。

模块目标

1. 加深对电子电路在汽车中应用的认识；
2. 能够识读简单的电子电路图；
3. 会运用万用表检测电路；
4. 能够按照电路原理图连接电路。

实验一　汽车发电机充电电路的检测

利用实训室工量具、器材及维修资料，搜集整理相关结构、电路识图等信息，小组协作完成任务：检测汽车发电机的整流器和调压器。

1. 理解整流、调压的原理；
2. 能识读发电机充电电路图；
3. 会检测整流器、调压器。

1. 教学组织

分组实训：全班_____人，分为_____组，每组小组长一名。

2. 职责分工

教师职责：课堂纪律与安全管理、实训器材管理、指导与巡查。

学生职责：班长协助教师对班级全面管理与监控；实训小组长负责指导组内学习和交流。

3. 环境要求

6S过程化管理：安全、整理、整顿、清扫、清洁、素养。

电控发动机实验台架、汽车电器实验台架、导线、万用表等。

任务步骤

1. 准备工作

教师指导学生课前准备好实验所用的仪表、工具、元器件。

2. 分析发电机充电电路图

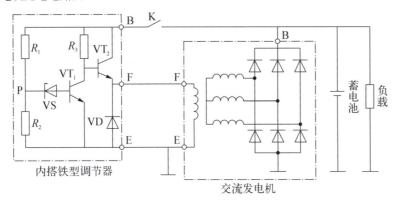

图 6-3-1 发电机充电电路图

图 6-3-1 中左虚线框为整流器，右虚线框为调压器，调压器由左至右依次为信号检出部分、开关控制部分和电子开关部分。

3. 整流器的检测方法

将二极管的引线与其他连接分离，用指针万用表的两个表笔分别接到二极管的引线与壳体上，测二极管的正向与反向电阻。二极管的正向电阻应符合标准值，反向电阻应在 10kΩ 以上。如图 6-3-2 所示，用万用表黑红表笔分别接正极管和负极管的两端，若指针偏转，然后再对调黑红表笔，指针不偏转，则可断定整流器是好的，且指针偏转时，黑表笔所接为正极，红表笔所接为负极。

  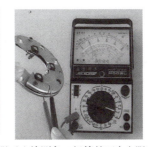 

(a)检测正二级管的正向电阻 (b)检测正二级管的反向电阻 (c)检测负二级管的正向电阻 (d)检测负二级管的反向电阻

图 6-3-2 整流器正负极管的检测

4. 电压调节器的检测

（1）晶体管式电压调节器搭铁形式的检测 对 12V 系统的电压调节器，用一个 12V 的蓄电池和一个 12V、2W 的小灯泡按如图 6-3-3 所示连接好电路，12V 蓄电池接在 "+" 与 "-" 接线柱上。

灯泡接在 "F" 与 "-" 接线柱之间发亮，则该调节器为内搭铁型，如图 6-3-3（a）所示；灯泡接在 "F" 与 "+" 接线柱之间发亮，则该调节器为外搭铁型，如图 6-3-3（b）所示。

内搭铁型调节电路如图 6-3-4 所示。
外搭铁型调节电路如图 6-3-5 所示。

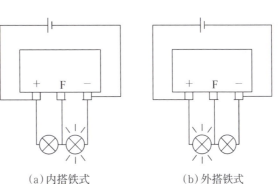

(a)内搭铁式　　(b)外搭铁式

图 6-3-3 晶体管式调节器的识别接线图

（2）晶体管电压调节器的性能检测　将可调直流电源与调节器按照图 6-3-6 所示的电路接好。

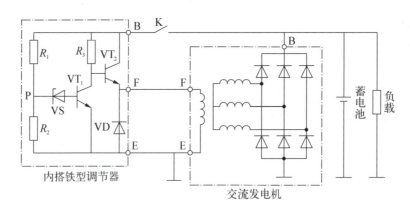

图 6-3-4 内搭铁型调节电路图

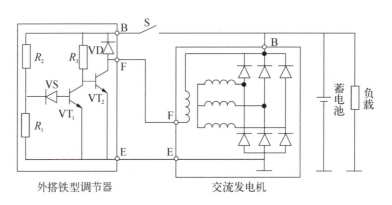

图 6-3-5 外搭铁型调节电路图

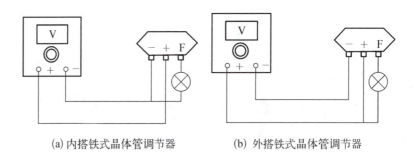

(a) 内搭铁式晶体管调节器　　(b) 外搭铁式晶体管调节器

图 6-3-6 晶体管式调节器性能测试接线图

调节直流稳压电源，使其输出电压从零逐渐增高时，电压达 6V 左右时，灯泡点亮。随电压升高灯泡亮度逐渐增强，当电压升到调节器的调节电压 13.5～14.4V 时，灯泡应突然熄灭；再把电压逐渐减低时灯泡又点亮，并且亮度随电压降低而逐渐减弱。指示灯熄灭时的电压即为调节器的调节电压，与性能参数相比较，若电压超过调节电压值，灯泡仍不熄灭或灯泡不亮，都说明调节器有故障。

（3）集成电路电压调节器的性能检测　将可调直流电源与调节器、试灯、开关与蓄电池按照图 6-3-7 所示的电路接好。图 6-3-7（a）为 3 接线柱集成电路调节器接线图，图 6-3-7（b）为 4 接线柱集成电路调节器接线图。

试灯 1——替代充电指示灯；试灯 2——替代交流发电机励磁绕组；P 与 E 间的 6V 蓄电池——模拟交流发电机发电时的相电压。

开关 K_1 闭合时，试灯 1 和试灯 2 应均点亮；开关 K_2 闭合时，试灯 1 应熄灭；开关 K_2 断开时，试灯 1 应点亮。

可调直流电源电压调至 15.0～15.5V 以上时，试灯 2 应熄灭；调至 13.5V 以下时，试灯 2 应点亮。

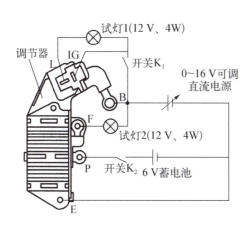
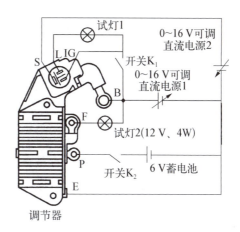

(a) 3接线柱集成电路调节器接线图　　　　(b) 4接线柱集成电路调节器接线图

图 6-3-7　集成电路调节器接线图

5. 实验注意事项
① 遵守实训室管理规程。
② 做好实验前的预习与准备工作。
③ 整流器整流二极管容易吸附粉尘，为防止接触不良，测量前要清理表面粉尘。
④ 测量调压器时，输入电压值不得超过额定电压，以免将调压器烧坏。
⑤ 正确使用万用表。
⑥ 不损坏台架上的电器总成。
6. 实验后设备、工具、仪表、材料、场地的整理

 任务检查

检查项目	结果与数据	检查项目	结果与数据	检查项目	结果与数据
工量具、器材完好情况		能否理解整流器整流原理		万用表测量整流器是否正确	
能否理解调压器调压原理		是否能够规范检测调压器		6S 管理是否到位	

 任务评价

1. 评价与反馈

自评、组评和师评

考核项目	评分标准	分数	学生自评 20%	小组互评 60%	教师评价 20%	小计
仪容仪表	工作服、鞋、胸卡穿戴整洁	5				
	发型、指甲等符合工作要求	5				
	不佩戴首饰、钥匙、手表等	5				

续表

考核项目	评分标准	分数	学生自评 20%	小组互评 60%	教师评价 20%	小计
教学过程	有无安全隐患	20				
	是否任务分配到人	5				
	是否积极主动	10				
	是否规范操作	10				
	是否完成任务	20				
职业素养	手机摆放是否到位	5				
	实训设备完好情况	5				
	认真执行 6S 过程化管理	10				
	总分	100				

教师签名：　　　　　　　　　　　　　　　　　　　　　　　　　　　　年　　月　　日

2. 撰写实验实训报告

实验二　汽车照明顶灯调光器电路安装调试

任务布置

利用实训室工量具、器材及维修资料，搜集整理相关结构、电路识图等信息，小组协作完成任务：制作调试汽车照明顶灯调光器电路。

任务目标

1. 了解集成运算放大电路在汽车上应用；
2. 会焊接汽车照明顶灯调光器电路；
3. 会调试汽车照明顶灯调光器电路。

任务要求

1. 教学组织

分组实训：全班＿＿＿＿人，分为＿＿＿＿组，每组小组长一名。

2. 职责分工

教师职责：课堂纪律与安全管理、实训器材管理、指导与巡查。

学生职责：班长协助教师对班级全面管理与监控；实训小组长负责指导组内学习和交流。

3. 环境要求

6S 过程化管理：安全、整理、整顿、清扫、清洁、素养。

电控发动机实验台架、汽车电器实验台架、材料清单、电烙铁、万能板、万用表等。

1. 准备工作

教师指导学生课前准备好实验所用的仪表、工具、元器件。

2. 分析汽车照明顶灯调光器电路图

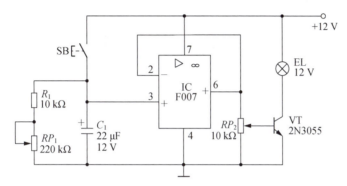

图 6-3-8　汽车照明顶灯调光器电路

汽车照明顶灯
调光器电路
安装调试

图 6-3-8 所示为汽车照明顶灯调光器电路图。

（1）电阻组成　运算放大器 F007、电容、电阻、电位器、三极管 2N3055、开关等。

（2）工作原理　当车门开着时，汽车电瓶（12V）通过车门开关 SB（车门打开闭合，反之则断开）对 C_1 快速充电。运算放大器 IC（F007）的输出端 6 脚电压随 C_1 两端电压变化。当 C_1 充电结束时，IC 的输出端电压也近似为 12V。此时，三极管 VT 饱和导通，车内照明顶灯最亮。

当车门关闭时，SB 断开。此时 C_1 上的电压通过 R_1 和 RP_1 开始放电，C_1 两端电压开始下降，IC 的输出端电压也随之变化，因此，车内顶灯的亮度逐渐变暗，直至全部熄灭。

3. 在万能板上焊接电路

（1）元件清单

元器件名称	规格	数量	元器件名称	规格	数量
电位器 RP_1	220kΩ	1个	三极管	2N3055	1个
电位器 RP_2	10kΩ	1个	集成块	F007	1个
电阻 R_1	10kΩ	1个	灯泡	12V	1个
电解电容 C_1	22uF/12V	1个	开关 SB		1个

（2）元件测试　识别与检测元器件。若有元器件损坏，请说明情况。

（3）制作要求

① 要按工艺要求焊接电路；

② 电解电容的极性不能接错，以免造成电容器的损坏；

③ 电路焊接好之后才可接通电源。

4. 电路调试

（1）通电前检查　首先检查电路各部分接线是否正确，有无漏焊、虚焊，检查电源线、地线、信号线、元器件引脚有无开路、短路等现象，元器件有无接错。

(2)通电检查　接入12V电源电压，观察开关SB闭合、断开时灯亮情况。

5.实验注意事项

① 遵守实训室管理规程。
② 做好实验前的预习与准备工作。
③ 焊接时防止烙铁头烫坏线子。
④ 调试电路时，注意电源极性不要接反，防止烧坏集成电路。
⑤ 正确使用万用表。
⑥ 不损坏台架上的电器总成。

6.实验后设备、工具、仪表、材料、场地的整理

检查项目	结果与数据	检查项目	结果与数据	检查项目	结果与数据
工量具、器材完好情况		能否正确测试汽车照明灯调光电路		能否理解调光系统工作原理	
是否能够规范焊接电器				6S管理是否到位	

1.评价与反馈

自评、组评和师评

考核项目	评分标准	分数	学生自评20%	小组互评60%	教师评价20%	小计
仪容仪表	工作服、鞋、胸卡穿戴整洁	5				
	发型、指甲等符合工作要求	5				
	不佩戴首饰、钥匙、手表等	5				
教学过程	有无安全隐患	20				
	是否任务分配到人	5				
	是否积极主动	10				
	是否规范操作	10				
	是否完成任务	20				
职业素养	手机摆放是否到位	5				
	实训设备完好情况	5				
	认真执行6S过程化管理	10				
	总分	100				
教师签名：					年　月　日	

2.撰写实验实训报告

实验三　水箱水位过低报警电路安装调试

利用实训室工量具、器材及维修资料，搜集整理相关结构、电路识图等信息，小组协作完成任务：制作调试水箱水位报警电路。

1. 了解集成门电路 CD4069 在汽车上的应用；
2. 能识读汽车水箱水位过低报警电路图；
3. 能按照电路原理连接电路并会调试。

1. 教学组织
分组实训：全班_____人，分为_____组，每组小组长一名。
2. 职责分工
教师职责：课堂纪律与安全管理、实训器材管理、指导与巡查。
学生职责：班长协助教师对班级全面管理与监控；实训小组长负责指导组内学习和交流。
3. 环境要求
6S 过程化管理：安全、整理、整顿、清扫、清洁、素养。

电控发动机实验台架、汽车电器实验台架、导线、电烙铁、万能板、万用表等。

1. 准备工作
教师指导学生课前准备好实验所用的仪表、工具、元器件。
2. 分析汽车水箱水位过低报警电路图

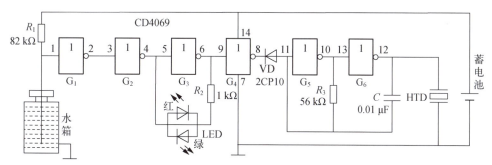

图 6-3-9　水箱水位过低报警电路

图 6-3-9 所示为汽车水箱水位过低报警电路图。

（1）电阻组成 由铜棒探测器（可用铜线代替）、六反相器（CD4069）、发光二极管 LED、压电陶瓷片 THD、电源等组成。

（2）元件介绍

① CD4069 是 6 反相器电路，由六个 COS/MOS 反相器电路组成。管脚功能图如图 6-3-10 所示。

② 压电陶瓷片是一种结构简单、轻巧的电声器件。如图 6-3-11 所示，中间为正极。

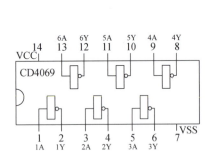

图 6-3-10 CD4069 管脚功能图　　　　　图 6-3-11 压电陶瓷片

（3）工作原理 将铜棒探测器下端置于水箱最低水位出，注意不能与接地的水箱体接触。

当水箱水位处于最低水位以下时，探测器与水箱体之间成开路状态，使反相器 G_1 的输入端为高电平，相应 G_3 的输出端为低电平，LED 中的红灯亮，指示水箱水位已处于最低水位以下。同时 G_4 输出高电平，使二极管 VD 截止，G_5 和 G_6 组成的振荡器工作，其输出信号促使 HTD 发出声响报警。

当水箱内水位正常（最低水位以上）时，探测器与水箱体之间的电阻较小，结果 G_1 的输入端为低电平，G_3 输出高电平，LED 中的绿灯亮，指示水位正常。同时 G_4 输出低电平，使二极管 VD 导通，相应 G_5 和 G_6 组成的振荡器停振，HTD 不发声，电路不会报警。

3. 在万能板上焊接电路

（1）元件清单

元器件名称	规格	数量	元器件名称	规格	数量
电阻 R_1	82kΩ	1个	LED 灯泡	红	1个
电阻 R_2	1kΩ	1个	LED 灯泡	绿	1个
电阻 R_3	56kΩ	1个	集成块	CD4069	1个
电容 C	103	1个	压电陶瓷片		1个

（2）元件测试 识别与检测元器件。若有元器件损坏，请说明情况。

（3）制作要求

① 要按工艺要求焊接电路；

② LED 灯的极性不能接错；

③ 电路焊接好之后才可接通电源。

4. 电路调试

（1）通电前检查 首先检查电路各部分接线是否正确，有无漏焊、虚焊，检查电源线、地线、信号线、元器件引脚有无开路、短路等现象，元器件有无接错。

（2）通电调试 将铜棒探测器下端置于水箱最低水位出，注意不能与接地的水箱体接触。观察电路现象，并记录。

5. 实验注意事项

① 遵守实训室管理规程。

② 做好实验前的预习与准备工作。

③ 焊接时防止烙铁头烫坏线子。

④ 调试电路时，注意电源极性不要接反，防止烧坏集成电路。

⑤ 正确使用万用表。